Hans-Peter Gumprecht war bis 1999 Produktionsleiter bei Radio Bremen TV. Er hat nach einer kaufmännischen Lehre eine Ausbildung zum Aufnahmeleiter absolviert und ist seit vielen Jahren als Produktionsleiter tätig.

Der Autor ist außerdem Trainer und Dozent für Aufnahme- und Produktionsleitung – u.a. bei der ZFP, der Zentralen Fortbildung der Programmitarbeiter von ARD und ZDF, bei der dieser Titel 1995 erstmalig erschien. Die vorliegende Ausgabe wurde grundlegend überarbeitet.

Hans-Peter Gumprecht

Ruhe Bitte!

Aufnahmeleitung
bei Film und Fernsehen

UVK
Medien

Reihe Praktischer Journalismus

Band 41

Die in den einzelnen Kapiteln dieses Buches beigefügten Anlagen dienen als Musterbeispiele. Aus Datenschutzgründen wurden die in den Stab- und Besetzungslisten sowie in den Dispositionen genannten Daten und Adressen geändert.

Die Deutsche Bibliothek – CIP-Einheitsaufnahme

Gumprecht, Hans-Peter:
Ruhe Bitte!: Aufnahmeleitung bei Film und Fernsehen /
Hans-Peter Gumprecht. - Konstanz : UVK Medien, 1999
  (Reihe praktischer Journalismus ; Bd. 41)
  ISBN 3-89669-262-3

ISSN 1433-7649
ISBN 3-89669-262-3

Druck: Legoprint, Lavis

UVK Medien Verlagsgesellschaft mbH
Schützenstr. 24 · D-78462 Konstanz
Tel.: 07531-9053-0 · Fax: 07531-9053-98
www.uvk.de

INHALT

Vorwort

Im August 1995 unternahm die ZFP – die Zentrale Fortbildungseinrichtung der Programm-Mitarbeiter von ARD und ZDF – in Wiesbaden den ersten Versuch, eine Art Extrakt aus den Seminaren, die der Autor dort und anderweitig für Aufnahmeleiter und angehende Produktionsleiter abhielt, in Buchform herauszubringen. Diese Veröffentlichung war allerdings vorwiegend für die Seminarteilnehmer und damit für einen begrenzten Leserkreis gedacht. Claus Fokke Wermann, der für diesen Fachbereich zuständige Redakteur schrieb damals zur ersten Auflage:

"RUHE BITTE!"

Wenn dieses rote Schild an den Studiotüren aufleuchtet, dann tritt nicht nur die Produktion in eine entscheidende Phase, sondern auch der Aufnahmeleiter bekommt eine entscheidende Bedeutung: "Im Regieraum und im Studio obliegt die Aufsicht und Weisungsbefugnis während der Produktionszeiten gegenüber allen Mitarbeitern dem Aufnahmeleiter", heißt es zum Beispiel (in etwas behördlichem Deutsch) in der Fernseh-Produktionsstätten-Verordnung des NDR, die unter Glas und eingerahmt an der Studiotür hängt.

Dabei ist das nur ein Teil der Aufgaben, die ein Aufnahmeleiter vor, während und nach einer Produktion zu bewältigen hat. Im Studio selbst ist er der verlängerte Arm des Regisseurs, der im Regieraum nur noch über eine Kommandoanlage mit den an der Produktion Beteiligten sprechen kann. Und deshalb müssen Aufnahmeleiter und Aufnahmeleiterinnen Kenntnis von so vielen unterschiedlichen Bereichen haben: von den verschiedenen Berufsgruppen und ihren Möglichkeiten und Grenzen (Kamera, Ton, Licht, Bühne, Schauspieler und Komparsen). Das bedeutet zu wissen: wer macht was und warum und wieviel Zeit braucht er dafür? Und – er muß in einem Team arbeiten können. Das unterscheidet ihn zwar nicht von den anderen Kollegen und Kolleginnen, nur steht der Aufnahmeleiter in einem ganz besonderen Beziehungs-Zusammenhang und manchmal auch in einem ganz besonderen Beziehungs-Konflikt. Denn wer immer wieder zwischen die verschiedenen Interessen (nicht Fronten!) gerät, wer als Überbringer scheinbar schlechter Nachrichten (z.B. Überstunden) gilt, wer weder so richtig zur Technik oder

Produktion, noch zur Redaktion oder Regie gehört – der müßte, um diese Aufgabe überhaupt ausfüllen zu können, eine umfassende Ausbildung absolviert haben. Hat er aber nicht! In keinem anderen Fernseh-Beruf ist der Zugang so vielfältig und so ungeregelt wie der zum Aufnahmeleiter oder zur Aufnahmeleiterin. "Learning by doing", allerdings ohne eine theoretische Einbindung und in der Regel ohne Feedback. Eine Ausbildung bieten ohnehin nur die AG Nord (eine Kooperation von NDR, RB, WDR und Studio Hamburg) und (im Prinzip) das ZDF an. Die ZFP hat deshalb seit längerer Zeit eine Reihe von Seminar-Bausteinen im Programm, mit denen sich (Erste) Aufnahmeleiter fortbilden können. In dieser Seminarreihe werden sowohl theoretische Grundlagen von Recht, Kostenmanagement, unternehmerischem Denken und Führung im Team angeboten als auch deren Umsetzung in die Praxis. Die Trainer sind Wissenschaftler, Juristen, Produktions- und Herstellungsleiter. Einer dieser Trainer ist Hans-Peter Gumprecht, Produktionsleiter bei Radio Bremen.

"RUHE BITTE!" Mit dieser Arbeit von Hans-Peter Gumprecht liegt jetzt zum ersten Mal in deutscher Sprache ein Handbuch für Aufnahmeiter und Aufnahmeleiterinnen vor, das Theorie und Praxis gleichermaßen miteinander verbindet und damit eine Grundlage für die Auseinandersetzung mit diesem Beruf bildet.

"RUHE BITTE!" Was sonst im Studio oder am Drehort uneingeschränkt befolgt werden muß, beim Lesen dieses Handbuches gilt das nicht. Über dieses Buch soll sogar diskutiert, können eigene Erfahrungen verglichen, kann auch Widerspruch geleistet und sogar gelacht werden. Denn was Hans-Peter Gumprecht an Beispielen und Erfahrungen zusammengetragen hat, das zeugt von detailreichen Kenntnissen der Produktionsabläufe einerseits und von den vielfältigen Beziehungsebenen zwischen den Beteiligten am Drehort andererseits. Und so ist es nicht nur für Aufnahmeleiter, sondern auch für alle an einer Fernsehproduktion Beteiligten lehrreich und amüsant zugleich: so anschaulich hat Hans-Peter Gumprecht die Persönlichkeitsprofile der verschiedenen Berufsgruppen beim Film und beim Fernsehen skizziert. Aber das reicht noch nicht aus. Hier schreibt einer, der seinen Beruf mit Überzeugung und Leidenschaft ausübt und der dem Handbuch deshalb den (heimlichen) Untertitel *Eine kleine Verbeugung vor einem zu Unrecht geschmähten Beruf* verliehen hat.

Kleiner Voraustest

für Aufnahmeleiter und Aufnahmeleiterinnen

Die Zentrale Fortbildungseinrichtung für Programm-Mitarbeiter von ARD und ZDF (ZFP) veranstaltet seit vielen Jahren Weiterbildungsseminare für Erste Aufnahmeleiter, die zumeist gut frequentiert, häufig sogar überbelegt sind. Kollegen, die zum ersten Mal ein solches Seminar besuchen, sind dennoch zu Beginn der Veranstaltung skeptisch. Eine "Theorie der Aufnahmeleitung" ist branchenweit nicht bekannt.

Am Anfang eines Seminarteils steht ein kleiner Test. Die Fragen sind gewissermaßen aus dem Aufnahmeleiterleben gegriffen. Sechs davon werden hier aufgeführt. Vielleicht haben Sie Lust, sie zu beantworten, spaßeshalber. Die richtigen Antworten finden Sie dann am Schluß dieses Buches.

Sollten Sie beim Vergleichen der Antworten ins Grübeln kommen, machen Sie sich nichts daraus. Lesen Sie dieses Buch einfach. Ich empfehle sogar, einige Kapitel mehrmals zu lesen.

Es gibt zwar tatsächlich keine "Theorie der Aufnahmeleitung", das wäre auch viel zu aufgeblasen, aber es gibt eine ganze Menge von Dingen, die sich durch Nachlesen dazulernen lassen.

Hier der Test:

1. Frage:
Als Aufnahmeleiter oder Aufnahmeleiterin sind Sie einer längeren Produktion zugeteilt. Sie unterstehen dabei unmittelbar

    a) dem Produktionsleiter
    b) dem Regieassistenten
    c) dem Regisseur

2. Frage:
Bei einer szenischen Produktion hat man Ihnen einen Zweiten Aufnahmeleiter zugeteilt, der seinen Dienst im Studio versieht. Plötzlich sucht er Sie im Büro auf und beklagt sich: Nach seiner Meldung "Studio klar" mußte die darauf folgende Aufzeichnung abgebrochen werden, weil eine Kaffeekanne, die in der Szene leergeschenkt werden sollte, vom Requisiteur vorher nicht aufgefüllt worden war.

     a) Sie stellen den Requisiteur zur Rede.
     b) Sie beschweren sich beim Regie-Assistenten.
     c) Sie machen den Zweiten Aufnahmeleiter verantwortlich.

3. Frage:
Sie haben einen Komparsen für 120,- DM Tagesgage verpflichtet. In Kostüm und Maske gefällt dieser Komparse dem Regisseur nicht mehr und soll ausgetauscht werden. Der Mann besteht jetzt auf seiner vollen Gage.

     a) Sie erklären dem Verpflichteten, daß aufgrund tariflicher Bestimmungen nur 50 % Ausfallhonorar zu beanspruchen sind.
     b) Sie bestehen gegenüber dem Regisseur auf Einsatz des Komparsen.
     c) Sie zahlen die volle Gage aus.

4. Frage:
Am Ende eines sonnigen Drehtages erklärt der Kameramann, die letzte Einstellung, eine Totale, könne er nicht mehr drehen, weil das Licht zu hohe Rotanteile hätte.

     a) Sie sagen Drehschluß an und lassen die Dispos verteilen.
     b) Sie verweisen auf die elektronischen Farbkorrekturmöglichkeiten bei der Nachbearbeitung und stellen klar, daß der Kameramann weiter zu drehen habe.
     c) Sie verweisen darauf, daß eine derartige Entscheidung nur vom Produktionsleiter zu treffen sei.

5. Frage:
Bei Dreharbeiten zu einem Fernsehspiel erscheinen Sie und Ihr Drehstab verabredungsgemäß an einem Originalmotiv. Ihr Drehpensum ist umfang-

reich. Zu Ihrer Überraschung fordert der Besitzer anstelle der vereinbarten Entschädigung von 1000,- DM plötzlich das Doppelte, und zwar unter einem deutlich fadenscheinigen Vorwand. Ihr Produktionsleiter trifft erst in vier Stunden ein und ist jetzt unerreichbar. Alternativen zum Drehen sehen Sie nicht.

a) Sie verweisen auf mögliche Schadenersatzforderungen durch Ihr Haus und informieren die Rechtsabteilung.

b) Sie sagen die doppelte Zahlung zu und lassen drehen.

c) Sie schicken den Stab in die nächste Gaststätte und warten die Ankunft des Produktionsleiters ab.

6. Frage:

Für Außenaufnahmen haben Sie verkehrsregelnde Maßnahmen über die zuständige Behörde veranlaßt. Vorübergehend wurden Verkehrsschilder abgedeckt und neue, z.b. geschwindigkeitsregelnde Schilder aufgestellt. Zusätzlich ist ein Polizist am Drehort. Dennoch gibt es einen kleinen Unfall mit einem fremden PKW. Der aufgebrachte Halter droht, die Verantwortlichen zu verklagen und fragt nach einem zuständigen Gesprächspartner. Wer wäre hier zu benennen?

a) der diensthabende, anwesende Polizist

b) der Justitiar Ihrer Rundfunkanstalt bzw. Firma

c) der Produktionsleiter und – bei Abwesenheit – der Aufnahmeleiter

1. Einleitung

Die Sache mit dem Urahn

Wer sich, sei es aus fachlichem Interesse oder aus purer Neugier, mit Veröffentlichungen und Büchern über die ersten Tage des Films sowie seiner Entstehungsgeschichte beschäftigt hat, ist sicher schon einmal auf eine reichlich merkwürdige Berufsbezeichnung gestoßen, die zu allem Übel auch noch ausgesprochen unprofessionell klingt. Gemeint ist der *Hilfsregisseur*. Und wenn es sich bei den einschlägigen Darstellungen nicht unbedingt um bierernste Beschreibungen gehandelt hat, etwa bei Curt Goetz, wurde dieser Hilfsregisseur regelmäßig als ein mehr oder weniger nervöser, haareraufender Chaot beschrieben, der ständig alles durcheinanderbringt, immer an allem Schuld ist, und über den am Ende dann noch allerherzlichst gelacht werden darf.

Die Beschreibung kommt Ihnen irgendwie bekannt vor?

Nun ja, dieses Relikt aus der Steinzeit des Spielfilms ist der *Aufnahmeleiter*. Oder, streng genommen, eine Art Urahn.

Der Hilfsregisseur, von dem man nie so recht wußte, ob er nun eine kreative Aufgabe hatte oder nur für Ordnung unter dem Künstlervölkchen sorgen sollte, gebar als seine begrifflichen Nachfolger zwei eigentlich recht unterschiedliche Berufsgruppen, die sich gelegentlich – und vermutlich wegen des gemeinsamen Urahns – noch heutzutage manchmal ins Gehege kommen: den Regieassistenten und eben den Aufnahmeleiter.

Beide leiden noch immer unter dem Umstand, daß ihre Berufe nicht geschützt sind und gewissermaßen auf Zuruf von jedermann ausgeübt werden können. Für weitere Verwirrung sorgt, daß durch die Zusammenarbeit mit US-amerikanischen Produzenten, bei denen eine andere Arbeitsteilung herrscht, die Begriffe *1. Aufnahmeleiter* und *1. Regieassistent (First Assistant Director)* für deutsche Filmschaffende neu definiert werden müssen.

Berufsverbände

Die Regieassistenten haben sich dann irgendwann einmal zusammengefunden, um ein einheitliches Berufsbild zu entwickeln. Dieses Berufsbild wird von vielen bejaht, es ist sogar ziemlich anspruchsvoll, anerkannt wird es aber letztlich nur von den Regieassistenten selber. Nach wie vor kann sich jeder, der ein paarmal für einen Regisseur den Kaffee geholt hat, „Regieassistent" nennen, und da, wo es was bringt, tut er es auch.

Die Produktions- und Aufnahmeleiter haben es inzwischen den Regieassistenten nachgetan. Seit einiger Zeit gibt es den *Bundesverband Produktion e.V.* in 80801 München, Kaiserstraße 39, Tel. 089 38609288, Telefax 38609279. Der Verband hat auch Geschäftsstellen in anderen Städten Deutschlands. Es bleibt zu hoffen, daß er einer gemeinsamen Sache dienlich sein kann.

Grundkenntnisse

Ungeachtet dessen ist es dringend erforderlich, daß, wer sich als Aufnahmeleiter bezeichnet, ein Mindestmaß an fachlichen Grundkenntnissen aufweist, damit ein seriöser Aufnahmeleiter innerhalb seiner Branche auf Anhieb wenigstens als ein solcher identifiziert werden kann.

Nun gibt es Kollegen, die erwecken allen Ernstes den Eindruck, für die Tätigkeit eines Aufnahmeleiters bedürfe es gewissermaßen seltener und geheimer Fähigkeiten. Das klingt gut, ist aber falsch. Wer das Zeug zum Speditionskaufmann hat, der kann auch Aufnahmeleiter werden. Er muß es nur *lernen*. Speditionskaufleute haben nämlich eine mehr oder weniger konventionelle Lehre absolviert und eine einigermaßen einheitliche Berufsschule durchlaufen. Der Aufnahmeleiter ist bis heute fast ausschließlich auf sich und seine autodidaktischen Möglichkeiten angewiesen, und so sieht seine Arbeit dann auch oft aus.

Sicherlich: die, die sagen, den Beruf des Aufnahmeleiters könne man nur in der Praxis lernen, haben recht, zumindest insofern, als man Aufnahmeleitung nicht auf der Universität beigebracht bekommt. Aber sie haben unrecht, wenn sie glauben, es gäbe nicht eine Fülle von Kenntnissen und Inhalten, die man denen, die sich der Praxis stellen, nicht rechtzeitig vermitteln müßte. Es ist doch nicht nötig, daß jeder immer erst mehrmals auf den Bauch fallen muß, bis er, wie Dutzende vor ihm, endlich kapiert, daß es anders und wie es besser geht.

Wer Glück hat, gerät rechtzeitig an einen erfahrenen Kollegen, der bereit ist, seine Kenntnisse an Jüngere weiterzugeben. Fast alle anerkannt guten Aufnahmeleiter erinnern sich solcher Lehrmeister. Aber sie werden auch einräumen müssen, daß es sich hier um die rühmlichen Ausnahmen gehandelt hat.

Viele Kollegen (das gilt allerdings keineswegs nur für die Zunft der Aufnahmeleiter) halten mit ihren Weisheiten ganz gern hinter dem Berg. Das geschieht aus Futterneid und ist ein trauriges Überbleibsel aus der Zeit, als alle Aufnahmeleiter, weil sie freiberuflich tätig waren, Angst hatten, sich ihre Konkurrenz selbst heranzuzüchten.
Für die Berechtigung derartiger Ängste gibt es kaum Belege. Wer Kenntnisse weitergibt, schadet seinem eigenen Ruf nicht. Eher ist das Gegenteil der Fall, es sei denn, er verkünde ausgemachten Blödsinn.
Geheimniskrämerei hat natürlich auch ihr Gutes. Die ganz großen Geheimniskrämer sind meistens nicht die ganz großen Asse im Beruf. Das rechtzeitig zu erkennen, hat schon mal Vorteile.
Und dennoch, für den Anfänger ist es wenig tröstlich: das, was er in bestimmten Situationen wissen muß, sagt ihm genau dann keiner. Er ist darauf angewiesen, erst durch Schaden klug zu werden.
Das verunsichert, kostet Nerven und nicht selten auch das Geld des Produzenten. Vor allem aber gibt es keinerlei verbindliche Orientierungshilfe, nach der man sich im Zweifelsfalle richten könnte.

Leitfaden für die Praxis
Übrigens – spielen Sie Tennis? Wenn ja, dann besitzen Sie sicher auch eines von diesen sehr nützlichen und kompetenten Tennisbüchern, die für viele Situationen gute theoretische Hilfestellung geben. Aber könnten Sie sich vorstellen, ohne Trainerstunden und Praxis mit einem solchen Buch Tennis zu lernen? Wohl kaum.
Ich werde mit diesem kleinen Leitfaden auch keine perfekten Aufnahmeleiter zaubern können, bin aber sicher, eine ganze Reihe von Ratschlägen zusammengetragen zu haben, die für Berufsanfänger und fortgeschrittene Kollegen nützlich sind.

Dabei räume ich gern ein, daß ich auch simple und scheinbar selbstverständliche Vorgänge ausführlich beschreibe, obwohl man deren Kenntnis voraussetzen sollte. Es bleibt jedermann unbenommen, darüber hinwegzulesen – und, Hand aufs Herz, es macht ja schließlich auch mal Spaß, Dinge zu lesen, die man längst weiß. Das eigene Selbstwertgefühl zählt in unserer Branche bekanntlich eine ganze Menge.

Ja - und noch etwas: ich behaupte nicht, alles, was hier gesagt wird, sei die einzige oder aber die vollkommene Wahrheit. Ich behaupte aber, *alles was hier gesagt wird, ist mit Sicherheit nicht falsch!*
Bevor Sie also Dinge tun, die Sie gewissermaßen selbst erfunden haben, weil Sie es möglicherweise nicht besser gewußt haben, machen Sie lieber das, was hier beschrieben ist. Und zwar wortwörtlich. Sie entwickeln nämlich nur dann Selbstsicherheit am Arbeitsplatz, wenn Sie bei der Arbeit methodisch vorgehen. Dafür aber muß man nicht nur einmal etwas vorexerziert bekommen haben, das muß man durch Übung für sich selbst immer wieder nach dem gleichen Muster praktizieren. Und zwar auch dann, wenn einem der eine oder andere Weg mehr oder weniger umständlich vorkommt.
Umständlichkeit ist nur die zweitgrößte Untugend des Aufnahmeleiters, die größte ist der Aberglaube, der schnellste und bequemste Weg sei auch immer der beste.

Wenn ich Sie hier auffordere, gegebenenfalls auf meine gesammelten Weisheiten mehr zu geben als auf Ihren „gesunden Menschenverstand", selbst bei der Durchführung einfachster Aufgaben, dann geschieht das, weil Sie sich ein Berufsfeld ausgesucht haben, in dem die Menschen nicht nur nach dem gesunden Menschenverstand handeln. Nicht etwa, daß Sie sich einer Horde Verrückter ausgesetzt hätten, aber es reicht durchaus, daß etwa zehn Prozent der Leute aus Ihrem Umfeld mehr aus dem hohlen Bauch heraus agieren als in anderen Branchen, um den Wirkungsgrad des sogenannten gesunden Menschenverstandes in Frage zu stellen.
Da, wo man Unsummen an Gagen zahlt, damit einer glaubhaft den Liebestod spielt oder in Szene setzt, zählt nicht allein die coole Sachlichkeit, die an der Börse oder im Versicherungskonzern als oberstes Gebot gilt. In der Kunst haben Emotionen Handelswert. Und das Aufnahmeleiterdasein ist prallvoll mit Emotionen, so was kann man nicht beiseite schieben, das muß man aus-

halten. Leider färbt emotionales Handeln zum Teil auch auf die Berufsein-
stellung von Leuten ab, die nie den Liebestod sterben werden.

Aufnahmeleiter und Aufnahmeleiterinnen

Vielleicht darf ich zum Ende meiner Vorrede noch etwas Formales loswerden.
Ich schreibe hier ständig vom Aufnahme*leiter,* so, als gäbe es überhaupt nur
männliche Exemplare dieser Berufsgattung. Deshalb schnell eine Klarstel-
lung: Unter allen jungen Kollegen, die ich im Leben aus- bzw. in Fortbil-
dungsseminaren weitergebildet habe, befanden sich – besonders in den letzten Jahren – ebenso viele Frauen wie Männer. Einen Unterschied in der beruflichen Eignung haben weder meine Kollegen noch ich je feststellen können. Der Umstand, daß Frauen erst relativ spät ein Interesse für die Aufnahmeleitung entwickelt haben, ist möglicherweise darauf zurückzuführen, daß
der Gesetzgeber hinsichtlich der Arbeit von Frauen speziell bei Rundfunkanstalten für lange Zeit eine stark einschränkende Haltung einnahm.
So war es Frauen bekanntlich nicht erlaubt, länger als 10 Stunden Dienst zu
tun. Nachtarbeit war sowieso nicht statthaft, und damit waren Frauen gewissermaßen außen vor. Ein 10-Stunden-Tag ist bei Spielfilmproduktionen
ebenso alltäglich wie die gelegentliche Durchführung von Nachtaufnahmen.

Hier gibt es inzwischen andere Auffassungen, längst ist Frauen der Zugang
zur Aufnahmeleitertätigkeit möglich, und das ist gut so.

Wenn ich hier dennoch weiterhin vom Aufnahmeleiter und nicht von der
Aufnahmeleiterin spreche, soll das nur eine Frage der sprachlichen Vereinfa-
chung sein und beileibe keine Bevorzugung der männlichen Spezies.

2. Die Routinearbeit im Fernsehstudio

Tagesproduktionen

Der Tag im Fernsehstudio für den Berufsanfänger – gemeint ist der "fertige" Aufnahmeleiter und nicht ein Volontär – läßt sich nicht so beschreiben, wie man ihn dann wortgetreu in der Praxis vorfindet, aber doch immerhin so, daß Studio-Ungeübte zurechtkommen.

Nicht wenige junge Kollegen haben ihre Ausbildung bei großen, viele Tage oder Wochen dauernden Produktionen absolviert. Es ist keineswegs selbstverständlich, daß junge Aufnahmeleiter, die erstmalig in einer für sie neuen Rundfunkanstalt Routinedienst machen sollen, sofort den nötigen Überblick haben.

Eine gewisse Einarbeitung ist da unerläßlich, aber nicht immer in der gewünschten Form gegeben. Deshalb kann diese, wenn auch oberflächliche Zusammenfassung ganz nützlich sein.

Grundsätzlich vollziehen sich auch kleine Tages- oder Halbtagesproduktionen nach ein und dem selben Schema.

Schema einer Eintagesproduktion

Die Arbeit im Studio beginnt mit:

- Aufbau bzw. Einrichten der Dekoration

  Verantwortliche Sparten:
  Szenenbildner,
  Studiomeister,
  Bühnenhandwerker,
  ggf. Requisiteur

Dann folgen als weitere Arbeitsgänge:

- Lichtaufbau und Einleuchten

Verantwortlich:
Erster Kameramann,
Oberbeleuchter,
Beleuchterteam

- Aufbau, Anheizen und Einmessen
  der elektronischen Kameras, Aufbau der Monitoren

Verantwortlich:
Bildingenieur,
Bildtechniker

- Tonaufbau
  Einrichten der Mikrofone und der Beschallung

Verantwortlich:
Toningenieur,
Tontechniker

- Schminken
  der Mitwirkenden

Verantwortlich:
Maskenbildner

- Absprechprobe im Studio

Teilnehmer:
Regisseur,
Bildmischer,
Kameraleute,
Tonmannschaft,
Aufnahmeleiter,

ggf. auch Redakteur und evtl. die Mitwirkenden

* Kamerastellprobe
Mitwirkung des gesamten Stabes

* Durchlaufprobe
des gestellten Teils (Takes) bzw. des gesamten Ablaufs, ggf. einschließlich
der Zuspielteile von der MAZ oder (inzwischen sehr selten) des Filmabta-
sters

* Magnetische Aufzeichnung
des jeweiligen Takes oder aber des gesamten Ablaufs

beziehungsweise die

* Live-Sendung
(Wann immer es sich um eine *Aufzeichnung* handelt, folgt unmittelbar
danach die *Technische Prüfung* der MAZ. Erst wenn Regisseur und die
MAZ bestätigen, daß die Aufzeichnung in Ordnung ist, können die fol-
genden Arbeitsgänge ablaufen. Eine Maßnahme, die sich nach einer
Live-Sendung selbstredend erübrigt.)

* Abbau Bildtechnik

* Abbau Tontechnik
(zumeist parallel zur Bildtechnik)

* Abbau Licht
(immer anschließend an die Technik und aus Sicherheitsgründen nur be-
dingt parallel zu anderen Sparten)

* Abbau Bühne
(grundsätzlich nach dem Lichtabbau)

Die Reihenfolge der hier genannten Arbeitsgänge ist im Prinzip stets die
gleiche. Der zeitliche Umfang eines jeden Arbeitsganges richtet sich aller-

dings nach der Art der Produktion. Überlappungen sind möglich und üblich, sie dürfen allerdings den Sicherheitsvorschriften nicht widersprechen. Die Abwicklung aller genannten Punkte ist an Zeitvorgaben gekoppelt, deren Überwachung durch den Aufnahmeleiter erfolgt. Die Ist-Zeiten finden sich später in den Tagesberichten wieder. Starke Abweichungen sollten im Tagesbericht kurz erklärt werden. Wichtig ist hier auch, mit der Produktion zu reden, wenn es sich bei den Abweichungen nicht um einmalige Pannen, sondern um die Folge von Fehlplanungen handelt.

Planung von Kurzproduktionen

Wie entstehen die zeitlichen und personellen Vorgaben?

In den meisten Funkhäusern hat sich ein Produktionsleiter mit der zuständigen Redaktion zusammengesetzt und eine entsprechende Planung der Produktion vorgenommen. Dabei hat er nicht nur die Wünsche der Programmabteilung berücksichtigt, sondern auch die wirtschaftlichste Produktionsform gewählt und durchgesetzt.

Wichtigstes Element seiner Überlegungen ist es immer, kapazitätskonform zu planen, das heißt, er muß berücksichtigen, welche Produktionsmittel in seinem Hause bereits vorhanden und verfügbar sind, um die Anmietung von Fremdmitteln und das Verpflichten von freien Mitarbeitern zu vermeiden oder gering zu halten.

Seine Termin- und Personalvorstellungen reicht er einer Zentralen Dispositionsstelle ein, die seine Terminwünsche mit den Anforderungen anderer Produktionsvorhaben koordiniert und bei Überschneidungen gegebenenfalls Prioritäten setzt. Es ist dabei üblich und guter Stil, den Personal- und Ausrüstungsvorstellungen der anmeldenden Produktionsleitung entgegenzukommen.

Sofern es sich um *Einzelproduktionen* handelt, vollzieht sich die Terminanmeldung in der beschriebenen Weise.

Wenn es sich um Serienprogramme handelt, die organisatorisch gesehen die gleiche Struktur haben und sich täglich, wöchentlich oder monatlich in derselben Form wiederholen, müssen Einzelheiten nicht ständig neu angemeldet werden. Die Zentrale Dispositionsstelle behandelt die Anmeldung dann als sogenannten *Regeltermin*. Ein Regeltermin findet sich an den Wiederholungstagen immer aufs neue in der Wochenplanung wieder. Der Produktionsleiter meldet von Fall zu Fall nur noch Ergänzungen oder Abweichungen zu den Regelterminen nach.

Die Mitarbeiter entnehmen ihre Einsatzzeiten dem von der Zentraldisposition herausgegebenen wöchentlichen Dienstplan. Auch der Aufnahmeleiter.

Aufnahmeleitung bei Kurzproduktionen
Bei dem geschilderten Beispiel handelt er folgendermaßen:

1. Redaktion
Der Aufnahmeleiter meldet sich bei der für das Programm zuständigen Redaktion und erkundigt sich nach eventuellen Besonderheiten.

2. Ablaufplan
Der Aufnahmeleiter läßt sich von der Redaktion den Ablauf aushändigen, um ihn an die beteiligten Mitarbeiter zu verteilen.
Wenn er anschließend das Studio betritt, ist die Dekoration in der Regel schon aufgebaut, ebenso das Licht.
Den Ablaufplan erhalten neben der Studiobelegschaft:

- der Bildregisseur
- der Bildmischer
- der Toningenieur und die Techniker in der Tonregie
- der Bildingenieur und die Techniker in der Bildkontrolle
- die MAZ sowie ggf. die Techniker vom Filmabtaster, vom Diageber usw.

sowie bei *Sendung* auch

- der LvD (Leiter vom Dienst) und
- der Hauptschaltraum

Gelegentlich finden sich einige der Mitarbeiter noch nicht an Ort und Stelle, wenn der Ablaufplan verteilt wird, dann hinterläßt der Aufnahmeleiter den Ablauf am jeweiligen Arbeitsplatz der Kollegen.

3. Kontrolle des vorgegebenen Zeitplans

Für den zeitlichen Ablauf des Produktionstages hat der Produktionsleiter Vorgaben gemacht, die sich üblicherweise auch im Dienstplan wiederfinden. Eine erste ‚Deadline' ist für den Aufnahmeleiter der Probenbeginn. Der Regisseur hat Anspruch darauf, zum vorgesehenen Zeitpunkt mit der Probe zu beginnen.

Nach Verteilen des Ablaufplans – oder auch vorher – vergewissert sich der Aufnahmeleiter deshalb nacheinander beim Bühnenmeister, beim Ersten Kameramann, beim Bildingenieur, beim Toningenieur, beim Requisiteur und beim Maskenbildner, daß der anvisierte Probenbeginn wie vorgesehen eingehalten werden kann. Bei möglichen Verzögerungen ist der Aufnahmeleiter verpflichtet, alles zu tun, um den Zeitverlust einholen zu lassen. Ist er dazu nicht in der Lage, informiert er den Regisseur umgehend, um mit ihm und der betroffenen Sparte eine Lösung zu vereinbaren. Danach werden alle Kollegen vom Aufnahmeleiter sofort von der neuen Situation in Kenntnis gesetzt.

Ich weiß, das liest sich alles so, als sei es völlig selbstverständlich. Leider ist es das keineswegs. Es gibt Aufnahmeleiterkollegen – Anfänger zumeist – die meinen, wenn jemand eine Verzögerung verursacht, soll er doch sehen, wie er aus der Sache wieder herauskommt. Das ist dummes Zeug!

Die Ursache für Verzögerungen ist sicher eine Sache, aber eine andere Sache ist es klarzustellen, wer die Interessen der Produktionsleitung vor Ort wahrzunehmen hat, damit alles planmäßig läuft.

Ein Aufnahmeleiter, der sich da heraushält, versagt nicht nur bei dieser Gelegenheit, er disqualifiziert sich grundsätzlich gegenüber dem Team als alleiniger und kompetenter Ansprechpartner in Termin- und Dispositionsfragen. Genau hier nämlich setzt ein typisches Problem vieler unerfahrener Aufnahmeleiter ein:

Auch wenn es sich in der Regel um geringfügige Zeitverzögerungen oder Änderungen handeln mag, durch Heraushalten aus der Problematik gewöhnt man alle übrigen Kollegen unweigerlich und systematisch daran, die Aufnahmeleitung auch bei gewichtigeren Terminfragen *nicht* zu konsultieren. Ein todsicherer Weg, berufliche Zuständigkeiten zu vernachlässigen und die Zügel aus der Hand zu geben.

Da die Ursache für falsches Vorgehen gegenüber dem Stab vorwiegend in einer mehr oder weniger spürbaren Unsicherheit (und weniger im mangelnden Ehrgeiz) des Aufnahmeleiters liegt, soll das folgende Kapitel in einer möglichst detailgenauen Weise den Arbeitsablauf von kleineren Produktionen beschreiben.

Man muß ja nicht unbedingt mit anderen darüber reden, aber Unsicherheiten sind für den Berufsanfänger normal und auch verständlich. Das Problem für den Aufnahmeleiter besteht nun einmal darin, daß er fast immer als ‚einsamer Held‘ auftritt, und kaum jemand bereit ist, ihm seine berufliche Autorität, auf die er bei seiner Arbeit nicht verzichten kann, gewissermaßen mitzuliefern. Ein wenig hilfreich ist es da schon, wenn an den Ateliertüren eine ‚Studioordnung‘ hängt, die etwas über die Kompetenzen eines Aufnahmeleiters auszusagen vermag (vgl. das Beispiel auf der folgenden Seite). Es sollte keine Schwierigkeiten bereiten, eine Atelierbetriebsleitung oder einen Produktionschef vom Nutzen einer solchen Studioordnung zu überzeugen, sofern es einen derartigen Aushang noch nicht gibt.
Aber die schönste Studioordnung ersetzt nicht das konsequente und methodische Arbeiten am Set, und das muß man erstens lernen und zweitens trainieren und wieder trainieren, so lange bis es einem in Fleisch und Blut übergegangen ist.

Studioordnung

Bei Probenarbeiten im Studio sowie bei Sendungen und Aufzeichnungen mit Publikum ist über den Studios das

GELBLICHT

eingeschaltet. Bei Gelblicht sind alle Studiotüren geschlossen zu halten, der Zutritt ist nur den an der Produktion unmittelbar beteiligten Personen gestattet. Während der Betriebspausen ist das Gelblicht auszuschalten.
Bei Filmaufnahmen, Magnetaufzeichnungen und Live-Sendungen brennt über den Studiotüren

ROTLICHT

Bei Rotlicht ist ausnahmslos allen Personen das Betreten und Verlassen des Studios untersagt. Bei Unterbrechungen oder Beendigung der Aufnahmen ist das Rotlicht unverzüglich auszuschalten.
Dienstaufsicht und Weisungsbefugnis liegen während aller Arbeiten im Studio bei der Aufnahmeleitung. Das gilt auch für die Einhaltung der Sicherheitsbestimmungen.
Bei Lichtbau- und Einleuchtarbeiten sowie während der Dekorationsarbeiten sind der Beleuchtungsmeister bzw. der Studiomeister verantwortlich.
Während der Produktion ist Besuchern und nicht beteiligten Mitarbeitern der Aufenthalt in den Studios und in den dazugehörigen Produktionsräumen nur mit ausdrücklicher Zustimmung der zuständigen Produktionsleitung gestattet.

Dr. Ohlwein
Atelierverwaltung

3. Der Arbeitsablauf im Studio

Pünktlichkeit

Betritt der Regisseur das Studio, um mit der Probenarbeit zu beginnen, wird und muß er erwarten, daß die an dieser Probe beteiligten Mitarbeiter vollzählig im Studio anwesend sind.

Der Aufnahmeleiter hat sich einige Minuten vor der Probe bereits von der Anwesenheit aller überzeugt und auch die Kollegen ins Studio geholt, die es nach alter schlechter Gewohnheit gern etwas langsamer angehen lassen. Man sollte meinen, spätestens nach Beendigung der Grundschulzeit müßte jeder Mensch ein ausreichendes Maß an persönlicher Disziplin aufbringen, um von selbst immer pünktlich zur Stelle zu sein, besonders dann, wenn es um den eigenen Beruf geht, aber das ist eben nun mal nicht so. Und im übrigen – so meinen sie – gibt es ja den Aufnahmeleiter.

Im Studio gilt selbstverständlich, was auch sonst im Leben gilt, nämlich, daß jeder für sein Verhalten und die sich daraus ergebenden Konsequenzen selbst verantwortlich ist. Aber die Funktion des Aufnahmeleiters, die ja im Prinzip eine Kontrollfunktion darstellt, wird gern dahingehend mißverstanden, daß Aufnahmeleiter auch für das Fehlverhalten ihrer Mitmenschen zuständig sind. Und in der Tat, kommt jemand zu spät oder gar überhaupt nicht ins Studio, obwohl er da erwartet wird, *Schuld hat der Aufnahmeleiter. Punkt!* Das muß dieser mit Gelassenheit tragen, damit muß er umgehen können. Wenn er ein wenig Erfahrung und Menschenkenntnis gesammelt hat, kommt er damit auch klar. Aber bis er so weit ist, muß er folgende Grundregeln streng beachten:

- Niemals so tun, als ließe ihn eine Disziplinlosigkeit gleichgültig.
- Niemals so tun, als finde er den Zuspätkommer spaßig (auch wenn der versucht, mit einem Witz aus der Sache rauszukommen).
- Niemals um Verständnis dafür werben, daß man ja auch nur seine Pflicht tue, wenn man einen Kollegen ermahnt, und daß man sonst Ärger mit der Produktion bekomme.

In jedem Fall folgern alle, die dabei sind, nur eines: *Da hat jemand Angst vor seiner eigenen Verantwortung.* Und wenn sich diese Auffassung beim Stab gebildet hat, kann der Aufnahmeleiter einpacken.

Es ist das gute Recht eines jeden Aufnahmeleiters, einen Kollegen je nach Sachlage freundlicher oder ernsthafter um Pünktlichkeit zu ersuchen. Das muß freilich kurz und bündig geschehen und darf die Möglichkeit einer Diskussion gar nicht erst zulassen. (Es gibt kein Thema, für das mehr Ausreden erfunden wurden als für Unpünktlichkeit.) Aber es bleibt jedem Aufnahmeleiter unbenommen, chronischen Zuspätkommern gelegentlich einmal, möglichst unter vier Augen, die Meinung zu sagen. Man sollte da nur den richtigen Zeitpunkt abwarten und unter Umständen eine kleine Kraftprobe nicht scheuen.

Zuspätkommen wird von ganz bestimmten Leuten allen Ernstes als Prestigesache, ja, als persönliches Privileg gewertet, nach dem Motto: „Was andere müssen, muß ich eben noch lange nicht." Das sind meistens nicht die Erfolgreichsten in ihrem Beruf und nicht die Professionellsten im täglichen Umgang, aber es sind die Empfindlichsten und in der Regel auch die Unsachlichsten. Hier darf der Aufnahmeleiter sich nicht in Erklärungen und Rechtfertigungen verrennen. Hier hilft vielmehr ein versteinertes, ein sogenanntes „Ichmeinedurchauswasichsage-Gesicht". (Was das ist? Etwas das man trainieren muß. Ein wenig Alltagspsychlogie für Aufnahmeleiter behandele ich an anderer Stelle.)

Der Probenverlauf

Der Regisseur befindet sich zum Beginn der Stellproben meistens im Studio. Der Aufnahmeleiter steht neben ihm und begibt sich nach Möglichkeit nicht aus dessen Sicht- und Hörweite.

Wünsche der Regie, die sich nicht unmittelbar an spezielle Sparten wie Ton, Requisite, Bühne usw. richten, werden vom Aufnahmeleiter wahrgenommen, indem er die entsprechenden Anliegen notiert und weitergibt. Wenn nötig, holt er Kollegen entsprechender Ressorts auch zusätzlich heran. Es gehört zur selbstverständlichen Routine, jedesmal zu sagen: „Wird von mir notiert" oder: „Wird weitergegeben".

Muß der Aufnahmeleiter das Studio kurz verlassen, stimmt er sich grundsätzlich mit dem Regisseur ab. Unter keinen Umständen ist er stillschweigend plötzlich aus dem Studio verschwunden. Denn: wird ein Aufnahmeleiter auch nur drei Mal während eines Produktionstages im Studio vermißt, ohne daß der Regisseur weiß, wo er ist, vermißt ihn recht bald überhaupt niemand mehr, weil der Regisseur sich abgewöhnt, nach ihm zu fragen. Das bedeutet, daß er sich auch abgewöhnt, den Aufnahmeleiter bei der Studioarbeit überhaupt zur Kenntnis zu nehmen. (Man sollte es nicht für möglich halten, aber es gibt Studios, da ist das geradezu die traurige Regel.)

Bei größeren Produktionen hat der Regisseur einen Regieassistenten. Dieser Assistent notiert die Regiewünsche und gibt sie auch an die einzelnen Sparten, sofern sie sich im Studio befinden, weiter. Es ist eine Frage kooperativer Zusammenarbeit, daß der Aufnahmeleiter über die wesentlichen Details im Bilde bleibt.

Unter allen Umständen ist es der Aufnahmeleiter, der jeden zusätzlichen, vom Regisseur geforderten Aufwand außerhalb des Studios organisiert und ermöglicht. Ist das mit Mehrkosten verbunden, geschieht das nicht ohne Einbindung des Produktionsleiters.

Kommunikation im Studio

Sobald der Regisseur das Studio in Richtung Bildregie verläßt, *benutzt der Aufnahmeleiter sein Kopfhörergeschirr,* heutzutage auch *Head Set* genannt. Die meisten Studios arbeiten längst mit drahtlosen Sender- und Empfängerkopfhörern, mit Geräten also, die es erlauben, den Aufnahmeleiter im Studio nicht nur drahtlos aus dem Regieraum anzusprechen, sondern seine Antworten auch zu hören.

Da, wo der Aufnahmeleiter nicht direkt zurücksprechen kann, muß er sich bei seinen Ton-Kollegen erkundigen, welches Mikrofon zum Antworten normalerweise offen ist, oder wie er sich sonst in der Regie Gehör verschaffen kann. Das ist nicht immer ganz leicht sicherzustellen, aber der Aufnahmeleiter muß unter allen Umständen dafür sorgen, daß er dem Regisseur zuverlässig in die Bildregie rückantworten kann, sonst bricht die Kommunikation zwischen Regisseur und Aufnahmeleiter in dieser Produktionsphase bereits ab – zu beider Nachteil aber zum Schaden des Aufnahmeleiters.

Warum?

Der Regisseur ist, wenn er in die Bildregie verschwunden ist, ein Kapitän in einem getauchten U-Boot. Ab sofort sieht und hört er nur noch indirekt, was im Studio gerade passiert, und zwar über seine vier Vorschaumonitoren und die Mikros, soweit die gerade offen sind.

Er ist also noch nicht ganz weg, da kommt von ihm schon die Frage „Wie weit seid ihr da draußen?" über den Studiolautsprecher. Die Anrede ist zwar meistens im Plural gestellt, aber im Singular gemeint. Besser gesagt, die Frage ist ausschließlich an den Aufnahmeleiter gerichtet, und *der hat natürlich auch zu antworten* und nicht hilflos im Atelier herumzustehen. Nur durch Antworten sichert sich der Aufnahmeleiter das Zusammenspiel mit dem Regisseur.

Was sagt er?

Er sagt: „Wir sind dabei, uns auf Take-Anfang einzurichten. In etwa vier Minuten bekommen Sie von mir die Klarmeldung."

Es empfiehlt sich, bei dieser Antwort in der Dekoration zu stehen und in eine der Kameras *hineinzusehen*. Nur wenige Aufnahmeleiter tun das, obwohl es durchaus legitim und nützlich ist. Der Regisseur fühlt sich direkt angesprochen und ist zufrieden.

Wie kam der Aufnahmeleiter gerade auf vier Minuten?

Nun, es ist eine Frage der Erfahrung, zuverlässig zu überblicken, wie lange die Vorbereitungen im Studio dauern, im Zweifelsfalle ist es aber auch nur pure Geistesgegenwart, dann nämlich, wenn der Aufnahmeleiter selbst nicht ganz im Bilde ist (was schon mal vorkommt). Zu deutsch: Er hat einfach *geraten*. Das ist zwar ein kleiner Trick, aber eine solche Antwort ist immer besser als gar keine.

Vier Minuten klingt immer so, als hätte man alles im Griff. Nur muß man sich dann schleunigst davon überzeugen, daß die Schätzung stimmt, sonst sieht man alt aus. Dauert das Einrichten letztlich wesentlich länger, spricht man den Regisseur einfach noch einmal an, um sich zu berichtigen.

Der Aufnahmeleiter sollte während der Vorbereitung zum Durchlauf hier und da für den Regisseur auf dessen Monitoren sichtbar sein – immer vorausgesetzt, er behindert dabei nicht gerade die Tätigkeit seiner Studiokollegen. Wenn der Regisseur über seine Kontrollbildschirme sieht, daß die Vorbereitungen im Studio laufen und daß der Aufnahmeleiter dabei ist, wird er ihn als Dialogpartner akzeptieren.

Die Klarmeldung im Studio

Der Aufnahmeleiter sorgt durch Ansagen und Koordination im Studio für einen reibungslosen Ablauf der Vorbereitungsarbeiten. Dann prüft er die nachstehenden Punkte in der angegebenen Reihenfolge:

1. Ist die *Dekoration* probenfertig eingerichtet?
2. Sind die *Requisiten* probenfertig eingerichtet?
3. Befinden sich die *Mitwirkenden* auf ihren jeweiligen Anfangs- bzw. Auftrittspositionen?
4. Hat der *Maskenbildner* die Mitwirkenden noch einmal überprüft? Das heißt, abgetupft oder nachgepudert.
5. Stehen die Kameraleute an den *Kameras* und auf ihren *Anfangspositionen*?
6. Ist der *Ton* probenfertig?
7. Sind die *Kameraleute* probenfertig?

Wenn die Ergebnisse positiv sind, verfährt der Aufnahmeleiter so:

1. Er bittet um Ruhe.
2. Er läßt das Rotlicht einschalten. (Rotlicht wird nur bei *Sendung* oder *Aufzeichnung* eingeschaltet, niemals bei Proben. Da bleibt das Probenlicht brennen.)
3. Er meldet vernehmlich an die Regie: „Herr Soundso, das Studio ist klar!"

Der Satz: „Das Studio ist klar!" stellt eine *allgemein gültige professionelle* Formel dar, etwa wie ‚MAZ ab!' usw. Ein Aufnahmeleiter sollte es deshalb unterlassen, Varianten zu benutzen wie ‚Wir können!' oder ‚Wir sind soweit!'

Wenn der Aufnahmeleiter nicht sicher ist, ob seine Klarmeldung in der Regie akustisch ankommt, steht er bei seiner Meldung in der Dekoration und macht zusätzlich zu seiner Aussage vor einer der Kameras mit der Hand das überall bekannte ‚O.K'.-Zeichen. Danach gibt er das Bild schleunigst frei.

Das Überprüfen der Punkte 1 bis 5, also Dekoration, Requisiten, Mitwirkende, Maske, Kamerapositionen, nimmt der Aufnahmeleiter durch *Augenschein* vor und nicht durch lautes Abfragen. Hierzu hat er sich entsprechende Notizen auf seinem Ablaufplan gemacht.

Nur für den Fall, daß sich der eine oder andere Punkt durch Hinsehen nicht überprüfen läßt, fragt der Aufnahmeleiter leise den jeweiligen Spartenleiter direkt (Bühnenmeister, Requisiteur, Maskenbildner), ob der fertig ist.

Toningenieur und Kameraleute werden um ihre Meldung laut gebeten, also:

– „Ist der Ton fertig?" und
– „Sind die Kameras klar?",

denn es ist für den Aufnahmeleiter nicht ersichtlich, ob beispielsweise letzte Regieanweisungen über Kopfhörer für die Kameraleute kommen, ebensowenig, ob alle HF-Mikrofone o.k. sind.
Nach der Klarmeldung kann eigentlich nur noch eines kommen, nämlich das Rotlicht auf der Kamera, die den ersten Schuß hat.
Der Aufnahmeleiter postiert sich neben dieser Kamera, und zwar so, daß die Mitwirkenden ihn sehen. Wenn das Kamerarotlicht aufleuchtet, gibt er ein Handzeichen für die Akteure. (Die Unsitte, daß dieses Zeichen häufig vom Kameramann kommt, rührt daher, daß es zu wenige Aufnahmeleiter gibt, die wissen, daß das ihre Aufgabe ist und nicht die des Kameramanns.)
Was ist, wenn das Kamerarotlicht nicht kommt, der Regisseur sich meldet, um weitere Anweisungen zu geben?
Steht man vor einer *Aufzeichnung,* ist die erste Reaktion des Aufnahmeleiters: *Studiorotlicht ausschalten lassen!* Je nachdem wie umfangreich die Verzögerung ist, muß der Aufnahmeleiter überprüfen, ob die klargemeldeten Positionen noch unverändert geblieben sind. Notfalls geht er stillschweigend seine Checkliste noch einmal durch, auch wenn die neue Klarmeldung halt ein paar Sekunden später kommt.
Besonders beliebt sind dann Aufnahmeleitersprüche wie „Die Ruhe bleibt!" oder „Niemand verläßt das Studio bitte!" Beliebt, weil weder die Ruhe noch die Leute bleiben. Da hilft es nur, den Überblick zu behalten. Es ist kaum zu glauben, wie viele Personen und Gegenstände in einer solchen Situation plötzlich ihren vorgesehenen Platz verlassen oder verändern. Und es kann höchst blamabel sein, wenn der Aufnahmeleiter gutgläubig sein zweites „Studio klar!" sagt, und einer der Kameramänner steht mit einer Zigarette vor der Tür anstatt an seiner Mühle.

Gelegentlich passiert es, daß einige Mitarbeiter – Requisiteure, Bühnenhandwerker usw. – daran Anstoß nehmen, daß der Aufnahmeleiter ihre Vorbereitungsarbeiten nachprüft. Sie fühlen sich gewissermaßen kontrolliert. Damit muß der Aufnahmeleiter leben.

Es versteht sich wohl, daß die Kontrolle beiläufig und unauffällig erfolgt. Aber sie *hat* zu erfolgen, und das unabhängig davon, daß der Requisiteur für die Requisiten, der Bühnenmann für die Dekoration und der Maskenbildner für das Nachpudern verantwortlich sind.

Für die Klarmeldung ist der *Aufnahmeleiter verantwortlich*, und was der tut, um seiner Sache sicher zu sein, ist *Angelegenheit des Aufnahmeleiters*. Hierzu muß er weder Kritik noch Ratschläge entgegennehmen.

Im Gegenteil, Klarmeldungen, die sich im Verlauf der Produktion als unzuverlässig herausstellen (einen Klops hat zwar jeder mal gut, aber nur einen!), machen den Aufnahmeleiter nicht nur zum Gespött. Bald nimmt man ihn überhaupt nicht mehr ernst. Da hilft es ihm gar nicht, daß der Fehler möglicherweise bei der Bühne, der Requisite, den Mitwirkenden oder beim Ton gelegen haben mag. Seine Glaubwürdigkeit ist dahin, und seine Arbeit wird zur Farce.

Vielleicht stellt sich Ihnen jetzt die Frage, warum das Abchecken im Studio in einer bestimmten *Reihenfolge* stattfinden soll, bevor der Aufnahmeleiter klar meldet. Das hat seine Logik. Und die gilt bei großen Produktionen genauso wie bei kleinen.

Die *Dekoration* einschließlich der *Requisiten* muß als erstes probenfertig sein, weil man schon allein aus Sicherheitsgründen keinen Mitwirkenden in die Szene bitten darf, solange noch ein- oder umgerichtet wird.

Besonders Schauspieler empfinden es als Mißachtung ihrer Arbeit, wenn sie, vom Aufnahmeleiter herbeigeholt, im Studio erscheinen und dann vom Bühnenmeister oder sonst wem höflich wieder hinauskomplimentiert werden, weil vielleicht noch eine Traverse hochgezogen wird oder Möbelteile ausgetauscht werden sollen.

Die *Mitwirkenden* müssen hingegen dann in der Dekoration stehen, wenn man die *Kameraleute* an die Kameras bittet. Die richten ihre Bilder nämlich auf diese Akteure ein und nicht auf leere Kulissen. Ein Aufnahmeleiter, der erst losläuft, seine Darsteller zu holen, wenn die Kameras schon besetzt sind, muß damit rechnen, daß die Kamerakollegen schon wieder irgendwo im Studio herumlaufen, wenn die Mitwirkenden aufkreuzen.

Das gleiche gilt für den *Ton*, der seine Mikrofone auf die Darsteller ausrichtet oder sie an deren Kleidung befestigt.

Mit einer kleinen Skizze kann der Aufnahmeleiter die Anfangspositionen aller vier Kameras für sich notieren, das verschafft Übersicht. Jedenfalls wirkt die Frage: „Sind die Kameras klar?" ein wenig albern, wenn ersichtlich ist, daß die Kameras noch nicht einmal ihre anfänglichen Positionen eingenommen haben.

Die letzte Frage, die an den *Maskenbildner*, sollte nach Möglichkeit nicht wie eine Bevormundung klingen, die Empfindlichkeiten sind hier bemerkenswert. Doch es kann schon ziemlich ärgerlich sein, wenn der Aufnahmeleiter klar melden will, und der Maskenbildner, der bis eben geschlafen hat, plötzlich mit einem Schreckensschrei in die Szene springt, um die letzten Tropfen von den Schauspielerstirnen zu tupfen.

Je nach Schwierigkeitsgrad einer Produktion können die Notizen des Aufnahmeleiters für den Programm- oder Take-Anfang einige wenige sein, Kritzeleien womöglich, die nur der Aufnahmeleiter versteht, der sie auch verfertigt hat. Unter Umständen hat er aber auch ein sorgfältig und systematisch nach *Dekoration, Mitwirkenden, Ton* und *Kamera* geordnetes Deckblatt für einen Programm-Ablaufplan angefertigt, die *Checkliste*.

Wenn man z.B. eine ein- oder mehrstündige Unterhaltungssendung mit einer Vielzahl von Programmpunkten live durchzuziehen hat, dürfte ein Profi-Aufnahmeleiter ohne eine kleine Fleißarbeit wie die Checkliste kaum auskommen. Zumindest sollte man das meinen. Es gibt Aufnahmeleiter, die von sich behaupten, alles auch ohne derartig hausbackene Gedächtnisstützen zu meistern. Ein Könner, so hört man, hat natürlich alles Wichtige im Kopf. Vorsicht bei solchen Genies!

Wenn es ernst wird, schwimmen diese Kandidaten regelmäßig wie die Korken im Klosettkasten. Das äußert sich nicht selten darin, daß man bei der Studioarbeit plötzlich nichts mehr von ihnen hört und kaum noch was von ihnen sieht. Sie stehen in aller Bescheidenheit irgendwo zwischen Dekorationsteilen, da wo es ein bißchen dunkel ist, und man niemandem unangenehm auffällt.

Notizen – und sei es nur mit Hilfe einfacher Kürzel – sind nicht nur inhaltlich hilfreich, sie geben auch die nötige Sicherheit, wenn es mal stressig wird. Wer wollte bestreiten, daß es bei der Arbeit im Studio nicht auch Nervosität und Spannungen geben kann? Traurig, wenn es dann gerade der Aufnahmeleiter sein sollte, der als erster ins Schwitzen kommt.

Ruhe und Übersicht sind nicht Folgen einer psychologischen Spezialausbildung. Sie sind das Ergebnis methodischen Arbeitens. Das Führen einer Checkliste ist deshalb auch bei kleinen Routineproduktionen unverzichtbar. Auf diese Weise läßt sich diese Arbeitsmethode – auch im Hinblick auf große Produktionen – antrainieren. Bei umfangreichen Produktionen ist die Checkliste ohnehin so unerläßlich wie das Einrichten des Ablaufplans – eine Arbeit, für die es aus naheliegendem Grund ein Extrakapitel gibt.

Die Pausenansage

Auf Anhieb erscheint es geradezu grotesk, die Pausenansage zum Gegenstand einer ausführlicheren Beschreibung zu machen. Man muß aber bedenken, daß Pausen, und hier soll von den längeren Pausen die Rede sein, dazu angetan sind, Zeitverluste zu verursachen, wenn sie nicht sorgfältig abgewickelt werden.

Die Schlamperei fängt im Prinzip schon an, wenn der Regisseur urplötzlich frisch-fröhlich aus dem Studiolautsprecher tönt: „Halbe Stunde Mittagspause!" Und dann macht es „Plopp", das heißt: der Toningenieur, auf das erlösende Wort ‚Pause' schon lange wartend, hat die Mikros zugezogen und die Studiobeschallung abgeschaltet. Oben hört jetzt keiner mehr mit. Der arme Aufnahmeleiter ruft dann noch mal mit dünnem Stimmchen hinterher: „Halbe Stunde Mittagspause...", weil man ihm beigebracht hat, er sei für Pausenansagen zuständig, aber so recht überzeugt er niemanden. Ein bekanntes Szenario. Aber es geht auch anders.

Der Profi unter den Aufnahmeleitern sorgt schon bei Produktionsbeginn dafür, daß er eine Möglichkeit für Studioansagen über Mikrofon bekommt. Sollte der Ton meinen, das ginge nicht (überzeugendstes Argument: „Das haben wir ja noch nie gemacht..."), bittet der Aufnahmeleiter ein wenig nachdrücklicher. Wenn gar nichts hilft, läßt er ein solches Mikrofon durch seinen Produktionsleiter offiziell anfordern. Es muß im Interesse eines jeden Produktionsleiters liegen, daß sein Aufnahmeleiter sich im Studio Gehör verschafft.

Vor dem Nahen der Pause versucht der Aufnahmeleiter mit dem Regisseur rechtzeitig zu vereinbaren: *Was* soll nach der Pause passieren, also, mit welcher Position im Ablaufplan geht es weiter?

Ist das geklärt, geht der Aufnahmeleiter zum Ersten (sog. Licht setzenden)

Kameramann und verständigt sich mit diesem über eventuelle Lichtkorrekturzeiten nach der Mittagspause. In der Regel wird eine solche Zeit benötigt. Wenn der Kameramann um nicht mehr als 10 Minuten bittet, sagt der Aufnahmeleiter die gewünschte Zeit zu. Benötigt das Licht mehr als 10 Minuten, sichert sich der Aufnahmeleiter beim Regisseur vorsorglich ab. Bei umfangreicheren Arbeiten am Licht sollte das Studio von den übrigen Mitarbeitern geräumt sein. Deren Pause verlängert sich daher entsprechend.

Kommt es jetzt zur Pause (mag der Regisseur sich über den Studiolautsprecher äußern oder über den Aufnahmeleiter-Kopfhörer), schnappt der Aufnahmeleiter sein Kommandomikrofon und sagt ins Studio: „Wir machen eine Pause bis 13.30 Uhr!" (Es bedarf keiner Erläuterung, daß er nicht sagt: ‚Eine halbe Stunde.')

Dann: „Bitte hören Sie mir noch einen Augenblick zu! Um 13.30 Uhr haben wir eine kurze Lichtkorrektur von 10 Minuten, nur für die Beleuchter. Die übrigen Kollegen bitte ich, um 13.40 Uhr wieder im Studio zu sein! Anschließend machen wir weiter mit Programmpunkt 7: ‚Der Zauberkünstler' auf Bandstand ‚A'. Um 13.40 Uhr – zwanzig vor zwei – sind alle bitte wieder im Studio."

Der Aufnahmeleiter macht seine Ansage *deutlich* und *nicht zu schnell*. Vor allem aber: Er *wiederholt sie* noch ein- bis zweimal. Spaßigerweise hören die meisten Mitarbeiter beim ersten Mal nämlich gar nicht zu, beim zweiten wenigstens schon akustisch und beim dritten Mal endlich auch inhaltlich. Anfänger nervt das. Profis nicht. Man kann eine Studiobelegschaft an sich gewöhnen. Wichtig ist, daß der Stab folgendes weiß:

- *Wann* geht es im Studio weiter?
- *Womit* geht es weiter?
- Wann bin *ich* wieder dran?
- (Besonders wichtig:) Der für diese Informationen Zuständige ist der *Aufnahmeleiter.*

Was ist zu tun, wenn eine längere Pause fällig wird, ohne daß der Aufnahmeleiter auf das vorbereitet ist, was nach der Pause geschehen soll?

Zuerst wird er die Pausenansage in der vorgesehenen Länge (mit Uhrzeit) über das Studiokommando ansagen.

Danach nimmt er den Kameramann zur Seite und klärt die Lichtfrage. Dann informiert er den Regisseur (auch wenn der schon beim Essen sitzt), daß der Probenbeginn sich verschiebt, weil noch geleuchtet werden muß. Schließlich informiert der Aufnahmeleiter während der Pause alle Spartenchefs sowie die Mitwirkenden davon, daß sich deren Pause entsprechend verlängert. Die sitzen zwar auch schon alle beim Essen, aber sie freuen sich, daß ihre Pause länger wird – was will man mehr.

Übrigens gilt das, was über das Licht gesagt wurde, unter Umständen, aber keineswegs selten auch für Bühne, Requisite und gelegentlich für Maske oder Garderobe, dann nämlich, wenn diese Sparten aufwendige Vorbereitungen für den der Pause folgenden Programmpunkt treffen müssen. Da diese zusätzlichen Einrichtungsarbeiten für den Aufnahmeleiter grundsätzlich voraussehbar sind, trifft er mit den entsprechenden Sparten gleiche Absprachen wie mit dem Licht und koordiniert diese Arbeiten auch untereinander. Die *Pause endet dann in gestaffelter Form* für die einzelnen Sparten. Letzteres bezieht sich allerdings vorwiegend auf größere Produktionen, während das Licht seine Korrekturzeiten so gut wie immer benötigt. Es zeugt vom Organisationsvermögen des Aufnahmeleiters, wenn Team und Mitwirkende nach einer Pause nicht unnütz im Studio herumstehen, um zu warten, bis die eine oder andere Sparte mit ihren (einkalkulierbaren) Arbeiten fertig ist. Entsprechender Einsatz und sorgfältig erfolgende Absprachen mit den einzelnen Spartenchefs zahlen sich für den Aufnahmeleiter und für den Ablauf der Produktion aus. Hat man ein Team erst einmal daran gewöhnt, im Aufnahmeleiter *den* zuverlässigen Koordinator zu sehen, hat der auch alle Möglichkeiten, den Produktionsablauf im Sinne einer rationellen Arbeit zu steuern.

Der Stab, der für eine gute Koordinationsarbeit dankbar, ja geradezu darauf angewiesen ist, honoriert die Bemühungen der Aufnahmeleitung üblicherweise durch Kooperationsbereitschaft. Voraussetzung ist allerdings immer, daß der Aufnahmeleiter seine Sache im Griff hat, und die Mitarbeiter das spüren.

Dreh-/Arbeitsschluß

Wenn ich im Zusammenhang mit Studioansagen eingangs davon gesprochen habe, daß eine Ansage mindestens zwei Mal, besser noch ein drittes Mal zu erfolgen hat, bis alle alles kapiert haben, so gilt das für eine Ansage *nicht*. Das Wort „Drehschluß" braucht man nur bis „Dr..." auszusprechen, dann sind die Leute in der Regel schon vom Hof geritten, und der Aufnahmeleiter steht allein auf weiter Flur. Das hat seine Probleme. Dabei ist die Ansage zum Drehschluß die für die Produktionszeiterfassung entscheidende Aussage, auch wenn dem Drehschluß noch Abwicklungsarbeiten folgen.

In der Filmwirtschaft, die Dienstleistungen des angemieteten Drehstabes nach Zeitaufwand weiterberechnet, ist die Ansage durch den Aufnahmeleiter der verbindliche Anhaltspunkt für den Tagesbericht. Die Belegschaft in einem Fernsehstudio muß ihre Dienststunden nach Maßgabe der Drehschlußansage schreiben. Je nach Sparte rechnen sich dann noch spezifische Abwicklungszeiten zum definitiven Arbeitsschluß hinzu. Im Studio finden Gerätesicherung, Requisitenverwahrung und zumindest ein Teilabbau der Dekoration statt.

Wenn es am nächsten Tag mit derselben Produktion weitergeht, empfiehlt es sich, daß der Aufnahmeleiter, wie bei der Pausenansage, auf den Programmpunkt hinweist, mit dem die Arbeit am nächsten Tag fortgesetzt werden soll. Die Ansage könnte also lauten: „Wir haben für heute Drehschluß. Morgen ist Arbeitsbeginn um 8.30 Uhr, heiße Stellprobe ab 9.00 Uhr mit Programmpunkt 12: ‚Die Tornellis'! Schönen Feierabend."

Der Aufnahmeleiter verbleibt im Studio, bis zum Arbeitsschluß. Er vereinbart möglicherweise Vorarbeiten für besagten Programmpunkt 12 mit den zuständigen Sparten. Für den Fall, daß es sich um eine aufwendigere, mehrtägige Produktion handelt, schreibt die Aufnahmeleitung eine *Disposition*. Der Disposition soll und muß an anderer Stelle ein eigenes Kapitel gewidmet werden. Gegenwärtig nur so viel: Der Hinweis auf den nächsten Programmpunkt kann in der Ansage entfallen, wenn eine Dispo verteilt wird. Die Schlußansage lautet dann: „Wir haben für heute Drehschluß. Schönen Feierabend! Und bitte nicht vergessen: *Keiner geht ohne die Dispo* für morgen." Beim Austeilen der Disposition stehen der Aufnahmeleiter oder seine Gehilfen möglichst an den Studioausgängen, und jedes Teammitglied ist *verpflichtet*, sich ein Exemplar zu holen.

Auch wenn das Verteilen der Dispos *keine Bringschuld* der Aufnahmeleitung ist, sollten die Kollegen in den Technikräumen wie Bildkontrolle, MAZ usw. ihre Disposition zweckmäßigerweise an ihren Arbeitsplatz gebracht bekommen. An der Produktion beteiligte Mitarbeiter, die sich zur Zeit nicht in der Nähe des Produktionsortes befinden, erhalten die Disposition durch die Aufnahmeleitung zugestellt.

Der Tagesbericht

Genauso wie jeder Handwerker nach einem Arbeitseinsatz einen Bericht über den Aufwand von Personal, Zeit und Verbrauchsmaterial ausfertigt, nach dem er dann die Rechnung erstellt, muß auch im Fernsehstudio eine Art Arbeitsprotokoll geführt werden. Diese Aufgabe obliegt dem Aufnahmeleiter. Für viele Aufnahmeleiter gilt das Führen von Tagesberichten als ‚Strafarbeit' und als überflüssiger, bürokratischer Ballast.

Aber wenn man davon ausgeht, daß jeder Produktionstag einen sehr beträchtlichen Aufwand an direkten und indirekten Kosten bedeutet, die sich variabel darstellen können, je nachdem wie der Produktionstag verläuft, wenn man außerdem berücksichtigt, daß die Arbeitsstunde eines jeden Mitarbeiters vor dem Produzieren kalkulatorisch erfaßt wurde, läßt sich auch verstehen, warum ein Unternehmen nicht darauf verzichten kann, eine tägliche Kontrolle über laufende Kosten zu erhalten.

Die Filmindustrie hat für den Tagesbericht (der auch arbeits- und steuerrechtlich ein Dokument ist) ein allgemein gebräuchliches Formular entwickelt.

Rundfunkanstalten haben für ihre hausspezifischen Bedürfnisse jeweils eigene Tagesberichts-Vordrucke. Und einige haben vielleicht etwas zuviel des Guten getan. Zumindest kann man darüber streiten, ob es wirklich unverzichtbar ist, einen mehrseitigen Formularsatz, dessen Ausfüllung manchmal eine halbe Doktorarbeit darstellt, zur Pflichthandlung für Aufnahmeleiter zu machen. Unstrittig ist jedoch, daß der kostenintensive Aufwand eines Produktionstages übersichtlich erfaßt werden muß.

Wichtigste Daten eines Tagesberichtes sind:

- Die Namen und Funktionen aller an einem Produktionstag anwesenden Stabmitglieder
- Die Namen und Rollen oder Funktionen der Mitwirkenden
- Die Namen von Funktionsträgern, deren Leistung pauschal oder durch das Urheberrecht abgegolten wird (sie müssen am jeweiligen Produktionstag nicht unbedingt anwesend sein, z.b. Autoren, Szenen- und Kostümbildner usw.)
- Die Unterscheidung von honorarpflichtigen und ggf. festangestellten Personen
- Die nach Arbeitsvorgängen gestaffelten Uhrzeiten im Tagesverlauf, ggf. auch für unterschiedliche Gewerke
- Reine Dreh- bzw. MAZ-Zeit
- Reisezeiten, auch bei Nur-Reisetagen
- Dreh- bzw. MAZ-Produktionsorte
- Motive, Dekorationen, Drehorte, einschließlich dem Einsatz von Fremd unternehmen
- Das am Tage bewältigte Drehpensum (bei Film nach Einstellungen und Klappen spezifiziert, bei MAZ nach Takes, einschließlich genauer Längenangaben)
- Film- oder MAZ- Materialverbrauch
- Darüber hinaus Notizen über besondere Vorkommnisse, Arbeitsunfälle, Versicherungsschäden usw.

▲ Rand   ▲ Tab.

Tagesbericht

Produktionsart :

Lfd. Nr.:	Tag u. Datum :
Titel/Prod. Nr :	Sendedatum :
Abteilung :	Redaktion :
Prod. Ltg. :	Aufn. Ltg. :
Regie/Regie Ass. :	Szenenbild :
MAZ/FAT :	Kostüme :
Schnitt/Schn. Ass. :	Sekret./Script :
Maske :	Garderobe :
Requisite :	Fahrer :
Tontechnik :	
Videotechnik/SG :	
Kamera :	
Bühne :	
Beleuchtung :	
Motiv :	**Drehort :**
Arbeitszeit v.-b. :	Aufn. v.-b. :

Tagesablauf

bzw. Einstellungs-

nummern

( ) wie oft gedreht

Z = Zusatz

W = Wiederholung

Darsteller u.

Freie Mitarbeiter

Rolle oder

Tätigkeit sowie

An- und Abreisen

in Klammern

angeben

Verbrauch	Bild	Tonband	Toncord	**Einstellungen***	Gesamt	Atelier	Außen	W	Z
Kalkulierte m				lt. Buch					
Bisher				Bisher aufgen.					
Heute				Heute aufgen.					
Gesamt				Gestrichen					
Tage	Atelier	Außen	Gesamt	Gesamt					
Veranschl. Tage				Noch aufzun.					
Bis Heute				*Nur bei Filmproduktion ausfüllen					

Deckblatt: Honorarabt.   weiß: Prod. Ltg.   rosa: Red.   blau: Aufnahmeleitung

Produktionsleiter   Aufnahmeleiter

▲ Rand ▲ Tab.

Tagesbericht

Produktionsart: Film

Lfd. Nr.: 14	Tag u. Datum: Do. 06.08.
Titel/Prod. Nr: "Der Affe Gottes" - 662/106	Sendedatum: 09.12.
Abteilung: FS-Spiel	Redaktion: Dr. Boehes-Selle
Prod. Ltg.: Gumprecht	Aufn. Ltg.: Bentkowski, Wolf
Regie/Regie Ass.: Fruchtmann/Graf	Szenenbild: Chamier
MAZ/FAT:	Kostüme: Hoeltz
Schnitt/Schn. Ass.: Forth/Hemmerling	Sekret./Script: Ohlwein/Heger
Maske: Boltz,Wallrabe,Kondermann	Garderobe: Meseberg
Requisite: Lebrecht,Schmick	Fahrer: Ströll
Tontechnik: Schmidt,Moltrecht,Gehring	
Videotechnik/SG:	
Kamera: Wedekind/Brendel	
Bühne: Buchtenkirch,Volkmann,Albrecht	
Beleuchtung: Wahrmann,Goldhorn,Hausmann,Oles	
Motiv: In der Kammer	**Drehort:** RB-FS, Studio 2
Arbeitszeit v.-b.: 10.30 - 19.00	Aufn. v.-b.: 14.30 - 17.30

Tagesablauf bzw. Einstellungsnummern

( ) wie oft gedreht
Z = Zusatz
W = Wiederholung

10.30 Arbeitsbeginn, Einleuchten
11.30 Regiebesprechung
11.45 Proben
13.00 Pause
14.30 Dreh: 14/3/4, 14/4/3, 14/2/3, 14/1/2
19.00 Drehschluß, anschl. Muster bis 20.15

Darsteller u. Freie Mitarbeiter

Rolle oder Tätigkeit sowie An- und Abreisen in Klammern angeben

Fruchtmann-Regie/Graf-Regie-Ass./Boltz,Wallrabe,Kondermann-Maske/Wolf-AL/
Chamier-Bühnenbild/Hoeltz-Kostüm/Heger-Script/Meseberg-Garderobe/Ströll-Fahrer
HdH's: Albrecht,Pieper

Schauspieler: Brieger (3)
Walser (3)

Verbrauch	Bild	Tonband	Toncord	**Einstellungen***	Gesamt	Atelier	Außen	W	Z
Kalkulierte m	10.000			lt. Buch					
Bisher	739			Bisher aufgen.					
Heute	316			Heute aufgen.					
Gesamt	1.055			Gestrichen					
Tage	Atelier	Außen	Gesamt	Gesamt					
Veranschl. Tage				Noch aufzun.					
Bis Heute				*Nur bei Filmproduktion ausfüllen					

Deckblatt: Honorarabt. weiß: Prod. Ltg. rosa: Red. blau: Aufnahmeleitung

Produktionsleiter   Aufnahmeleiter

▲ Rand   ▲ Tab.

Tagesbericht

RADIO BREMEN

Produktionsart: MAZ

Lfd. Nr.: 06	Tag u. Datum: Fr. 05.11.
Titel/Prod. Nr: "Loriot's 70er Geb." 663/428	Sendedatum: Fr. 12.11.
Abteilung: FS-Unterhaltung	Redaktion: Breest
Prod. Ltg.: Gumprecht	Aufn. Ltg.: Turecek, Plaat
Regie/Regie Ass.: v.Bülow/Zurawczak	Szenenbild: Pickert
MAZ/FAT: Ohlsen-Schöne	Kostüme: Wilhelms
Schnitt/Schn. Ass.:	Sekret./Script: Ohlwein/Fruchtmann
Maske: Boltz,Wallrabe	Garderobe: Oertwig,Schwarz
Requisite: Lebrecht,Schmick,Schwärmer	Fahrer: Barke,Hardorf
Tontechnik: Kauffels,Moltrecht,Ihnken	
Videotechnik/SG: Schimanski,Siebert,Hess	
Kamera: Theunert,Scheidl,Deichmann. Co-Regie: Jähnig	
Bühne: Furlan,Giskes,Kuhlmey	
Beleuchtung: Wahrmann,Monsees,Beer,Hergert,Reißner	
Motiv: Zimmer/Flur	**Drehort:** RB-FS, Studio 3
Arbeitszeit v.-b.: 09.00 - 19.00	Aufn. v.-b.: 10.00 - 18.30

Tagesablauf bzw. Einstellungsnummern
( ) wie oft gedreht
Z = Zusatz
W = Wiederholung

09.00 Arbeitsbeginn, Einmessen, Einrichten der Dekoration
10.00 Probe mit v. Bülow, Wagenrei,Warnke,Bell (Bild 32)
10.35 MAZ Bild 32
13.30 Pause
14.05 Proben und MAZ Bild 11, Rest Bild 12, Mitwirkende wie oben
17.45 MAZ-Schluß, Regiebesprechung, anschl. Gerätesicherung

Darsteller u. freie Mitarbeiter
Rolle oder Tätigkeit sowie An- und Abreisen in Klammern angeben

v.Bülow-Autor,Regie/Zurawczak-Regie-Ass./Boltz,Wallrabe-Maske/
Schwärmer-Requisite/Turecek,Plaat-AL/Pickert-Bühnenbild/Fruchtmann-Script/
Oertwig,Schwarz-Garderobe/Barke,Hardorf-Fahrer-HdH

Schauspieler: v. Bülow
          Warnke (1) Anreise
          Bell (1) Anreise
          Wagenrei (3) Abreise

Verbrauch	Bild	Tonband	Toncord	**Einstellungen***	Gesamt	Atelier	Außen	W	Z
Kalkulierte m				lt. Buch					
Bisher				Bisher aufgen.					
Heute				Heute aufgen.					
Gesamt				Gestrichen					
Tage	Atelier	Außen	Gesamt	Gesamt					
Veranschl. Tage				Noch aufzun.					
Bis Heute				*Nur bei Filmproduktion ausfüllen					

Deckblatt: Honorarabt.   weiß: Prod. Ltg.   rosa: Red.   blau: Aufnahmeleitung

Produktionsleiter   Aufnahmeleiter

Viele Anstalten bestehen dann noch auf sogenannten Minutenprotokollen und allerlei anderen brotlosen Erbsenzählereien. Kein Aufnahmeleiter kann sich dagegen wehren, aber er darf sich auf der anderen Seite so seine Gedanken über Sinn und Unsinn einzelner Formulareinfälle machen. Das ändert zwar an den Formularen gar nichts, aber es schärft den Sinn für wirtschaftliches Denken, zu dem man als Aufnahmeleiter verpflichtet ist, und das ist ja auch was.

4. Der Regisseur

Der Anspruch

Wer hat sich nicht schon einmal in einer stillen Stunde gewünscht, wenigstens vorübergehend die nötige Macht zu besitzen, um die schreienden Ungerechtigkeiten des Daseins, die Hungersnöte, die Kriege, allen Schmerz der Menschheit, ja – überhaupt alles, alles, was das Leben auf diesem Planeten so sehr beschwerlich macht, ein für alle Mal auszumerzen? Und wenn das alles nicht möglich sein soll, so möchte man doch gelegentlich ein klein wenig Macht haben, wenigstens so viel, um das Allernötigste auf die Reihe zu bringen, das Weltgefüge zumindest hier und da ein bißchen nachzubessern. Man muß nicht lange nachdenken, man weiß halt schon, daß das nicht machbar ist.

Sicher, wir sind selbständig handelnde Wesen, aber eben nicht nur wir allein. Andere handeln auch und können damit alles wieder zunichte machen. Wir können die Menschen in unserer Umgebung nicht loswerden, um sie neu zu erschaffen, damit sie endlich das tun, was uns in den Kram paßt. Wir können niemanden in uns verliebt machen, oder klüger oder dümmer, größer oder kleiner. Wir sind gebunden an Zeit und Raum, beim Wetter fängt unsere Ohnmacht bekanntlich schon an.

Alles, was wir nicht selbst verursachen, nennen wir Schicksal, halb resigniert und halb froh, nicht so viel mitverantworten zu müssen. Und die Summe aller vergangenen, gegenwärtigen und kommenden Schicksale läuft unter der Sammelbezeichnung Realität. Mit Realitäten, das lernt man schnell, hat man sich abzufinden, jeder tut das. Fast jeder.

Ein kleiner Kreis Auserwählter kennt einen Ausweg. Einen Ausweg, der zwar nicht von allen ernst genommen wird, von einigen aber doch. Und die werden Regisseure oder Regisseurinnen.

Der Werdegang

Ich will nicht lange Worte machen über den zuweilen recht dornigen Weg, den man einschlagen muß, um im Regiefach etwas leisten zu können. Der Ursprung der Regie-Aspiranten ist sehr unterschiedlich. Hochschule, Filmhochschule, Schauspielerei, Autorentätigkeit oder einfach die bloße Besessenheit, vieles ist möglich, aber kein Weg ist zwingend vorgezeichnet.

Es beginnt zumeist mit Kaffeeholen (das ist bei Aufnahmeleitern häufig nicht anders, der Unterschied liegt aber darin, *wem* man den Kaffee holt. Der Regieassistent holt den Kaffee für den Regisseur und sonst für niemanden). Dann versucht er sich als Script und Continuity bei den Dreharbeiten, arbeitet als zweiter und schließlich als erster Assistent bei einem Meister, der sich herabgelassen hat, ihn als Assistenten zu akzeptieren (und der, wenn der Assistent gut ist, häufig genug auf dessen Unterstützung und Kenntnisse angewiesen ist).

Irgendwann kommt dann ein Wink des Schicksals, und der Aspirant darf seine erste eigene Inszenierung machen. Manchmal verzichtet das Schicksal auch auf einen solchen Wink, dann bleibt der Assistent eben Assistent. Das sind übrigens nicht einmal die schlechtesten. Natürlich gibt es auch gute Assistenten, die nie die Absicht hatten oder haben, Regie zu führen. Unter ihnen findet man die bewährten alten Hasen, mit denen zu arbeiten die meiste Freude macht.

Es ist sicher schon aufgefallen, ich spreche hier nicht von sogenannten Ablauf- oder Bildregisseuren beim Fernsehen, sondern von den Regisseuren szenischer Produktionen, also denen, die Kunst machen oder das, was so aussehen soll, als wäre es Kunst. Ich sage das ohne Überheblichkeit. Aufnahmeleiter und alle anderen Stabmitglieder würden verhungern, wenn sie sich darauf beschränken würden, nur Kunst und Niveau zu produzieren, ganz abgesehen davon, daß wahre Kunst nicht immer ein Genuß sein muß, wenn man sie herstellt. Aber davon an anderer Stelle.

Die Bedeutung

Im Verlauf einer Produktion ist der Regisseur das wichtigste Stabmitglied. Sobald ein Projekt beschlossen und die Kalkulation genehmigt sind, stehen alle an der Produktion Beteiligten im Dienst des Regisseurs. Auch der Produktionsleiter – und der Aufnahmeleiter allemal, unabhängig davon, daß der Aufnahmeleiter dem Produktionsleiter organisatorisch unmittelbar untergeordnet ist. Das Werk, das es zu produzieren gilt, ist das Werk des Regisseurs, was er will, hat zu geschehen, es sei denn, das Budget oder aber die Physik stünden dem entgegen.

Apropos Physik, schon da gibt es unterschiedliche Auffassungen. Als ich noch ganz neu dabei war, machten wir einmal eine Motivbesichtigung in einer kleinen Kirche. Der Film sollte am Meer spielen, an der Nordsee, und das schmucke Gotteshaus stand malerisch oberhalb der dort sehr eindrucksvollen Steilküste. Innerhalb der Kirche erklärte der Regisseur dem Kameramann, von welcher Fensterseite er sich das Licht der einfallenden Abendsonne vorstellte. Rein technisch war das für den Kameramann unproblematisch, schließlich kann man Licht von jeder Seite aufbauen, die man will. Aber der Kameramann war ein pedantischer Mensch, und so warf er ein, daß das Licht der untergehenden Sonne unmöglich von der dem Wasser abgewandten Seite einfallen könnte. Häufig genug gab es Szenen vor der Kirche, die dem Zuschauer eine genaue Orientierung gestatten würden. An der Nordsee versinkt die Sonne im Meer, denn da ist Westen, und nur im Westen geht die Sonne unter. Das weiß man nun mal.

Der Regisseur blieb völlig unbeeindruckt. „Wo die Sonne untergeht, bestimme ich", sagte er, und er meinte das natürlich im Ernst.

Heute würde ich eine solche Äußerung vermutlich gar nicht mehr bewußt aufnehmen, damals dämmerte mir eine wichtige Erkenntnis. Regisseure leben vielleicht nicht immer in den Welten, die sie erschaffen, aber sie leben für ihre Welten. Dort sind sie Herren über Leben und Tod, richtig und falsch, Liebe und Haß, Mensch und Tier, Zeit und Raum.

Es ist ein Irrtum zu glauben, die Arroganz vieler Regisseure rühre daher, daß sie über einen Sechzigmannstab gebieten, der ihnen ergebener ist als ein Kabinett seinem Ministerpräsidenten. Das ist Beiwerk und eher lästig. Man stelle sich das einmal vor: Sechzig Menschen, allesamt aus dieser Welt, die immer langsamer arbeiten als der Regisseur denkt (wenn sie schneller arbeiten, ist es genau so schlimm), das sollte es schon sein? Nein, wer bestimmen kann, wann es Tag und wann es Nacht ist, wann es schneit und wann die Sonne sengt, wer Herr über ganze Heerscharen ist, ganz gleich welcher Epoche – wer das ist, der ist seinem Schöpfer ganz einfach näher als andere, und das muß man die anderen auch gelegentlich mal spüren lassen.

Geschickter ist es zwar schon, Zurückhaltung zu üben, um seinen Stab nicht unnötig zu verprellen, aber diese Art von Geschicklichkeit ist nicht zwingend der Weg zu Ruhm und Größe. Deshalb macht auch nicht jeder Regisseur Gebrauch davon.

Der Regisseur und die Realität

Die wirkliche Welt, die sogenannte Realität, wird von Regisseuren nicht sonderlich geschätzt. Nicht etwa, weil dort das eine oder andere zu wünschen übrig ließe, was man ja noch verstehen könnte, sondern weil das wirkliche Leben für den Regisseur die zwar gewaltige, aber reichlich danebengegangene Inszenierung eines anderen ist. Von Inszenierungen anderer halten Regisseure ohnehin nur sehr selten etwas, aber diese nichtendenwollende Superserie „Wirklichkeit" finden sie allesamt schauderhaft, dramaturgisch mißlungen und in den Hauptrollen hoffnungslos fehlbesetzt.

Regisseure, die vorgeben, sich der sogenannten „Realität" verpflichtet zu fühlen, heucheln. Mit „Realität" meinen sie das, was sie dafür halten. Manchmal findet sich auch tatsächlich eine – wohl eher zufällige – Übereinstimmung, und die Kritiker, die nie etwas merken, weil sie nur die Werke kennen und nicht ihre Entstehung, jubeln.

Wenn aber Werk und Wirklichkeit weit auseinanderklaffen, ist das kein Grund zur Trauer. Den Regisseur kann man ja wohl nicht dafür verantwortlich machen. Er hat die Realität schließlich nicht gemacht, sondern nur den Film. Die Verachtung, die Regisseure für die Wirklichkeit empfinden, wächst in dem Maße, in dem sie Erfolg haben. Das, was bei gewöhnlichen Sterblichen Lebenserfahrung ist, vollzieht sich beim Regisseur in seinen Werken und nur für ihn selbst. Regisseure bejahen unsere Wertordnung, also unsere Vorstellungen von Gut und Böse, Richtig oder Falsch durchaus, nur spielt diese Wertordnung in ihren Werken eine bedeutendere Rolle als im kleinkarierten tatsächlichen Leben. Wenn man die Freude hatte, in den siebziger und achtziger Jahren sogenannte sozialkritische Filme zu produzieren, wird man sich mancher Regisseure erinnern, deren persönliches Verhalten und deren Lebensweise in krassem Gegensatz zu den publizierten Idealen standen. Dieser Widerspruch beeindruckt Sie und mich, Regisseure läßt er kalt.

Warum ich Ihnen das alles so ausführlich schildere? Nicht, um Ihnen Angst zu machen, nicht um mich an bösartigen Regisseuren zu rächen, sondern weil ich Ihnen den Umgang mit einem Menschentypus erleichtern will, der nun einmal zu dem wichtigsten Personenkreis gehört, mit dem ein Aufnahmeleiter im Verlauf seines Berufslebens konfrontiert wird. Genaugenommen ist es der allerwichtigste überhaupt. Und das Wort „konfrontiert" ist nicht einmal zufällig gewählt. Der Produktionsleiter und mithin der Aufnahmeleiter gehö-

ren zu denen, die sich auch bei der engagiertesten Produktion der so ge-
scholtenen Wirklichkeit am wenigsten entziehen dürfen. Sie stehen der Fikti-
on der Kreativen am wenigsten nahe – wenn sie klug sind – und das macht
sie suspekt. Da spielt es für den Regisseur keine Rolle, ob Produktions- und
Aufnahmeleiter ihm intellektuell folgen können oder nicht. (Am besten, sie
tun so, als könnten sie es nicht.)
Die ständigen Geldnörgeleien des Produktionsleiters und die permanenten
Hinweise auf verrinnende Zeit durch den Aufnahmeleiter nerven den Regisseur nicht vornehmlich physisch, sondern weil sie ein Wegtauchen in die
reale Welt sind. In der hat man sich beim Produzieren aber nicht zu befinden.
Wann wird das die Produktion endlich mal begreifen?

Die Kontroverse Regisseur und Produktion

Wenn die Produktion weise ist, wird sie begriffsstutzig bleiben und so wei-
termachen wie immer, denn sonst gibt es bald keine Filme mehr zu produzieren. Freilich, sie muß wissen, was im Herzen eines Vollblutregisseurs vorgeht, und weshalb sie kaum Chancen hat, den gelegentlichen und dann unvermeidlichen Auseinandersetzungen zu entgehen.
Sie meinen, ich hätte ein wenig übertrieben? Also gut, ich habe etwas ver-
kürzt, was bleibt mir auch anderes übrig. Übertrieben habe ich nicht. In unserem Geschäft gibt es keine Übertreibungen. Kein Aufnahmeleiter ist davor
gefeit, im Verlauf seines Berufslebens auch in Auseinandersetzungen mit
Regisseuren verwickelt zu werden. Das passiert auch noch, wenn man schon
den Schritt zum Produktionsleiter getan hat. Wenn eine Kontroverse unaus-
weichlich wird, sollte man sich der Auseinandersetzung auch stellen. Das
kann für die Zusammenarbeit mit dem Regisseur vorübergehend belastend
sein, aber wenn man mit Konflikten umzugehen versteht, kann die Auseinandersetzung auch fruchtbare Konsequenzen haben. Produktionsleiter, die Konflikten aus dem Wege gehen, taugen nämlich nicht viel, sie machen sich beim
Team jede Autorität kaputt. Für Aufnahmeleiter, die das nicht beizeiten ka-
pieren, gilt das genau so.

Sagte ich schon, daß ich, wenn ich ‚Regisseur' sage, auch die ‚Regisseurin'
meine? Dann läßt sich dieses Kapitel abschließen.

5. Der Produktionsleiter

Definition

Der Produktionsleiter ist der kostenverantwortliche, durchführende Leiter einer Film- oder Fernsehproduktion. Seine Arbeit beginnt mit der *Kostenvorausschätzung* eines Exposés oder Treatments und endet mit der *Endabnahme* des fertigen Produkts durch den Programmdirektor einer Fernsehanstalt oder den Programmverantwortlichen eines Medienunternehmens.

Der Aufnahmeleiter ist dem Produktionsleiter unmittelbar unterstellt, und allein ihm ist er mit seiner Arbeit verantwortlich.

Aber in der Regel beginnt der Einsatz des Aufnahmeleiters lange nach den Vorarbeiten zu einem Projekt, das heißt, frühestens bei der Suche der Motive, häufig auch noch sehr viel später.

Gesamtplanung und Kalkulation

Der Produktionsleiter erstellt die *Kalkulation*. Wenn es sich um ein umfangreiches Projekt handelt, hat er zuvor auch noch eine oder mehrere *Rohkalkulationen* (oder Vor-Kalkulationen) gemacht.

Roh-Kalkulation und Kalkulation haben jeweils eine Roh-Planung beziehungsweise die Gesamtplanung des Projekts zur Grundlage. Die Gesamtplanung umfaßt alle Produktionsphasen beginnend bei den *Vorkosten*, über die *Dreh- oder MAZ-Vorbereitungen*, die *Drehzeit oder MAZ-Produktionszeit* bis zur *Bild- und Tonendfertigung* im Filmschneideraum, dem Tonstudio und im Kopierwerk bzw. in der *MAZ- Post Production*, also der elektronischen Bildbearbeitung.

Jede der Produktionsphasen verursacht spezifische Kosten, die ihrerseits eine genaue Vorausschau des Personal- und des Ausrüstungsbedarfs bedingen. Bei kleinen und Routine-Produktionen oder bei Blockterminen im Fernsehen ist der Kalkulations- und Planungsaufwand für den Produktionsleiter relativ gering, auch wiederholt er sich häufig. Bei großen Projekten, etwa einem Spielfilm oder Fernsehspiel, erstreckt sich dieser Aufwand auf einen Zeitraum von mehreren Tagen, Wochen oder Monaten.

Weil sich von einem großen Projekt besser auf ein kleines schließen läßt als umgekehrt, beziehe ich mich bei der Beschreibung von Produktionsabläufen hier vorzugsweise auf das Genre Fernsehspielfilm, weitgehen dem Kino-Spielfilm vergleichbar.

Ein TV-Filmprojekt (und das gilt für MAZ-Projekte ebenso) verursacht Kosten. Zumindest das weiß man von Anfang an sicher. Nicht so sicher weiß man, ob die vorausberechneten Kosten später auch der Realität entsprechen. Ein überzogenes Budget ist mehr als eine unangenehme Überraschung, es kann für einen Produzenten ruinös sein. Deshalb kommt der Kalkulation eine ausschlaggebende Bedeutung zu.

Welche sind die für die Kalkulation nötigen Daten, und wie setzt sich eine Kalkulation zusammen?

Bei der Ermittlung der Produktionskosten muß der Kalkulierende von zwei Faktoren ausgehen: *Aufwand* und *Zeit*. Den Aufwand betreffend kennt man

- *Aufwand an Personal* (Mitwirkende, Stab, Reisekosten, Personalnebenkosten usw.)
- *Aufwand an Mieten* (Ausrüstung, Ateliers, Originalmotive, Kostüme, Requisiten, Haarteile, Leistungen durch Fremdfirmen usw.)
- *Aufwand an Verbrauchsmaterial* (Baumaterial, Verbrauchsrequisiten, Film-, Ton- und MAZ-Material usw.)

Der *Aufwand* steht in einer vorbestimmten Relation zur *Zeit,* in der man ihn betreibt. Diese Relation ist bei *Personal* und *Mieten* eine direkte, das bedeutet, je länger ich Personal unter Vertrag habe, oder je länger ich eine Sache miete, desto mehr Geld kosten sie. Auf der anderen Seite ist die Relation aber nicht konstant, denn es gibt Zeiträume, in denen ich weniger Stab oder Schauspieler beschäftige und gleiche Zeiträume, in denen mehr Personen unter Vertrag stehen.

Beim *Verbrauch* muß ich zwar davon ausgehen, daß er so lange stattfindet, wie ich produziere, aber eine unmittelbare Relation zur Zeit besteht nicht. Der Aufwand an Material für Bauten und Einrichtungen steht in keinerlei direktem Verhältnis etwa zur Drehzeit; der Filmverbrauch kann hoch oder niedrig sein ohne eine Beziehung zur Dauer der Dreharbeiten. (Abgesehen von der Binsenweisheit, daß, wenn nicht mehr produziert wird, auch kein Material mehr verdreht wird.)

Sinn und Ziel der Planung ist es dennoch, alle Faktoren so miteinander zu verknüpfen, daß durch ein Minimum an Aufwand sowie ein Minimum an Zeit ein Optimum an Leistung und ein Optimum an Qualität erreicht werden.

Kalkulationsformulare haben locker bis zu 150 Einzelpositionen, wenn das Vorhaben zu den größeren zählt. Zur Demonstration in der anliegenden Skizze beschreibe ich hier aber lediglich das Deckblatt, nämlich die Kostenzusammenstellung.
Das Deckblatt teilt sich auf in die Positionen:

1. Rechte   (siehe unten)
2. Stabkosten   Personalaufwand
3. Mitwirkende   Personalaufwand
4. Reisekosten   Personalaufwand
5. Ausstattung   Miete und Verbrauch
6. Aufnahmekosten   Miete und Verbrauch
7. Aufnahmematerial/Bearbeitung   Verbrauch und Miete
8. Diverse Kosten   Miete/Personal/Verbrauch

SE *M*INAR FILM **Kalkulation**
OTTERSBERG

	▼ Rand	▼ Tab	▼ Tab	▼ Tab
Titel der Sendung (Arbeitstitel) :				
Produktionsnummer :				
Sendetermin (Tag / Datum / Uhrzeit) :				
vorgesehene Länge :				
Produktionsverfahren :				
Atelier :				
Außen :				
Aufnahmetermine von / bis :				
Gesamtaufnahmetage :				
Fertigstellung der Sendefassung:				
Programmabteilung :				
Redaktion :				
Produktionsleitung :				
Regie :				
Manuskript :				
Szenenbild :				
Kamera :				

Kostenzusammenstellung	Direkte Kosten	Indirekte Kosten	Summe	Anm.
1. Rechte	▉			
2. Stabkosten				
3. Mitwirkende	▉			
4. Reisekosten				
5. Ausstattung				
6. Aufnahmekosten				
7. Aufnahmematerial / Bearbeitung				
8. Diverse Kosten	▉			
Zwischensumme				
Gemeinkosten, % auf Pos. 1 – 8	▉			
Fertigungskosten				
% Überschreitungsreserve				
Gesamtherstellungskosten				
Minutenpreis		▉		▉

Genehmigt	Freigabe beantragt	Einverstanden	Kalkuliert
Datum	Datum	Datum	Datum

Programmdirektor	Abteilungsleiter	Redakteur	Produktionsleiter

Bemerkenswert bei der Position Rechte ist, daß diese Kosten *nicht* zu den eigentlichen Herstellungskosten gehören. Rechte kosten zwar Geld und müssen folglich auch in der Kalkulation als Posten auftauchen, aber einmal erworben, besitzt man sie und kann unabhängig von der Realisierung einer Produktion darauf sitzen bleiben oder sie wieder veräußern. Sie fallen nicht unter ein potentielles Produktionsrisiko, sie bleiben auch bei jeder Art von Produktionsversicherung kostenmäßig unberücksichtigt.

Wer kalkuliert, muß vorher planen. Ohne einen Plan gerät die Kalkulation zu einer bloßen Schätzung. Und selbst, wenn die Kalkulation säuberlich spezifiziert ist, erhält man nichts anderes als eine Summe von geschätzten Beträgen. Erweist sich eine Kalkulation als zu hoch, kann man Beträge nicht einfach durch Streichungen kürzen. Nur Schwachköpfe können glauben, auf diese Weise würde das Produkt dann am Ende auch billiger. Man muß vielmehr seine Planung auf eine andere, wirtschaftlichere Basis stellen, die Zutaten reduzieren oder deren Qualität.

Beim Stichwort „Qualität" fallen einem prompt die Probleme ein, die subjektiv zu sehende Begriffe mit sich bringen. Dennoch spielt die Vorstellung von Qualität in der Betrachtung von Wirtschaftlichkeit eine sehr große Rolle.

Unterschiede zur ‚Freien' Produktion

Für den freien Produzenten, den Unternehmer also, spielt es eine entscheidende Rolle, ob sich ein Vorhaben finanziell trägt. Wenn er ‚*Aufwand*' und ‚*Ertrag*' nebeneinander stellt, muß der Ertrag unter allen Umständen höher sein als der Aufwand. Nur dann hat sich das Unterfangen für ihn gelohnt. Als Ertrag gilt dem Unternehmer – wie sollte es anders sein – der Gewinn, also Geld.

Bei öffentlich-rechtlichen Anstalten liegt die Sache anders. Sie arbeiten nicht gewinnorientiert (was manchmal zu dem Trugschluß führen kann, sie arbeiteten damit zwangsläufig auch nicht ökonomisch), sie arbeiten prinzipiell qualitätsorientiert.

Das heißt: Wenn eine Kalkulation in ihrer Höhe für angemessen befunden wird, wenn diese beim Produzieren nicht überschritten wird, und wenn sich am Ende auch noch die in die Produktion gesetzte Qualitätserwartung erfüllt, dann ist das anvisierte Ziel erreicht, und zwar auch unter wirtschaftlichen Gesichtspunkten. Es ist also keineswegs notwendig, daß kalkulierte Mittel übrigbleiben, damit man von Wirtschaftlichkeit reden kann. Die Mittel, die verhaushaltet wurden, waren ja zum Produzieren gedacht.

Der Produzent auf dem freien Markt wird es dagegen viel mehr schätzen, wenn vorkalkulierte Mittel nicht ganz verbraucht werden, die kann er nämlich seinem Gewinn zuschlagen, es sei denn, er müßte sie mit seinem Auftraggeber abrechnen. Kann er Einsparungen einstreichen, dann stellen diese immer noch nicht den eigentlichen kaufmännischen Profit dar, den er mit dem Vorhaben anstrebt, sie erhöhen ihn aber.

Der freie Produzent, der eine *Auftragsproduktion* für das Fernsehen herstellt, existiert vom kalkulierten Gewinn. Davon lebt er – und nicht von der Qualität. Die spielt nur insofern eine Rolle, als sie Mittel zum Zweck ist. Liefert ein Produzent keine Qualität, wird der nächste Auftrag ausbleiben. Da, wo Qualität nicht zwingend gefragt, Profit jedoch zu machen ist, wird konsequenterweise auf Qualität verzichtet.

Die Fairneß gebietet klarzustellen, daß es eine ganze Reihe von achtbaren Auftrags-Produzenten gibt, die sich auch der Qualität um ihrer selbst willen verpflichtet fühlen. Ihren Produkten sieht man diese Absicht auch an.

Aber es kann keinen Zweifel geben, daß ein Produzieren ohne Gewinnabsichten jedem unternehmerischen Prinzip zuwiderläuft.

Das gilt ganz besonders, wenn der freie Produzent sein Produkt für den ‚Markt‘ also für den Vertrieb im Kino vorgesehen hat, da ist die Qualität eine der Voraussetzungen zum Überleben, aber davon an anderer Stelle.

Zuerst einmal sei der Vergleich mit ‚öffentlich-rechtlichen‘ Produktionen hervorgehoben, und da ist auch die grundsätzlich abweichende Berufs- und Arbeitsphilosophie eines für eine Rundfunkanstalt tätigen Produktionsleiters auszumachen. Jedenfalls dann, wenn er sich selbst darüber im klaren ist. Es kommt mir manchmal so vor, als wenn das nicht immer der Fall wäre.

Der ständig stöhnende, sparende, niezusprechenseiende, mit Arbeit und Papierbergen total überlastete Schreibtischproduktionsleiter, der Arsen besser verträgt als eine zu erstattende Taxiquittung, prägt mehr das Bild dieser Berufsgattung, das ist bei den ‚freien‘ Produktionen schon schlimm, beim öffentlich-rechtlichen Fernsehen wird es manchmal unerträglich.

Ein richtiger Produktionsleiter ist ein Möglichmacher, ein Indietatumsetzer, ein aufbauendes, in jeder Hinsicht konstruktives Element, das vom Produktionsstab als solches aufgefaßt und akzeptiert werden muß. Er ist der *Kopf* des Produktionsstabes. So hat er sich auch selbst zu verstehen und darzustellen.

Sicher, das klingt ein wenig akademisch, wenn man sich so manche standardisierte TV-Eintagesproduktion vor Augen führt oder beispielsweise die schon erwähnten Blocktermin-Produktionen. Da nimmt der Produktionsleiter nur selten – und wenn, sehr oberflächlich – Einfluß auf die Zusammensetzung des Stabes. Aber diese Produktionen, so sehr sie auch den Alltag beim Fernsehen ausmachen mögen, sind nicht prototypisch für Berufsbilder der Branche. Hier sind die Beispiele aus den umfangreicheren Produktionen maßgeblich, große Unterhaltung und ganz besonders der Spielfilm.

Aus der Filmwirtschaft sind die meisten Fernsehberufe gekommen, dort haben sie sich entwickelt, und dort entwickeln sie sich immer noch.

Eines der größten Mißverständnisse bei Film und Fernsehen ist die Vorstellung, der Produktionsleiter müsse *sparen*.
Sparen, das hieße ja, Geld *nicht* ausgeben. So kann man aber nichts produzieren.
Natürlich - wenn ich einmal mit großem Geldaufwand und einmal mit wenig Geld dasselbe Resultat erzielen kann, werde ich mich mit Freuden und sofort für die zweite Lösung entscheiden. Grundlage für die Entscheidung ist jedoch die *Wirtschaftlichkeit* meiner Maßnahme, die sich hier gerade mal in einbehaltenen Geldmitteln niederschlägt. Das kann zu einer grundsätzlichen Scheu vor dem Geldausgeben führen, die – einmal zur Attitüde geworden – geradezu kontraproduktive Auswirkungen haben kann.

Vielleicht entscheide ich mich ja auch einmal für eine Lösung, die teurer ist als eine mögliche Alternative, deren Ergebnis jedoch qualitativ um ein Vielfaches höher bewertet werden muß. Auch dann habe ich *wirtschaftlich* gehandelt. Aber ich habe nichts *gespart*. Und das schadet niemandem.

Es gibt einen böse gemeinten Spruch, der besagt, daß einem Produktionsleiter solche Produktionen am liebsten seien, die gar nicht erst stattfinden, weil die ja auch am wenigsten kosten. So garstig diese Behauptung auch klingen mag, es gibt Kollegen, die sie zu rechtfertigen scheinen. Deshalb sollte jeder, der sich mit Produktionsfragen befaßt, wissen, daß fast jeder Verzicht auf Geldaufwand in der Regel auch mit einem Verzicht auf Ertrag verbunden ist. Das richtige Einschätzen von Für und Wider, das Abwägen von Verbrauch und Erlös, auch wenn der nicht immer materiell ist, machen im wesentlichen die Kunst der Produktionsleitung aus. Dazu braucht man ein wenig Erfahrung, etwas mehr Mut und eine ganze Menge Begabung.

Es sind immer nur die Nichtkönner, die, unter welchen Vorwänden auch immer, Zuflucht nehmen zu den allerdürftigsten Hilfsmitteln, die in prekären Situationen zur Verfügung stehen: Bürokratentum, Pfennigfuchserei und Geiz.

Nichts aber macht einen Produktionsleiter bei seinem Stab unglaubwürdiger als Geiz, der erfahrungsgemäß auch noch ohne sichtbare Wirkung auf das Projekt bleibt. Knausern bei Gagen für wenig prominente Schauspieler oder bei den Teammitgliedern, die ohnehin schon die niedrigsten Honorare haben, ist beliebt – und töricht.

Auch die scheinbar schwächsten Glieder einer Kette können irgendwann einmal unentbehrlich sein, und so mancher Betroffene hat schon ein verdammt gutes Gedächtnis für unfaire Behandlung bewiesen. Vor allem aber stellt sich immer wieder die Frage, wie weit sich gewisse Sparmaßnahmen für das Projekt tatsächlich lohnen.

Kommt eine Produktion in Verzug oder sonstwie in eine Krise, zeigt sich sehr schnell, daß nicht nur das Team und die Mitwirkenden von der Produktionsleitung abhängig sind, sondern daß die Abhängigkeit auf Gegenseitigkeit beruht. Ein Produktionsleiter ist zu bedauern, wenn er in einer solchen Situation nicht auch psychologisch vorgebaut hat. Kann sein Stab ihn unter Druck setzen, etwa weil er sich alle Sympathien verscherzt hat, bleibt das auch nicht ohne Folgen für die Effektivität des Produktionsablaufs.

Regisseure merken das. Und nicht selten versuchen sie, eine durch den Produktionsleiter hervorgerufene Distanz gegenüber seinem eigenen Team zu ihrem Vorteil auszunutzen. Da Friktionen zwischen Regie und Produktionsleitung fast immer mit Geld zu tun haben, erwachsen aus derartigen, unbewältigten Spannungssituationen weitere Probleme, die sich negativ auf die Wirtschaftlichkeit beim Produzieren auswirken. Das Vertrackte daran ist, daß

sich eine mangelnde Kooperation zwischen den beiden kaum in Zahlen ausdrücken läßt. Nur, daß es *so* mehr Geld kostet, ist unstrittig.

Das Berufsbild ,Produktionsleiter'

Das Berufsbild des Produktionsleiters ist in der deutschsprachigen Filmwirt-
schaft keineswegs so eindeutig formuliert, wie es dringend notwendig wäre.
Das bedeutet, daß die Kompetenzen von Produktionsleitern zum Schaden der
Produzenten nicht selten im Nebel bleiben und nicht ausreichend greifen.
Auch der zuständige Berufsverband tut sich mit klaren Definitionen unver-
ständlicherweise reichlich schwer.
In fast allen Rundfunk- und Fernsehanstalten ist das zum Glück anders.
Kluge Köpfe haben sich der Definitionsfrage angenommen. Dort heißt es
unter anderem: *„Der Produktionsleiter übernimmt die Planung aller Pro-
duktionstermine und fordert den notwendigen Personalbedarf sowie die notwendigen Produktionsmittel an."* So weit, so gut.
Dann heißt es: *„Seine Kosten-Kalkulation muß den geplanten Aufwand au-
thentisch wiedergeben. Der kalkulierte Aufwand muß von der Programmabteilung für angemessen befunden werden."*
Dann: *„Grundlage der Kalkulation ist die wirtschaftlich vertretbarste Produktionsform, eine nach ökonomischen Grundsätzen erfolgte Planung sowie
die kapazitätskonforme Ausgewogenheit von direkten und indirekten Kosten.
Der Produktionsleiter hat den Redakteur entsprechend zu beraten."*
Ferner: *„Nach Bewilligung der Produktionsmittel sowie nach Freigabe der
Kalkulation durch den Programmdirektor übernimmt der Produktionsleiter
die wirtschaftliche und organisatorische Verantwortung für das Vorhaben."*

Aber alle diese Aussagen sind bloße Makulatur, wenn die Fernsehanstalt
nachstehende Paragraphen nicht deutlich in den Vordergrund rückt:

* *„Alle Verträge, Aufträge und sonstige produktionsbezogenen Geschäftsvorgänge werden ausschließlich durch den Produktionsleiter unmittelbar
oder mittelbar veranlaßt."*
* *Und: „Seine organistorische und wirtschaftliche Verantwortung ist der
redaktionellen und künstlerischen Verantwortung des Redakteurs gleich-
geordnet."*

In der Tat, das ist der springende Punkt. *Ohne* diese eindeutigen Weisungen hinsichtlich der Kompetenzen eines Produktionsleiters würden ihm Verantwortlichkeiten aufgebürdet, die ihm in dieser Form gar nicht zuzumuten sind.

Voraussetzung Betriebswirt?

An den Bemühungen, den Produktionsleiterberuf gewissermaßen zu akademisieren, ist sicherlich zu loben, daß man intellektuell argumentierenden Redakteuren und Regisseuren keine Dummköpfe gegenüberstellen möchte. So gilt die Betriebswirtschaft für einige als ideales Fachstudium für zukünftige Produktionsleiter. Das hat allerdings zwei Seiten. Betriebswirte lernen, *betriebsorientiert* zu denken. Der Produktionsleiter hingegen hat immer und ausschließlich *projektorientiert* zu handeln. Viele möchten es nicht wahr haben, aber die meisten Betriebswirte eignen sich naturgemäß viel besser für die Verwaltung als für Managementaufgaben. Der Produktionsleiter als verlängerter Arm einer Verwaltung - und sei es nur, weil er sich in seinem Selbstverständnis nicht sicher ist, wäre gleichsam in Theorie wie Praxis *ein Fehlgriff*.

In den deutschen *Filmhochschulen* wird Produktionsleitung im Zusammenhang mit anderen Fachbereichen unterrichtet. Das ist in der Tat eine willkommene Ergänzung zum Filmstudium und fraglos ein guter Weg, theoretisches Wissen zu untermauern.

Bemerkenswert ist hierbei die Tatsache, daß Studenten, die sich hauptsächlich auf die Thematik ‚Produktionsleitung' konzentrieren, die Absicht haben, irgendwann einmal als selbständiger Produzent tätig zu werden. Das ist in Ordnung, wenn man sich zum einen darüber klar wird, daß Produktionsleitung ein eigenständiger Beruf ist, auch wenn man *nicht* Produzent werden will, und zum anderen, daß es *keine bessere* Voraussetzung für Produzenten gibt, als vorher Produktionsleiter gewesen zu sein.

Längst eröffnet der sich immer noch dynamisch entwickelnde Medienmarkt ungeahnte Möglichkeiten – allerdings auch ungeahnte Enttäuschungen.

Auf den folgenden Seiten kann nur ein kleiner Einblick in die Wirklichkeit des Produzierens im ‚freien Raum' gegeben werden, das reicht nicht für ein umfassendes Bild.

Im übrigen nützt die Theorie nur dem, der die *Praxis* kennt, und Praxis heißt
hier: Erfahrung im kaufmännischen Leben und Erfahrung als Aufnahmeleiter.
Ich weiß nicht, wie viele erfolgreiche deutsche Produzenten ihre Karriere als
Aufnahmeleiter begonnen haben, aber die, die niemals Aufnahmeleiter waren, würden heute vermutlich mehrheitlich antworten: ,*Leider nein!*'

Nichts gegen Betriebswirte oder Filmhochschulabsolventen an sich, aber um
mit Regisseuren, Redakteuren, Universalgenies, Schauspielern, Schlagerstars,
Ausstattern, Maskenbildnern, Bühnenhandwerkern, Beleuchtern, Polizisten,
Hauswirten, Aushilfsfahrern, Rockern, Prostituierten und deutschen Politi-
kern umgehen zu können, sollte der Produktionsleiter zuerst einmal *Aufnahmeleiter* gewesen sein. Je länger desto besser.
In diesem Beruf kann man sich bewähren, kann man seine Begabungen aus-
bilden und einen Instinkt dafür entwickeln, wie und wann Krisen oder Streß-
Situationen entstehen, wie man sie vermeidet, abmildert oder – durch energi-
sches Eingreifen – meistert.

Der Beruf des Aufnahmeleiters ist lehrreich und entwicklungsfähig, und die
Praxis des Aufnahmeleiters läßt sich durch ein Studium sicherlich ergänzen.
Ersetzen läßt sie sich nicht.

6. Der unabhängige Produzent

Unterschiede

Mit zwei Problemen mußten sich die Produzierenden bei öffentlich rechtlichen Anstalten bislang nicht herumschlagen, nämlich mit den Fragen „ *Woher kommt das Geld zum Produzieren?* " und *"Wie erfolgt der Vertrieb und damit die Verwertung des Produkts?"* Antwort: Das Geld kommt aus dem *Programmetat* der jeweiligen Programmabteilung, und der Vertrieb besteht in der *Ausstrahlung* des Programms. Vor allem: das eine ist von dem anderen völlig unabhängig.

Wird ein größeres Programmvorhaben, ein Spielfilm etwa, *nicht* – oder *nicht ausschließlich* – für das Fernsehen produziert, sondern für den sogenannten *'freien Markt'*, muß der Produzent weitere Überlegungen anstellen. Und weil es inzwischen auch für die Öffentlich-Rechtlichen ganz neue Verwertungskonzepte beim Produzieren gibt – man denke nur an Kooperationen mit *unabhängigen Produzenten* – ist es längst auch für die ARD- und ZDF-Fernsehleute von Interesse, einen Blick über den eigenen Tellerrand zu werfen.

Wer oder was ist eigentlich ein *Produzent?*

Der ‚freie‘ Produzent

Produzent ist jede natürliche oder juristische Person, die das unternehmerische Risiko eines Filmvorhabens trägt. Es kann darüber hinaus sein, daß sich unter der Federführung eines Produzenten auch mehrere Produzenten – Koproduzenten eben - an einem Projekt beteiligen. Dabei ist klar, daß ein *Erlös* grundsätzlich erst erzielt werden kann, wenn die letzte Produktionsphase beendet ist, also wenn das fertige Produkt zur *Verwertung* vorliegt. Vom Beginn der ersten Vorbereitungsphase an entstehen jedoch Kosten, und zwar erhebliche. Und je nach Umfang des Projekts können zwischen der ersten Phase und dem Ende der letzten Phase viele Monate, ja sogar Jahre liegen, die der Produzent finanziell zu überbrücken hat.

Es ist von entscheidender Bedeutung, daß dem Produzenten rechtzeitig die erforderlichen Geldmittel zur Disposition stehen, und im Idealfall verfügt der Produzent über einen hohen *Eigenkapitalanteil*. Je mehr eigenes Kapital ihm zur Verfügung steht, desto höher wird letztlich sein Anteil am Gewinn sein. Will der Produzent mit diesem Ziel sein Kapital erhöhen, kann er sich mit

Bankdarlehen behelfen, die kosten ihn allerdings auch Zinsen. Weiterhin kann er sich an *Investoren* halten, die sich unter Inkaufnahme eines unternehmerischen Risikos lukrative Anteile an der Vermarktung sichern möchten. Mit anderen Worten, sie wollen am Gewinn partizipieren.

Filmfinanzierung

Es gibt Finanzmakler, die branchenbezogen entsprechende Investitionsgelder für die Produzenten vermitteln. Es gibt *Filmverleihfirmen,* die durch Projektinvestitionen (man spricht hier von *Verleihgarantien*) ihren Anteil am Einspielergebnis vervielfachen. Zu guter letzt gibt es die *staatlichen Fördermittel,* die unter Einhaltung bestimmter Voraussetzungen der Filmindustrie zur Verfügung gestellt werden. (Sie müssen allerdings später zurückgezahlt werden.) In der Branche ist es kein Geheimnis, daß das Vorhandensein von Verleihgarantien und Fördermitteln die Suche nach Investoren ungemein erleichtert.

Eigenkapital, Produzentendarlehen, Fördermittel, Verleihgarantien sowie Fremdinvestitionen sind die wesentlichen Säulen, auf denen eine Filmfinanzierung beruhen sollte, und es ist immer der Produzent selbst, der sich diese Finanzierung sichern muß.

Die Investoren stellen Bedingungen. Zum einen wollen sie wissen, wie aussichtsreich der Stoff beziehungsweise das Drehbuch für einen finanziellen Erfolg sind. Zum anderen werden sie auf einer populären weil publikumsträchtigen Schauspielerbesetzung bestehen. Entsprechende Wünsche gibt es meistens auch hinsichtlich der Regie und eventuell anderer kreativen Kräfte. Das größte Augenmerk gilt allerdings der *Verwertung* des Films und mithin der vertragsgemäßen Beteiligung der Investoren am Gelderlös.

Verwertung und Erlös

Ein Film, der für den Markt produziert und dort, wie es heißt, *vertrieben* werden soll, ist hinsichtlich des zu erwartenden, wirtschaftlichen Erfolges nicht einzuschätzen. Dennoch muß man sich bei der Finanzierung darüber einigen, wer nach welchen Anteilen und in welcher Form Verwertungsrechte erhält. Das sind in der Hauptsache die *Verleihrechte* für die Einspielerlöse in den Kinos (häufig gesplittet nach Inlandsmarkt und Ausland), die *Video-Verwertungsrechte,* die *TV-Verwertungs-* oder Ausstrahlungsrechte (aufgeteilt in Erstausstrahlung und spätere Ausstrahlung sowie Inland und Ausland) und ein *Marketing,* die Nutzung von Nebenprodukten, als da sind Embleme, Bilddarstellungen, Spielzeug, T-Shirts, Musiken usw. – sogenannte *Spin Offs.*

Neben allen Bedingungen aus der *Ersten Vorbereitungsphase* (der *Projektentwicklung*) einschließlich der endgültigen Kalkulation muß der Produzent also *gesichert* haben: Die *Finanzierung*, die *Vertriebsmodalitäten* und die *Verwertungsmodalitäten*, einschließlich der *Optionen für Hauptdarsteller* und Regisseur. Zur Finanzierung gehört außerdem ein sorgfältig auf den Produktionsverlauf abgestimmter *Geldmittelzufluß* (amerikanisch *Cash Flow*), mit dem einem laufenden Projekt die Mittel aus dem Finanzierungsplan so rechtzeitig zur Verfügung stehen, daß keine Zinsverluste durch einen zu 'frühen' oder einen zu 'späten' Geldfluß auftreten.

Wenn der Produzent die Finanzierung, die Vertriebsmodalitäten und die Verwertungsmöglichkeiten vertraglich geklärt hat, spricht man von einem *Paket* (amerikanisch *Package*).

Das Paket – das ‚package'

Während ein Package lange Zeit nur als ein Mittel zum Zweck, nämlich dem Zweck der Film*finanzierung* diente, hat sich auf dem internationalen und heiß umworbenen Markt für Programmangebote kurioserweise ein regelrechter Markt für Packages entwickelt. Das heißt, daß die TV-Programmeinkäufer und andere Verwerter angesichts des Mangels an guter Programmware Verwertungsrechte für Produktionen erwerben, von denen noch nicht ein Meter Film gedreht ist, ein Handel mit ungelegten Eiern gewissermaßen. Das wiederum hatte zur Folge, daß es heutzutage Produzenten gibt, die sich darauf beschränken, Packages zu 'schnüren', um diese an andere Produzenten oder Medienkonzerne weiterzuverkaufen.

Die Situation des unabhängigen Produzenten

Zu keiner Zeit wurden in Deutschland so viele Film- und Fernsehproduktionen hergestellt wie gegenwärtig. Man sollte meinen, es gäbe keinen lohnenderen Beruf als den des unabhängigen Produzenten. Warum jammern die meisten eigentlich, und warum gehen etliche sogar sang- und klanglos unter?

Nimmt man einmal jene aus, die allein wegen ihres unternehmerischen Unvermögens oder – noch schlimmer – wegen ihrer fachlichen Defizite scheitern, dann bleiben immer noch einige bemerkenswerte Umstände, über die gesprochen werden muß.

Unstrittig ist, daß die Herstellung einer Filmproduktion viel Geld kostet, daß sie mit ungewöhnlich hohen Risiken und Unwägbarkeiten behaftet ist, und daß der Zeitraum zwischen Projektplanung und Erlös sehr lang ist. Eine Finanzierung erstreckt sich daher über lange Zeitabschnitte. Während des Produzierens fließen ständig Gelder ab, und außer den im Finanzierungsplan vorgesehenen Investitionen kommt nichts herein. Sobald die Ausgaben zu einem bestimmten Zeitpunkt höher sind als im laufenden Finanzierungsplan vorgesehen, muß die Lücke durch eine kurzfristige Zwischenfinanzierung geschlossen werden, und die kostet saftige Zinsen.

Für den unabhängigen Produzenten gibt es zwei Arten von Produktionen.

Produziert er für den *freien Medienmarkt*, bedeutet das, daß sein Produkt über einen Verleih vertrieben wird. Von seinem Anteil am Erlös existiert er, und vielleicht wird er davon reich.
So lange er keinen Erlös erzielt, kann er nur hoffen.

Die Investoren, die sich an seinem Projekt beteiligen, haben Vorrang wenn es endlich dazu kommt, den Kuchen zu verteilen. Und wenn der Kuchen zu klein gerät, muß sich der Produzent mit Brosamen begnügen. Er trägt immer das letzte Risiko. Aus diesem Grund dürfte es in naher Zukunft immer weniger kleine Selbständige unter den Produzenten geben. Nur große Firmen oder Medienkonzerne können sich auf Dauer die Risiken leisten, Flops oder eine schleppende Vermarktung durchzustehen.

Sicherer, aber nicht immer erfreulicher ist die Durchführung einer *Auftragsproduktion* für das Fernsehen.

Die meisten in Deutschland von freien Produzenten hergestellten Produktionen sind Auftragsproduktionen. Sie beginnen in der Regel, wenn der Produzent einer öffentlich rechtlichen oder kommerziellen Fernsehanstalt einen Stoff anbieten kann, von dem sich diese eine gute Einschaltquote (oder manchmal auch nur einen Image-Gewinn) versprechen kann.

Öffentlich rechtliche Anstalten verfügen über eigene Produktionsbetriebe, sehen sich aber aus Kapazitätsgründen nicht immer in der Lage, interessante Projekte selbst durchzuführen. Hinzu kommt, daß der freie Produzent sich die Verfilmungsrechte am angebotenen Stoff üblicherweise gesichert hat, was für ihn so etwas wie ein Faustpfand ist.

Kommerzielle Fernsehunternehmen haben normalerweise gar keine eigenen Produktionsstätten für szenische Produktionen und sind deshalb auf die 'Freien' angewiesen.

Die Finanzierung einer *Auftragsproduktion* erfolgt grundsätzlich aus dem Programmetat des Auftraggebers, für die Durchführung gibt es fest vereinbarte Raten.

Wird das Projekt voll vom Auftraggeber finanziert, gehen üblicherweise die Ausstrahlungsrechte sowie auch alle weiteren Verwertungsrechte an den Auftraggeber über. Es gibt allerdings Mischformen bei den Verwertungsmodalitäten, was wiederum abhängig ist von der Art und dem Umfang der Finanzierung.

Mit der Vergabe von Aufträgen an den Produzenten sind eine Reihe von Bedingungen geknüpft. Zwar muß der Produzent nicht für den Zuschauererfolg einer Produktion garantieren, er bekommt jedoch das Personal – zumindest die Hauptakteure – vom Auftraggeber vorgeschrieben, und die wissen das.

Und das bedeutet wiederum, daß in vielen Fällen extravagante Regisseure, Darsteller und Kameraleute gegenüber dem Produzenten keinerlei Abhängigkeit und damit auch keinerlei Verpflichtung zur Solidarität verspüren. Der Produzent wird auf diese Weise nicht nur zum Dienstleister gegenüber dem Auftraggeber sondern auch gegenüber denen, die er für die Produktion zu verpflichten hatte. Kommt es zum Konflikt, kann der Produzent zumeist nicht etwa mit der Faust auf den Tisch schlagen, er muß häufig vielmehr diplomatisch einlenken, auch wenn ihm dazu gar nicht zu Mute ist.

Diese absurde Konstellation, bei der es für den Produzenten zwar ein *unternehmerisches Risiko* gibt aber keine *unternehmerische Autorität,* ist ein Übel mit dem man gegenwärtig in Deutschland zu leben hat.

Da bleibt als kleiner Trost nur, daß man sich ein gutes Gedächtnis bewahren kann für die, die einem mal übel mitgespielt haben. So manch prominenter Stinkstiefel rätselt noch heute herum, warum seine brillante Karriere ein so plötzliches, unerklärliches Ende nehmen konnte.

Das Produktionsrisiko verbleibt bei einer *Auftragsproduktion* also *immer* beim Produzenten. Auf der anderen Seite hat dieser wenigstens nicht mit den Launen eines unsicheren Marktes rechnen. Das Geld kommt bestimmt.
So sollte man jedenfalls meinen.

Zu allem Übel gibt es unter den Auftraggebern durchaus solche, die sich mit der Abwicklung vertraglicher Zahlungsvereinbarungen Zeit lassen. Mal unter phantasievollen Vorwänden, mal auch ganz ohne. Wenn der Produzent dann mahnt, muß er sich überlegen, ob er den nächsten Auftrag noch hereinbekommt, oder ob der nicht an die Konkurrenz geht, die in Gelddingen geduldiger ist. Da jeder Produzent auf Aufträge angewiesen ist, wird er sich harsche Töne erst einmal überlegen.
Um den eigenen Verpflichtungen nachzukommen, bleibt ihm häufig nur der Weg zur Bank, und die will Zinsen. Die Gewinnmargen bei Auftragsproduktionen sind festgelegt, die Projekte knapp kalkuliert, und die Auftraggeber – beileibe nicht alle, aber eben doch einige – sitzen auf dem hohen Roß und lassen den Produzenten schwitzen.

Es gibt Produzenten, die versuchen, ihre Produktionen mit öffentlichen Filmfördermitteln oder Franchising-Verträgen finanziell abzustützen, aber das sind Ausnahmen.

Franchising-Verträge sind Abmachungen, mit denen ein Sponsor aus der Industrie als bevorrechtigter Partner über das Film- oder TV-Vorhaben eigene unternehmerische Interessen wahrnehmen kann, und zwar zumeist durch indirekte Werbung.
Darauf läßt sich auf Dauer natürlich keine Filmindustrie erhalten oder ausbauen.

Es gibt Auftraggeber, die erklären lauthals, für jeden pleite gegangenen Produzenten schießen zehn neue wie Pilze aus dem Boden. Da mag sogar etwas dran sein, aber die, die pleite gehen, sind nicht immer die schlechtesten, und die, die wie Pilze aus dem Boden schießen, sind ganz bestimmt nicht die allerbesten.

Öffentlich rechtliche Fernsehanstalten täten gut daran, ihre eigenen Produktionsstätten und das Know How ihrer Leute nicht zu vernachlässigen, insbesondere das ihrer Produktions- und Aufnahmeleiter.

Die Filmproduktionslandschaft in Deutschland ist interessant und wahrscheinlich auch noch zukunftsträchtig, aber ein Eldorado für jedermann ist sie nicht. Wer von einer Produzentenkarriere träumt, sollte das mit weit offenen Augen tun.

7. Die erste Vorbereitungsphase (Projektentwicklung)

Ein Wissensdefizit

Der Aufnahmeleiter ist vorwiegend an den Dreharbeiten beteiligt. Die ersten Vorbereitungen zu einem größeren Projekt haben längst stattgefunden, wenn er seine Arbeit aufnimmt. Leider weiß er darüber wenig.

Ähnlich geht es ihm auch mit der Endfertigung. Da die Mitarbeit des Aufnahmeleiters wenige Tage nach Beendigung der Drehphase, nämlich nach den Abwicklungsarbeiten, endet, hat er auch nicht viel mit den nachfolgenden Arbeitsgängen zu tun.

Das ist ein Grund, weswegen viele Aufnahmeleiter ein deutliches Wissensdefizit auf diesen Gebieten aufweisen.

Vorarbeiten und Planung der Endfertigung

Nähert sich der Aufnahmeleiter in seiner beruflichen Entwicklung irgendwann einmal der Funktion des Produktionsleiters, kann ihm dieser Mangel ziemlich zu schaffen machen. Zu Beginn einer größeren Produktion sollte der Aufnahmeleiter sich daher unbedingt mit den vorhandenen Produktionsakten vertraut machen. So verschafft er sich Überblick sowohl hinsichtlich der bereits erfolgten Vorbereitungen als auch hinsichtlich der geplanten Schnitt- und Endfertigungsarbeiten. Er erhält gleichzeitig eine für ihn notwendige, klare Vorstellung vom Gesamtumfang der Produktion.
Voraussetzung ist allerdings, daß der jeweilige Produktionsleiter bereit ist, seinem Aufnahmeleiter einen derart weitgehenden Einblick in seine Unterlagen zu gestatten.
Ein entsprechend offenes Verhältnis zwischen Produktion und Aufnahmeleiter ist unerläßlich, und gegebenenfalls müssen beide Seiten darauf hinarbeiten.
Grundsätzlich ist daher jeder Produktionsleiter gut beraten, wenn er seinen oder seine Aufnahmeleiter von Anfang an auf sich und seine Arbeit einschwört. Dazu gehört natürlich, daß man sich in allen geschäftlichen Dingen unbedingt vertrauen kann, noch besser ist es, wenn dieses Vertrauensverhältnis auch noch in den persönlichen Bereich hineinreicht.

Die vier Produktionsphasen im Gesamtablauf

Der Verlauf einer Fernsehspielproduktion, sei es ein Einzelstück oder eine Serie, läßt sich schematisch in vier Phasen gliedern:

1. *Erste Vorbereitungsphase* oder *Projektentwicklung* (Stoffbearbeitung, Besetzungsvorschläge, endgültiges Buch und Feststellung der zu erwartenden Kosten).
2. *Zweite Vorbereitungsphase* (Organisation der Produktion).
3. *Produktionsphase* oder *Entstehungsphase* (Dreharbeiten und Schnitt).
1. *Endfertigungsphase* oder *technische Bearbeitungsphase* (Vertonung und Herstellung der endgültigen Kopien)

Sofern ein Vorhaben nicht oder nicht ausschließlich für eine Fernsehausstrahlung produziert wird, sondern auch für den freien Markt, sind der *1.Vorbereitungsphase* (der Projektentwicklung) die *Sicherung der Finanzierungsmodalitäten* vorgeschaltet.
Im gleichen Falle folgen der *Endfertigungsphase* der *Vertrieb* mit der *Verwertung* mit dem Ziel Erlös zu erhalten.

Weder Finanzierung noch Vertrieb sind *Produktionsphasen,* sie stehen aber in engem Zusammenhang mit der ersten und letzten Phase.

Die *Erste Vorbereitungsphase* ist die Phase, in der die sogenannten *Vorkosten* entstehen. Das sind Kosten, die durch Recherchen und jene Aktivitäten hervorgerufen werden, nach denen sich entscheidet, ob das geplante Projekt wirtschaftlich tragbar ist. Diese Phase endet mit dem *endgültigen Drehbuch,* den *Besetzungsvorstellungen,* der *Festlegung von Hauptmotiven* und der Erstellung der für die Produktion maßgeblichen Kalkulation.
Danach fällt die Entscheidung, ob das Vorhaben realisiert wird oder notfalls zu stoppen ist.
Gerät die Kalkulation zu hoch, ist es selbstverständlich möglich und auch notwendig, Änderungen in Drehbuch und Planung vorzunehmen, um Kosten zu mindern und das Projekt zu retten. Wenn das nicht möglich ist, gelten die Vorkosten als *verlorene Investition.* Das ist ärgerlich, aber immer noch besser, als unversehens von der ersten in die zweite Vorbereitungsphase zu schliddern, weil man ein Vorhaben nicht rechtzeitig hat stoppen wollen oder können, oder weil man schlichtweg dilettantisch vorgegangen ist.

Wer gezwungen ist, ein Projekt in der zweiten Vorbereitungsphase anzuhalten, kommt aufgrund eingegangener Vertragsverpflichtungen üblicherweise nicht darum herum, tief in die Tasche greifen zu müssen.

Die vier Produktionsphasen lassen sich in einzelne *Positionen gliedern*, die hier in der Reihenfolge aufgeführt werden, in der sie im Idealfalle abzuwikkeln sind. Abweichungen davon sind aber nicht zu umgehen, genauso wie in der Praxis viele dieser Punkte nicht nacheinander, sondern parallel zur gleichen Zeit abgewickelt werden.

1. Erste Vorbereitungsphase (Projektentwicklung)

1.1 Stoff-Ankauf (Optionen, Rechte)
1.2 Rohdrehbuch
1.3 Herstellung des Rohdrehplans
1.4 Rohkalkulation
1.5 Verpflichtung des Regisseurs (Vertrag, besser Vor-Vertrag oder Optionsvertrag)
1.6 Herstellung des Drehplans
1.7 Besetzungsgespräche
1.8 Erste Bau- bzw. Ausstattungsbesprechung
1.9 Motivsuche (Hauptmotive)
1.10 Herstellung des endgültigen Drehplans (wenn Korrekturen nötig)
1.11 Kalkulation

2. Zweite Vorbereitungsphase (Organisationsphase)

2.1 Verpflichtung des Produktionsstabes (Verträge)*
2.2 Verpflichtung der Mitwirkenden (Verträge)
2.3 Anmietung der Produktionsmittel inkl. Kopierwerk (Verträge)*
2.4 Atelier- und Motiv-Anmietung (Verträge)*
2.5 Versicherungsabschlüsse (Verträge)
2.6 Dekorationsvorbau
2.7 Kamera- und sonstige Gerätefunktionsproben (Tests)
2.8 Einrichten der Motive

3. Produktionsphase (Entstehungsphase)

3.1   Dreh (inkl. Materialentwicklung, Musterkopierung, Tonanlegen,
       Ausmustern und Rohschnitt)

3.2   *Alternativ bei elektronischer Bearbeitung an einem digitalen Off*
       Line Composer anstelle von Musterkopierung: Digitalisierung von
       Bild und Ton durch Überspielung auf Composer-Festplatte

3.3   Schnitt (am Schneidetisch oder am Bildschirm)

4. Endfertigungsphase (technische Bearbeitungsphase)

4.1   *Tonendfertigung*

4.1.1 Tonmischungs-Vorarbeiten, Mischbänder (Musiken, Geräusche,
       Nachsynchronisation)

4.1.2 Tonmischung

4.2   *Kopierwerksarbeiten/Bildendfertigung*

4.2.1 Entwickeln, Musterkopieren (zu 3.1)

4.2.2 Arbeitskopien (sog. Klatschkopien (zu 4)

4.2.3 Abzieharbeiten (Negativschnitt)

4.2.4 Herstellung von Blenden, Tricks, Betitelung

4.2.5 Farb- und Lichtkorrektur

4.2.6 Korrekturkopien, *Sendekopie* oder *Endkopie*

4.3   *Elektronische Bildbearbeitung* (alternativ zu 4.2.4, 4.2.5, 4.2.6)

4.3.1 Blenden, Tricks

4.3.2 Farb- und Lichtkorrektur

4.3.3 Betitelung (mit Schriftgenerator) Sende-MAZ

Was eine Sendekopie ist, läßt sich vorstellen. Unter einer Endkopie versteht
man die technische Ausgangsfassung für die Herstellung von Massenkopien
usw. – also den Vertrieb auf dem Markt.

Grundsätzlich läßt sich sagen, daß der Aufnahmeleiter kaum vor der *Zweiten*
Vorbereitungsphase aktiv wird. Auch bei der Suche und Anmietung der
Hauptmotive ist er nur selten dabei, obwohl das höchst wünschenswert wäre.
In der *Produktionsphase* verläßt er das Projekt, wie schon gesagt, wenn die
Dreharbeiten beendet sind. Den Filmschnitt erlebt er lediglich noch in den

ersten Tagen und auch nur gewissermaßen aus der Ferne, denn im Schneideraum hat er üblicherweise nichts verloren.

Die *Endfertigungsphase* findet meistens statt, wenn der Aufnahmeleiter schon längst eine andere Produktion betreut.

Die vorliegende Aufstellung macht die unterschiedlichen Arbeitsvorgänge so weit in ihrem Zusammenhang deutlich, daß es gegebenenfalls nicht schwer sein wird, sich gezielt nach und nach entsprechende Informationen bei den Fachbereichen einzuholen. Das bezieht sich allerdings nur auf die Punkte, die nicht unmittelbar mit dem Thema Aufnahmeleitung zu tun haben. Soweit die Arbeit des Aufnahmeleiters unmittelbar betroffen ist, gibt es einiges anzumerken.

Kommen wir zum Wissenswerten über die zwei Vorbereitungsphasen.

Motivsuche

Die Suche und das Auffinden der im Drehbuch geforderten Außen- und Originalmotive fällt in die Kompetenz des Bühnenbildners. Der Bühnenbildner (er nennt sich auch nach unerfindlichen Definitionskriterien Filmarchitekt, Szenenbildner, Set Designer oder schlicht Ausstatter) baut nicht nur Dekorationen, er ist grundsätzlich verantwortlich für das sichtbare Umfeld, in dem eine Szene spielt. Je nachdem, was ein Drehbuch fordert, werden also auch Originalmotive von ihm ausgesucht, baulich verändert und ergänzt sowie mit Requisiten ausgestattet. Das führt dazu, daß der Bühnenbildner zu der Gruppe von Stabmitgliedern gehört, die als erste unter Vertrag genommen werden. Seine Erkenntnisse und Entwürfe stellen überdies einen sehr erheblichen Posten in der Kostenkalkulation dar.

Es gibt die Möglichkeit, spezielle Firmen mit der Motivsuche zu betrauen, die auf bestimmten Gebieten besonders erfahren sind (sogenannte Location Hunters oder Location Scouts). Das geschieht zum Beispiel bei Dreharbeiten, die im Ausland geplant sind. Die Location Hunters können Motive nach Maßgabe der Produktion *anbieten*, die Entscheidung treffen der Bühnenbildner und der Regisseur.

Der umsichtige Produktionsleiter wird in den meisten Fällen die Motivsuche nicht ohne weiteres seinen Stabmitgliedern überlassen. Motive kosten nämlich Geld, und die Auswahl aus einer Reihe von alternativen Möglichkeiten muß auch unter wirtschaftlichen Gesichtspunkten gesehen werden.

Hier aber können sehr schnell Reibungen mit den „Kreativen" auftreten.

Bühnenbildner und Regisseur betrachten die Eignung eines Motivs nur aus der Sicht ihrer gestalterischen Vorstellungen, finanzielle Überlegungen zählen für sie (ungeachtet aller anderslautenden Beteuerungen) nicht. Was macht ein Originalmotiv teuer? Da ist erst einmal die *Motivmiete*. Dann kommen Polizeigenehmigungen, die Abstimmung mit Anliegern, Motivbewachung, Verpflegung, Erlaubnisse für Parkplätze, Unterbringungsmöglichkeiten für Stab und Mitwirkende am Motiv, Toiletten, Stromanschlüsse, Zuwegungen, Nähe zu Hotels, Bahn- und Flugverbindungen, Berücksichtigung von Zivilisationsgeräuschen und anderen Dingen, die die Arbeit beeinträchtigen könnten, usw. usw. Dabei ist es nicht selten, daß eine relativ hohe Motivmiete im Endeffekt lohnend ist, wenn die scheinbar preiswertere Alternative einen umfangreichen logistischen Aufwand nach sich zieht.

Wenn ein Krankenhaus mit einem davor befindlichen Zeitungskiosk gesucht wird, könnte es durchaus billiger sein, ein Krankenhaus in der Nähe zu suchen und den Zeitungsstand nachzubauen, als mit einem Riesenstab in die Ferne zu schweifen, wo die gewünschte Konstellation möglicherweise vorgegeben ist.

Da Regisseure und die in ihrem Fahrwasser segelnden Bühnenbildner sich häufig weigern, derlei Gedanken überhaupt nur zu denken, ist der clevere Produktionsleiter darauf erpicht, Haupt- oder Problemmotive möglichst schon vorzusuchen. Er oder sein Aufnahmeleiter prüfen an Ort und Stelle den potentiellen Drehort auf seine logistische Eignung und lassen „Idealmotive", die sich eigentümlicherweise immer im tiefen Moor, auf einsamen Inseln oder an großstädtischen Hauptverkehrsadern befinden, – so wie von ungefähr – weg. Man kann ja nicht alles kennen.

Wann immer es möglich ist, bietet man mehr als ein Motiv an. Wenn der Bühnenbildner aussuchen kann, ist er zufrieden, dann hat er sich schöpferisch eingebracht. In diesem Falle bietet die Produktion das ungünstigste Motiv als erstes an, und zwar wie Sauerbier. Man kann sicher sein, es wird nicht genommen. Das gesunde Mißtrauen gegenüber der sparwütigen Produktionsleitung ist da ein zuverlässiger Verbündeter.

Der Drehplan, Grundlage zur Kalkulation

Von der Qualität des endgültigen Drehplans hängt ein rationelles Produzieren im wesentlichen ab. Der Drehplan entwickelt sich meistens aus zwei bis vier nacheinanderfolgenden Versionen. Die ersten Versionen nennt man einen

Rohdrehplan. Sie werden von der Produktionsleitung erstellt, Vorlage dazu sind ein oder mehrere Rohdrehbuchfasssungen. Bis zum *endgültigen* Drehplan spricht man bei allen Drehplanversionen immer von der *Roh-*Drehplanung. Da ein Regisseur zum Zeitpunkt der Rohdrehplanerstellung häufig noch gar nicht engagiert ist, verläßt sich der Produktionsleiter bei der ersten Planung auf seine Erfahrung und auf persönliche Einschätzung der Drehpensen.

Die Vorstellungen des Regisseurs, die Motivsuche, die Baubesprechungen und die Besetzungsgespräche führen dann schrittweise zu Abänderungen in der Rohplanung.

Wenn die wesentlichen Motive gefunden, die Hauptrollen besetzt, die Bauzeiten mit den Drehtagen abgestimmt wurden, sind die Voraussetzungen für die Erstellung des definitiven Drehplans erfüllt. Es sei denn – und das scheint ein spezifisch deutsches Problem zu sein – das endgültigen Drehbuch wird noch in der letzten Planungsphase -zigmal umgeschrieben. Eine zuverlässigere Methode, eine Produktion unnötig zu verteuern, läßt sich kaum vorstellen. Aber Redakteure und Dramaturgen, die im Grunde nichts weiter zu tun haben, als pünktlich ein Buch zu liefern und pünktlich zur Schnittabnahme zu erscheinen, schaffen in unserem Lande nach wie vor weder das eine noch das andere.

Einen Drehplan erstellt man nach einem festgelegten Muster. Es gibt grundsätzlich drei Wege. Es lohnt aber, der Drehplanherstellung ein eigenes Kapitel zu widmen. Vorerst sei nur gesagt, daß der Drehplan unerläßliche Grundlage für die Kalkulation ist. Nach Genehmigung der Kalkulation beginnt die *Zweite Vorbereitungsphase* für das Projekt.

8. Die zweite Vorbereitungsphase (Organisationsphase)

Verträge

Rundfunkanstalten schließen Honorarverträge normalerweise über ihre Honorar- und Lizenzabteilung ab. Größere freie Produzenten verfügen ebenfalls über eine entsprechende Abteilung. Die dort beschäftigten Mitarbeiter kennen sich aus in Vertragsrechtsfragen, verfügen über die einschlägigen Vertragsentwürfe bzw. Vordrucke und erledigen zudem alle anfallenden Arbeiten im Zusammenhang mit Versteuerung, Sozialversicherung, Krankenkasse und anderen sogenannten Personalfolgekosten.

Ausgehandelt werden die Verträge üblicherweise vom Produktionsleiter, der die vereinbarten Einzelheiten an die Honorarabteilungen weitergibt.

In diesem Zusammenhang stellt sich immer wieder die Frage, zu welchem Zeitpunkt der Vertrag eigentlich seine Gültigkeit erhält. Geschieht das z.B. dann, wenn Produktionsleiter und Vertragspartner Einigung erzielt haben, oder erst dann, wenn die Honorarabteilung die unterschriebene schriftliche Vertragskopie vom Vertragspartner zurückbekommt? Über diese und ähnliche Fragen hat es schon Rechtsstreitigkeiten gegeben, und wenn dieses Buch auch nicht ausführlich auf das Thema Vertragsrecht eingehen wird, muß davon ausgegangen werden, daß ein Aufnahmeleiter sich kundig zu machen hat, über das, was er tun oder möglichst lassen sollte, wenn es darum geht, vertragsähnliche Vereinbarungen zu treffen. Was ist – in groben Zügen gesagt – ein Vertrag?

Ein Vertrag kommt in der Regel dadurch zustande, daß ein Teil, der *Antragende,* einem anderen Teil einen Antrag, ein *Angebot,* macht, und der andere, der *Annehmende,* das Angebot akzeptiert. Der Antragende ist an sein Angebot ausdrücklich gebunden, es sei denn, daß er ausdrücklich erklärt, daß sein Angebot *freibleibend* zu verstehen sei, also unter Vorbehalt. Ein mit Vorbehalt gemachtes Angebot ist somit noch kein Vertrag sondern eine Vertrags-Vorverhandlung.

Ein verbindliches *Angebot* hingegen muß vom Vertragspartner entweder sofort oder innerhalb einer vereinbarten Frist *angenommen* werden, andernfalls *erlischt* der Antrag.

Im allgemeinen, und sofern das Gesetz nichts Gegenteiliges vorschreibt, werden Verträge unter *Formfreiheit* geschlossen. Das heißt, Verträge können mündlich, fernmündlich oder schriftlich geschlossen werden. Eine bestimmte Form ist nicht erforderlich. Entscheidend ist, daß sich die Vertragschließenden über alle vertragsrelevanten Punkte einig geworden sind. Das bedeutet, daß mündlich geschlossene Verträge genauso wie schriftliche einklagbar sind. Die Schwierigkeit läge allenfalls in der Beweisbarkeit, also da, wo eine der Parteien die Vereinbarungen ganz oder teilweise leugnet, weil bei Vertragsschluß keine Zeugen zugegen waren.

Trifft ein Produktionsleiter zum Beispiel eine Abmachung über die Verpflichtung eines Schauspielers, so gehören zu den vertragsrelevanten Punkten

- die Art der Tätigkeit (Rolle)
- der Zeitraum der Tätigkeit
- die Höhe der Abgeltung (die Gage)

Die anschließende Übersendung des Vertragsformulars durch eine Honorarabteilung stellt also meistens nur das schriftliche Nachvollziehen des Engagements dar, wenn auch in ergänzender und spezifizierter Weise.

Die bei Rundfunkanstalten übliche Klausel, derzufolge alle Vertragsabschlüsse der Schriftform bedürfen, schließt das eben Gesagte nicht aus. Im Streitfall wird der Richter sich nämlich mühelos überzeugen lassen, auf welchem Wege und durch welche Personen üblicherweise derlei Verpflichtungen in der Branche vorgenommen werden.

Wenn daher zwischen einem Schauspieler und einem Produktionsleiter eine Vereinbarung in der beschriebenen Weise getroffen wurde und diese bewiesen oder bezeugt werden kann, dürfte dieser mündliche Vertrag rechtlich nur sehr schwer anfechtbar sein. Es nützt nichts, wenn etwa die Rundfunkanstalt oder der Produzent argumentieren, der Produktionsleiter sei zu einer verbindlichen Verpflichtung in diesem Falle nicht befugt gewesen. Der Richter wird fragen: „War es ein Produktionsleiter oder nicht?" Die Antwort gibt die branchenübliche Praxis. Willkürliche Definitionen sind da unbeachtlich.

Möchte der Produktionsleiter seinen Vertragsabschluß von der Schriftform abhängig machen, muß er sein Angebot unter diesem Vorbehalt aussprechen. Ein nützliches Patentrezept ist das aber nicht, weil häufig die Gefahr besteht, daß der Vertragspartner ohne eine schnelle Zusage wieder ‚abspringt'.

Was bedeutet das für die Aufnahmeleitung?

Auch der Aufnahmeleiter trifft Absprachen mit Vertragscharakter. Verpflichtet er einem Komparsen, zählen dieselben Kriterien wie beim Engagement von Schauspielern oder Stabmitgliedern durch einen Produktionsleiter. Mietet der Aufnahmeleiter Motive oder veranlaßt er Sachleistungen am Drehort, handelt es sich auch hier um Vereinbarungen hinsichtlich

- der Art der Leistung
- des Entgelts
- des Zeitraums

Das Wissen um die Gültigkeit eines mündlichen Vertrages sollte aber nicht zu der Einschätzung führen, das Abfassen von schriftlichen Verträgen sei unwichtig oder gar überflüssig. Sowohl das Verpflichten von Personen als auch das Veranlassen von Sachleistungen stellen in der Regel komplexe und umfangreiche Geschäftsvorgänge dar, die ohne eine Reihe von Detail- und Zusatzvereinbarungen kaum durchführbar sind. Man muß sich nur einmal in das Kleingedruckte bei Schauspielerverträgen vertiefen, um sich hier ein genaueres Bild zu verschaffen. Auch bei kleineren Motivmieten etwa durch den Aufnahmeleiter ist es empfehlenswert, wenn auch nicht immer einen formalen Vertrag, so doch *eine schriftliche Übereinkunft* zu formulieren, allein schon, um Mißverständnisse oder aber ungerechtfertigte Erweiterungen auf beiden Seiten zu vermeiden.

Es wäre nicht das erste Mal, daß ein Aufnahmeleiter mit einem 30-Mann-Team vor einem Laden steht, in dem er drehen will, und der Besitzer gibt vor, er wisse von gar nichts. Oder er behauptet, eine Absprache sei nicht mit ihm, dem Zuständigen, getroffen worden, sondern mit jemanden, der gar keine Befugnis habe, Erlaubnisse auszusprechen. Welches auch immer die Beweggründe für ein solches Verhalten sein mögen, manchmal ist es Böswilligkeit, Geldgier, verletzte Eitelkeit oder bloße Ignoranz, die Folgen für die Produktion können verheerend sein.

Formlose Vereinbarungen mit Vertragscharakter

Wie einfach wäre es gewesen, mit einem simplen Standardbrief rechtzeitig alles klar zu machen. Wie töricht, ja fahrlässig sind Aufnahme- oder Produktionsleiter, die meinen, sich eine vermeintlich bürokratische Maßnahme ersparen zu können, weil es ja schon hundertmal gut gegangen ist, wenn ein Agreement nur mündlich erfolgte.

In der Anlage finden sich Muster einer schriftlichen Bestätigung für Motive oder andere Leistungen. Es ist nichts weiter, als ein unvollständiger Formbrief, in dem die zu vereinbarenden Punkte noch ausgelassen sind, eine sogenannte Kladde.

Die Kladde kann man bei Motivsuchen in mehreren Blankoexemplaren bei sich führen und handschriftlich ausfüllen. So erhält man unterwegs bereits eine verläßliche Gedächtnisstütze hinsichtlich der getroffenen Absprachen. Die Produktionssekretärin formuliert aufgrund der Kladde dann den eigentlichen Brief. Wenn es sich um eine umfangreichere Vereinbarung handelt, sollte dem Brief eine Fotokopie beiliegen, auf der der Angesprochene sein Einverständnis durch Gegenzeichnen bestätigt. Handelt es sich um eine Absprache geringeren Umfangs, reicht das Schreiben der Produktion aus als reine Niederschrift der Vereinbarung.

Bei ausgesprochen großen und komplexen Sachleistungen sind die einschlägigen Vertrags-Vordrucke allerdings unerläßlich. Auch bei Leistungen, die eine Reihe unterschiedlicher und kostenträchtiger Arbeitsgänge beinhalten, etwa bei Verträgen mit Kopierwerken, müssen die erforderlichen Positionen in spezifizierter Form schriftlich ausformuliert werden.

Diese Notwendigkeit, von jedem Kaufmann als selbstverständlich angesehen, wird aus unerfindlichen Gründen von einigen Produktions- und Aufnahmeleitern stark vernachlässigt, ja manchmal sogar als ‚bürokratischer Firlefanz‘ abgetan. Man fragt sich manchmal, wie es möglich ist, daß Menschen die Verfügungsgewalt über teilweise beachtliche Geldsummen erhalten, ohne daß sie auch nur über ein Mindestmaß an merkantiler Kenntnis und Praxis verfügen.

Gern würde ich das mit dem Firlefanz ja glauben, wären da nicht unzählige Beispiele von spektakulären finanziellen und organisatorischen Bauchlandungen, die ausschließlich eine Folge von Nachlässigkeiten bei ganz gewöhnlichen kaufmännischen Vorgängen sind.

Aufnahmeleiter und Produktionsleiter müssen nicht unbedingt gelernte Kaufleute sein, aber wenn sie es schon nicht sind, wäre es doch angebracht, wenigstens die elementarsten Spielregeln zu kennen.

(Anmietung größerer Motiv-Objekte)

Dekoration: Bild:

Adresse: Ansprechpartner:

---

1 Wir beziehen uns auf das zwischen Ihnen und unserem/r...geführte
Gespräch und freuen uns, daß Sie uns bei den Dreharbeiten zur obigen Filmproduktion unterstützen.
Der Ordnung halber fassen wir die besprochenen Punkte noch einmal zusammen.

---

2 Die Firma Seminar Film wird...

(Objekt)

zu Dreharbeiten nutzen dürfen.

---

3 Das Objekt umfaßt...

---

4 Als Drehtage sind vorgesehen...

---

5 Vorbereitungszeitraum ist...

---

6 Abwicklungszeitraum...

---

7 Für die genannte Nutzung haben wir eine Summe von... (ggf in Worten.....) vereinbart.
Die Zahlung erfolgt....

---

8 Stromkosten....

---

9 Reinigungskosten...

10 Außerdem wurde vereinbart...

- Person Ihres Vertrauens
- Einverständnis des Eigentümers
- Parkplätze Team, Zuwegung
- Eintreffen der Mitarbeiter
- Aufenthalts- und Schminkräume
- Stillegung oder Beeinträchtigung des Betriebes
- Polizeigenehmigung
- Zugang des Vermieters zu den angemieteten Räumen
- Bewachung

11 Wir versichern Ihnen, daß wir den Drehort nach Beendigung unserer Arbeiten in den ursprünglichen Zustand zurückversetzen (lassen).

12 Unsere Mitarbeiter sind es gewohnt sehr vorsichtig und rücksichtsvoll zu arbeiten. Solle dennoch einmal ein Schaden verursacht werden, tritt die Haftpflichtversicherung von Seminar Film ein. Darüber hinaus sind alle Mitarbeiter / einschließlich der Schauspieler / während ihrer Arbeit gegen Betriebsunfälle versichert. Wir gehen davon aus, daß für das Gebäude eine Versicherung gegen Feuerrisiko besteht. Sollte dies nicht der Fall sein, bitten wir umgehend um Nachricht.

13 Sofern Sie noch Rückfragen haben, rufen Sie uns bitte unter der obigen Telefonnummer an.

14 Im übrigen können Sie sich jederzeit an den Aufnahmeleiter / die Aufnahmeleiterin, Herrn / Frau ....wenden. Die Aufnahmeleitung steht Ihnen auch während der Dreharbeiten als Gesprächspartner zur Verfügung.

15 Zum Zeichen Ihres Einverständnisses bitten wir, uns das beiliegende Kopie-Exemplar dieses Schreibens mit Ihrer Unterschrift versehen wieder zurückzusenden.

Anmietung kleiner Objekte

Wir freuen uns sehr, daß Sie sich nach einem Gespräch mit unserem/r

Herrn/Frau...

netterweise bereit erklärt haben, der Fa. Seminar Film

1   *(Objekt)*

---

2   am / im Zeitraum

      für Dreharbeiten zur Verfügung zu stellen.

---

3   *(Entschädigung, Reinigung, Stromentnahme, Zahlungsweise)*

---

4   *(Eintreffen unserer Mitarbeiter, Schmink- und Aufenthaltsräume)*

---

5   Der Ordnung halber teilen wir Ihnen mit, daß von unserer Seite eine Haftpflichtversicherung
      besteht, und daß unsere Mitarbeiter gegen Unfälle versichert sind.

Für Ihr hilfreiches Entgegenkommen danken wir Ihnen sehr herzlich. Bitte rufen Sie uns an, wenn Sie
noch Rückfragen haben sollten.

(Adresse / Ansprechpartner umseitig)

Die Firma Seminar Film dreht in der Zeit vom......

ein Fernsehspiel mit dem obigen Titel, das am....

im....

Programm ausgestrahlt werden soll.

Für diese Produktion möchten wir einige Filmszenen drehen, und zwar am......

Als Drehort ist vorgesehen der ...

(Beschreibung des Anliegens)

Hierzu benötigen wir Ihr Einverständnis, um das wir Sie mit diesem Schreiben herzlich bitten.

(mögl. Entgeltung)

Der Ordnung halber versichern wir Ihnen daß, sollte trotz aller Vorsicht einmal ein Schaden entstehen, die Haftpflichtversicherung von Seminar Film eintritt. Alle unsere Mitarbeiter sind außerdem gegen Unfälle während der Arbeit versichert.

Bitte rufen Sie uns an, wenn Sie noch Fragen haben sollten.

Herr / Frau ....wird Ihnen auch für alle weiteren Einzelheiten als Gesprächspartner zur Verfügung stehen.

Versicherungsabschlüsse

Film- und Fernsehproduktionen können Millionenprojekte sein. Schäden, Teilschäden und Ausfälle verursachen demnach auch Millionenschäden. Der Produzent in der freien Wirtschaft trägt neben dem Geschäftsrisiko, nämlich dem Risiko, daß sich sein Produkt nicht mit Gewinn verkaufen läßt, auch noch das Risiko, das Produkt vor seiner eigentlichen Fertigstellung zu beschädigen oder ganz zu verlieren. Darüber hinaus obliegt ihm die Haftung für Schäden, die er oder seine Mitarbeiter beim Produzieren verursachen. Die Haftung erstreckt sich auf Personen- wie auf Sachschäden.

Die tunlichst abzuschließenden Versicherungen sind:

– die *Negativ*-Versicherung
– die *Personen-Ausfall*-Versicherung
– die *Haftpflicht*-Versicherung
– die *Requisiten*- und *Kostüme*-Versicherungen
– die *Geräte*-Versicherungen (Lampen, Apparate)
– die *Feuerregreß*-Versicherung
– die *Personen-Unfall*- und *Personenreiseunfall*-Versicherung

Jede dieser Versicherungsarten unterliegt von Fall zu Fall noch der Frage besonderer Risiken, die zu prüfen und zusätzlich abzudecken sind. Weitere Versicherungen können durchaus vonnöten sein und sind eine Frage spezifischer Umstände.

Negativ-Versicherung

Das belichtete Negativ ist bei einer Filmproduktion das Material auf dem sich fast der gesamte materielle Aufwand der Herstellung niederschlägt.
Wenn Negativmaterial beschädigt wurde (dabei spielt es keine Rolle, wann, wo und wie der Schaden entstanden ist), kann das Endprodukt schwerwiegend gefährdet oder sogar völlig zerstört sein. Ist der größte Teil beschädigter Aufnahmen unwiederbringlich, entsteht dem Produzierenden ein Totalverlust.
Ungeachtet dessen, wer den Schaden verursacht hat, der Produzent muß haften. Weder der Hersteller des Negativs noch das Kopierwerk werden für einen Schaden eintreten, auch wenn man ihnen eine Ursache anlasten kann. Sie ersetzen allenfalls unbelichtetes Rohmaterial, das aber für den, der den

Schaden erlitten hat, nahezu wertlos ist. Ein freier Produzent, der durch einen Negativschaden einen Totalverlust erleidet, dürfte ein für alle Mal ruiniert sein.

So ziemlich der einzige Weg, sich davor zu schützen, führt über die Negativ-Versicherung. Die Kriterien für die Versicherungsprämie und damit die Versicherungskosten sind:

- der Versicherungswert
- die Versicherungsdauer
- das Transportmittel und der Transportweg

Versicherungswert ist (hauptsächlich) die Summe der Herstellungskosten, ggf. einschließlich des imaginären Gewinns, jedoch ausschließlich aller Urheber- und Lizenzrechte.

Versicherungsdauer ist der Zeitraum zwischen dem ersten Drehtag und dem Auslieferungstag einer endgültigen Korrekturkopie aus dem Kopierwerk, bzw. der Fertigstellung des elektronisch korrigierten und endgefertigten MAZ-Bandes. Da die Risiken in der Drehphase anderer Natur sind als während der Bearbeitungsphase im Kopierwerk oder am Filmgeber, unterscheidet man bei der Versicherungsdauer zwischen diesen Produktionsphasen im Hinblick auf die Prämie.

Transportmittel können die Post, die Eisenbahn, ein Produktionsfahrzeug oder, wenn man im Dschungel filmt, vielleicht ein Einbaum sein. Je nachdem, ob ich am Orinoko drehe oder im Stadtpark, sind die Risiken höher oder niedriger, auch das wirkt sich logischerweise auf die Prämie, also auf die Kosten aus.

Um einen Teilschaden in seiner vollen Höhe ersetzt zu bekommen, muß der Produzent sicher sein, das Gesamtprojekt nicht unterversichert zu haben, sonst erlebt er die gleiche Enttäuschung wie mit einem unterversicherten Hausratsschaden. Das ist nicht die einzige Quelle für unerwarteten Ärger. Wenn der Versicherungsschaden ein wesentlicher ist, schickt die Versicherungsgesellschaft einen Gutachter, der zu klären hat, ob der Kunde nicht möglicherweise fahrlässig gehandelt hat oder ob sonstwie ein Verstoß gegen die Versicherungsbedingungen erfolgt ist. Wer etwa eine defekte Zoom-Optik für den Verlust eines Drehpensums verantwortlich machen will, kann erleben, daß der Gutachter die Kamera- und Objektivtests zu sehen wünscht, mit denen sich Kameramann und Assistent vor dem ersten Drehtag davon zu überzeugen hatten, daß ihre Ausrüstung einwandfrei war. Ein Versäumnis kann hier böse Folgen haben.

In diesem Zusammenhang gibt es wahre Alpträume für Produktionsleiter. Es können beispielsweise im Kopierwerk die Entwicklungsmaschinen stehenbleiben und der Film hängt länger als vorgeschrieben in den Chemiebädern. Das belichtete Negativ ist unter diesen Umständen unbrauchbar. Eine defekte Kamera kann Schrammen verursachen, eine Filmkassette undicht sein, oder auf dem Weg zum Kopierwerk gibt es ein Unglück. Die Schreckensgeschichten zu diesem Thema sind reichhaltig und – sie sind meistens allesamt auch wahr.

Personen-Ausfallversicherung

Ungefähr den gleichen Horror bringt es für eine Produktion mit sich, wenn der Regisseur oder ein oder mehrere Hauptdarsteller durch Krankheit bzw. durch sonstige Ursachen für die Dreharbeiten ausfallen. Wenn das Unglück unmittelbar zu Anfang der Produktion hereinbricht, besteht zumindest in einigen Fällen noch die Möglichkeit, den Schaden durch rasche Umbesetzung der Personen zu begrenzen. Was passiert jedoch, wenn ein Großteil der Szenen bereits im Kasten ist, und von den Darstellern steht urplötzlich einer nicht mehr zur Verfügung.

Natürlich wird die Produktion in aller Eile ihren Drehplan umstellen und sich nötigenfalls nach Ersatzterminen umsehen müssen. Das bedeutet aber üblicherweise eine Abänderung aller laufenden Honorarverträge, überdies stellt sich die Frage, wer von allen Vertragspartnern zu anderen Zeiten noch erreichbar ist, und welche Motive, Studios, Lieferverträge kostenträchtig tangiert sind.

Was soll sein, wenn der ausgefallene Vertragspartner auf absehbare Zeit gar nicht mehr verfügbar ist oder vielleicht plötzlich verstirbt. Das Neudrehen aller mit ihm produzierten Szenen kann Mehrkosten in Höhe des Gesamtprojekts nach sich ziehen, und damit entstünden Millionenkosten, für die der Produzent aufzukommen hätte, wenn er sich nicht vorher versichert.

Ausfallversicherungen von Personen schließt man ab für die Mitwirkenden, die in den zu drehenden Szenen so häufig vorkommen, daß ihr unvorhergesehenes Fehlen einen nicht mehr einzuholenden Schaden verursachen würde.

Negativ-Versicherungen und Ausfallversicherungen sind angesichts des Risikos und der Höhe des Versicherungswerts ausgesprochen teuer. Mehr als einmal waren freie Produzenten versucht, diese Kosten einzusparen, und nicht selten haben sie auf dieses Weise ihre Existenz aufs Spiel gesetzt.

Fernsehanstalten haben hier ihre eigene Philosophie. Da eine Rundfunkanstalt durch einen größeren Totalschaden nicht in ihrer Existenz bedroht ist, und man statistisch festgestellt haben will, daß die entsprechenden Versicherungsprämien in der Summe höher ausfallen würden als der (relativ seltene) Totalschaden an einem Spielfilmprojekt, verzichtet sie in der Regel sowohl auf Negativ-Versicherung als auch auf Ausfallversicherungen. Ein Produktionsleiter ist aber gut beraten, wenn er sich vor umfangreicheren Projekten mit der Verwaltungsdirektion abstimmt, um in einem Schadensfall entsprechend abgesichert zu sein.

Haftpflicht-Versicherung

Mit einer solchen Versicherung werden allgemeine Schäden, die der Produzent gegenüber Dritten verursacht, von der Versicherung ersetzt. Rundfunkanstalten aber auch große Produktionsbetriebe haben mit Versicherungskonzernen Rahmenversicherungsverträge abgeschlossen, die üblicherweise eine Haftpflichtversicherung einschließen. Allerdings – und hier lohnt sich ein gelegentliches Gespräch mit dem Versicherungssachbearbeiter allemal – hat der Umfang der Haftpflichtversicherung auch Grenzen, über die man Bescheid wissen sollte. Zumeist stehen diese Grenzen im Zusammenhang mit erhöhten Risiken, die eine Zusatzversicherung erforderlich machen, zum Beispiel, wenn durch den Einsatz von Kamerakränen oder Spezialfahrzeugen eine besondere Gefährdung in der Öffentlichkeit auftritt.

Zu den normalen Fällen gehören Schäden, die bei Außenmotiven verursacht werden, und für die lediglich eine Drehgenehmigung eingeholt wurde.
Wenn das Motiv hingegen über einen Mietvertrag angemietet wurde, tritt die Haftpflichtversicherung bei einem Schaden nicht ein, ebensowenig wie etwa bei der Beschädigung eines Türgriffs in der heimischen Mietwohnung.
Wer einen Drehort durch Vertrag anmietet, muß, um Schadensanprüche des Vermieters abdecken zu können, eine sogenannte *Obhutsversicherung* abschließen, und zwar zusätzlich zur Haftpflichtversicherung.

Requisiten- und Kostüm-Versicherung

Requisiten und Kostüme werden meistens angemietet. Gehen sie verloren oder werden sie beschädigt, haftet die Produktion gegenüber dem Verleiher. Aber auch Objekte, die die Produktion erworben hat, stellen Werte dar, die man nicht aufs Spiel setzen will. Bei derartigen Versicherungen wird eine Liste mit dem Handelswert der Gegenstände sowie mit der gewünschten Versicherungsdauer eingereicht. Eine präzise Auflistung ist vonnöten, denn die Gefahr eines Versicherungsbetrugs ist hier für die Versicherungsfirma ziemlich hoch. Die Produktion achtet überdies darauf, daß sie Teile von Wert oder besonders empfindliche Requisiten, wie etwa Präzisionsinstrumente usw., gesondert versichert. Bei Kostümen gilt das zum Beispiel auch für Schmuck und Pelze. Bargeld, wenn es als Requisit benötigt wird, läßt sich nur unter sehr spezifischen Voraussetzungen versichern, und zwar gegen Beraubung. Für eine solche Absicherung stellt die Versicherungsfirma genaue, auf den Fall abgestimmte Bedingungen, die präzise zu befolgen sind. Meistens ist eine Bargeldversicherung mit der Verpflichtung einer geeigneten, verantwortlichen Aufsichtsperson verbunden.

Geräte-Versicherung

Angemietetes technisches Equipment kann durch den Vermieter oder durch den Anmieter versichert sein. In der Regel läuft die Versicherung über die verleihende Firma und wird dem Kunden anteilmäßig in Rechnung gestellt. Die Transport- oder Versandversicherung ist hiervon unabhängig abzuschließen. Bequemer ist es, auch den Transport durch den Verleiher versichern zu lassen, billiger ist es aber, die Versicherung über das eigene Haus vorzunehmen. Unter allen Umständen ist die Klärung der Versicherungsfrage vor der Anmietung von Gerät unerläßlich. Im Schadensfalle ist der Mieter immer der Haftende, und Equipment ist bekanntlich nicht billig. Pyrotechniker bzw. Fachleute für Spezialeffekte unterhalten eigene Versicherungen hinsichtlich ihrer Ausrüstung, aber auch hier empfiehlt es sich, vor Vertragsabschluß die Frage nach der Versicherung zu stellen.

Die Feuer- und Feuerregreß-Versicherung

Eine Feuer-Versicherung kann bereits bestehen, wenn man Räume oder andere Motive zum Drehen anmietet. Der Vermieter oder jemand, der eine Drehgenehmigung erteilt, sollte daher der Produktion bestätigen, daß eine Feuer-versicherung abgeschlossen wurde. Dennoch haftet der Produzent, wenn er einen Feuerschaden verursacht, weil die Versicherung des Vermieters den Produzenten regreßpflichtig machen kann. Gegen diese Möglichkeit sichert sich die Produktion durch Abschluß einer *Feuerregreßversicherung* ab. Wenn überhaupt keine Feuerversicherung besteht, muß diese durch die Produktionsfirma veranlaßt werden. Bei der Anmietung von Objekten lohnt es sich, in der entsprechenden Korrespondenz einen Satz unterzubringen, in dem man sagt, daß die Produktion davon ausgeht, daß eine Feuer-Versicherung vorhanden ist.

Personenunfall- und Reiseversicherungen

Diese Versicherungen haben Rundfunkanstalten weitgehend in ihren Rahmenversicherungen untergebracht. Sie müssen aber bei erhöhtem Risiko, wie etwa bei Dreharbeiten auf Kränen, Gerüsten und dergleichen, ergänzend abgeschlossen werden. Freie Produzenten, die auf Unfall- und Reiseversicherungen unter keinen Umständen verzichten können, versichern Mitwirkende und Stab projektbezogen auf Produktionsdauer.

Die Praxis

Es dürfte nur wenige Produzenten oder Produktionsleiter geben, die sich auf dem Gebiet des Film-Versicherungswesens vollkommen auskennen. Keine Frage, Produktionen, die sich der organisatorischen Struktur nach ähneln, erfordern auch die gleiche Art von Versicherungen, die erwähnten höheren Risiken eingeschlossen. Bei umfangreichen und komplexen Vorhaben benötigt man den Rat eines Experten. Unabhängige Produzenten konsultieren einen branchenkundigen Versicherungsmakler, sprechen die einzelnen Positionen durch und lassen sich für jedes Projekt die optimalen Versicherungen vorschlagen. Bei Rundfunkanstalten gibt es versierte Sachbearbeiter, mit denen man eine aufwendige Produktion vorher detailliert erörtern kann. Es wäre äußerst töricht, auf solche Gespräche zu verzichten. Das Thema ist viel zu ausgedehnt, und mögliche Unterlassungen sind viel zu folgenschwer.

Dekorationsvorbau, -aufbau, -einbau, Einrichten der Motive

Den Dekorationsvorbau nennt man auch *Werkstattbau,* im Unterschied zum Dekorations*aufbau* am Drehort beziehungsweise zum Dekorations*einbau* im Studio.

Logischerweise erfolgt der Vorbau vor dem Drehen. Allerdings findet man bei großen Produktionen, die sich über Wochen, ja Monate hinziehen, mehrere Phasen von Vor- und Aufbauterminen parallel zu den Dreharbeiten und im Einklang mit dem Drehplan. Verantwortlich für die künstlerische und terminliche Abwicklung aller Bauphasen ist der Filmarchitekt oder Szenenbildner. Bei umfangreicheren Produktionen wird der Architekt durch einen Assistenten unterstützt, der sich besonders um die Einhaltung der Bautermine kümmert.

Schon bei der Drehplanerstellung durch den Produktionsleiter ist eine präzise Abstimmung sowohl der Vorbau- als auch der Aufbauzeiten mit dem Drehpensum unerläßlich.

Bei Atelieraufnahmen geht man grundsätzlich davon aus, daß die bauaufwendigste Dekoration als erste zu erstellen ist. Trotzdem wird sie nicht unbedingt als erste gedreht. Kleinere Dekorationen baut man in die größeren hinein. Sind die kleinen abgedreht, ist es dementsprechend wenig zeitaufwendig, sie aus der großen Szenerie herauszunehmen, um danach in dieser weiter zu drehen. Ein Abbau beansprucht natürlich viel weniger Zeit als ein Aufbau.

An Bautagen, die in die laufende Drehzeit fallen, disponiert man Außenaufnahmen. Unter keinen Umständen dürfen Vorbau oder Aufbau den Fortgang der Dreharbeiten aufhalten. Einen kostspieligen Stab und teure Schauspieler kann man nicht untätig auf die Fertigstellung einer Dekoration warten lassen.

Nicht nur bei Atelieraufnahmen gibt es lange Bauzeiten. Das Einrichten von Originalschauplätzen nach Maßgabe des Bühnenbildners – man denke nur an Filme, die in einer anderen Epoche spielen – kann ebensogut mit erheblichem Bauaufwand und entsprechenden Bauzeiten verbunden sein.

Planungsziel ist immer die rechtzeitige Bereitstellung des fertigen Motivs nach Maßgabe des Drehplans.

Wenn Atelieraufnahmen vorgesehen sind, ist zu unterscheiden, ob man in einem hauseigenen Studio produziert oder in einem angemieteten. Atelierbetriebe stellen neben dem eigentlichen Studio auch Produktionsräume wie Büros, Garderoben, Maskenbildnerräume usw. zur Verfügung, vor allem aber Arbeitskräfte im Bereich der Ausstattung. Das bedeutet, daß die Produktion das Werkstattpersonal, das Baupersonal (auch das Beleuchterpersonal) von dem Atelierbetrieb in Anspruch nimmt, in dem sie dreht.

Bei Außenaufnahmen ist wiederum zu unterscheiden, ob man auf einem Freigelände einer Ateliergesellschaft arbeitet oder an Originalmotiven. Im ersten Fall gelten die gleichen Bedingungen wie bei der Atelieranmietung. Ebenso wie ein Studio lassen sich etwa filmspezifische Wasserbassins, Flächen mit Rundhorizont, historische Filmbauten usw. gegen Miete nutzen. Der Vorteil liegt auf der Hand, weil der Einsatz komplexer logistischer Mittel entfällt. Produktionsräume, Personal und Energie stehen vor Ort zur Verfügung. Der Nachteil: Auch Freigelände mietet man nicht umsonst. Je nach Bau- und Logistikaufwand muß man die Kostenfaktoren einander gegenüberstellen, bevor man sich für Freigelände oder Originalmotiv entscheidet. Wenn die Wahl auf ein Original-Außenmotiv gefallen ist, muß sich die Produktion sicher sein, wer die ergänzenden Dekorationsteile baut. Bei Fernsehanstalten ist das normalerweise die eigene Ausstattungsabteilung, evtl. verstärkt durch versierte Hilfskräfte. Steht eine solche Abteilung nicht zur Verfügung, muß man sich für Vor- und Aufbau an eine Ateliergesellschaft wenden. Es gibt auch Bühnenwerkstätten auf dem freien Markt, deren Dienste man in Anspruch nehmen kann. Risikoreich ist es dagegen, wenn sich die Produktion für Handwerksbetriebe entscheidet, die auf dem Gebiet der Bühnenausstattung ohne Erfahrung sind. Derartige Lösungen können häufig teuer zu stehen kommen.

Eine letzte Überlegung beim Fertigstellen von Dekorationen gilt dem Termin zum Einrichten der Requisiten. Gleich ob Originalmotiv oder Bau: Möbel und Spielrequisiten müssen als letztes eingerichtet werden, und das nimmt nicht selten mehr Zeit in Anspruch, als es sich der Produktionsleiter wünscht. Auch diese Termine werden vom Szenenbildner oder seinem Assistenten überwacht und laufend mit dem aktuellen Drehplan koordiniert. Der ständige Kontakt mit der Produktions- und Aufnahmeleitung ist hier unerläßlich.

Geräte-Funktionsproben

Die Aufnahmegeräte, also hauptsächlich Kameras und Tonequipment sowie das entsprechende Zubehör werden wenige Tage vor Drehbeginn vom Kameramann bzw. dem Toningenieur geprüft. Eine Liste der benötigten Ausrüstung stellen beide rechtzeitig zusammen. Bei Fernsehanstalten erhalten sie die gewünschten Gegenstände aus dem Gerätelager, bei freien Produzenten muß die Ausrüstung bei einschlägigen Verleihern angemietet werden.

Man kann immer davon ausgehen, daß alle Geräte fachgerecht gewartet werden, dennoch ist die Gefahr eines Fehlers, gleichermaßen bei feinmechanischen wie elektronischen Teilen, nicht auszuschließen. Das damit verbundene Risiko ist so groß, daß nur Leute mit dem Gemüt eines Kamikaze auf eine Gerätefunktionsprobe verzichten, wenn ein Spielfilmprojekt beginnt.

Der Kameramann verbindet seinen Gerätetest üblicherweise mit einem Filmmaterialtest, indem er diverse Probeaufnahmen macht. Bei Vorterminierung dieser Tests muß berücksichtigt werden, daß Zeit für das Kopierwerk eingeplant wird, damit der Kameramann das belichtete Testmaterial rechtzeitig begutachten kann.

Testaufnahmen sind unter allen Umständen aufzubewahren, wenn eine Negativ-Versicherung abgeschlossen wurde. In einem Schadensfall muß unter Umständen der Nachweis erbracht werden, daß die Geräte zu Beginn der Produktion einwandfrei waren.

SEMINARFILM

PRODUKTION "LA GIOCONDA"
Prod.-Nr.   662/124
Prod.-Ltg.   Gumprecht
Redaktion Dr. Gehring
Regie   Wilotzky

STABLISTE

Redaktion	Dr. Jutta Gehring Rheinstraße 80 28198 Bremen Tel. 59 25 16	Tel. 0421/247 2554
Produktionsleiter	Hans P. Gumprecht Seering 41 28870 Ottersberg Tel. 04205/8170	Tel. 0421/246 2618/19
Prod.-Sekretärin	Margret Ohlwein Haydnstraße 80 28876 Oyten Tel. 04207/4848	Tel. 0421/246 2618/19
Regie	Konrad Wilotzky Sybelstraße 10 10655 Berlin Tel. 030/882 75 12	Mariott Hotel Hillmannplatz 20 28195 Bremen Tel. 0421/1 76 70
Regie-Ass.	Susanne Stöver Bleibtreustraße 20 10629 Berlin Tel. 030/325 80 50	Mariott Hotel Tel. 0421/1 76 70
Script/Continuity	Thomas Turecek Gertrudenstraße 23 10965 Berlin Tel. 030/786 92 79	Mariott Hotel Tel. 0421/1 76 70
Aufnahmeleiter	Doris Hezel Eylauerstraße 25 28203 Bremen Tel. 71 35 66	Tel. 0421/246 2695
	Alexandra Plaat Bismarckstraße 18 27570 Bremerhaven Tel. 0471/55 922	Mariott Hotel

Bühnenbild	Frank Klein Grenzstraße 56 50827 Köln Tel. 0221/53 64 92	Hotel Schaper-Siedenburg Bahnhofstraße 8 28109 Bremen Tel. 0421/30 87 0
Kamera	Peter Kaul Bergstraße 80 28355 Bremen Tel. 0421/55 22 34	Kamera-Lager Tel. 246 2635
Kamera-Assistent	Rainer Kott Am Wald 44 28203 Bremen Tel. 0421/46 77 480	K.-Lager 246 2635
Material-Assistent	Alexander Müller Goethestraße 80 28329 Bremen Tel. 0421/46 77 480	K.-Lager 246 2635
Ton-Ingenieur	Hans Duden Hochstraße 14 28357 Bremen Tel. 0421/25 55 41	Tel. 0421/246 2505
Tontechniker	Heino Sabrautz Emtinghauser Weg 60 28277 Bremen Tel. 0421/88 19 19	Tel. 0421/246 2505
Maske	Anke Wallmann Pastorenweg 14 28237 Bremen Tel. 0421/66 699 15	Tel. 0421/246 2679
Kostüme	Helga Jurat Kölner Str. 94 50672 Köln Tel. 0221/25 26 97	Hotel Schaper-Siedenburg Teo. 0421/30 870
Garderobe	Heidi Oertwig Leipziger Str. 22a 28211 Bremen Tel. 0421/347 83 19	Tel. 0421/246 2681
Beleuchtungsmeister	Hans-Joachim Wahr Fasanenstraße 55 28355 Bremen Tel. 0421/25 66 65	Tel. 0421/246 2634

Beleuchter	Hannes Dulsmann Ziethenweg 43 28209 Bremen Tel. 0421/34 678 77	Tel. 0421/246 2634
	Hans Jogert Benquestraße 60 27755 Delmenhorst Tel. 04221/60 607	Tel. 0421/246 2634
Studiomeister	Giovanni Castelli Wienhauser Str. 58 28329 Bremen Tel. 0421/50 76 446	Tel. 0421/246 2670-72
Bühne	Hermann Volkmann Otto-Suhr-Str. 22 28876 Oyten Tel. 04207/762	Tel. 0421/246 2670-72
	Martin Pieper Fliederhof 4 28355 Bremen Tel. 0421/25 10 91	Tel. 0421/246 2670-72
Außenrequisite	Peter Lebrecht Pauls Kloster 105 28203 Bremen Tel. 0421/77 03 01	Tel. 0421/246 2678
Innenrequisite	Alfred Schmick Colmarer Str. 22 28205 Bremen Tel. 0421/50 39 01	Tel. 0421/246 2678
Standfotos	Frank Pausch Willigstraße 5 28201 Bremen Tel. 0421/53 35 69/55 83 90	
Produktionsfahrer	Jörn Barchrist Oyter Straße 15 28352 Bremen Tel. 0421/40 50 06	
	Peter Ströll Schillerstraße 4 28201 Bremen Tel. 0421/55 66 50	

Cutterin	Annerose Koopmann Eislebener Str. 33 28355 Bremen Tel. 0421/60 02 34	Tel. 0421/246 2644
Cutter-Ass.	Brigit Hammas Langenwischstr. 33 27751 Delmenhorst Tel. 04221/7 70 81	Tel. 0421/246 2644
Catering	Petra Wessel Oberneulander Str. 80 28355 Bremen Tel. 0421/26 96 31	

SEMINARFILM

PRODUKTION "LA GIOCONDA"
Prod.-Nr.   662/124
Prod.-Ltg.   Gumprecht
Redaktion   Dr. Gehring
Regie   Wilotzky

BESETZUNGSLISTE

Martin	Michael Lade Lange Reihe 5a 10120 Berlin Tel. 030/21 25 835	Mariott Hotel Hillmannplatz 20 28195 Bremen Tel. 0421/1 76 70
Henriette	Elke Czischek Schönhauser Str. 26 21199 Hamburg Tel. 040/281 3360	Mariott Hotel Tel. 0421/1 76 70
Alte Frau	Trude Breitschopf Fasanenstraße 33 82145 München Tel. 089/89 18 96	Mariott Hotel Tel. 0421/1 76 70
Junger Mann	Helmut Zierl Haidelweg 2 20099 Hamburg Tel. 04154/71 465	Mariott Hotel Tel. 0421/1 76 70
Junge Frau	Ute Willing Glindweg 104 10881 Berlin Tel. 030/881 55 06	Mariott Hotel Tel. 0421/1 76 70
Martins Frau	Maria Bachmann Kuckucksberg 6 22737 Hamburg Tel. 040/275 90 75	Mariott Hotel Tel. 0421/1 76 70
Frau im Hochhaus	Ilse Strambowski Fesenfeld 33 50137 Köln Tel. 0221/840 96 95	Mariott Hotel Tel. 0421/1 76 70

9. Die Produktionsphase

Dreharbeiten

Material- und Gerätetests stellen neben dem Einrichten der Spielrequisiten die letzten Tätigkeiten vor den Dreharbeiten dar. Weil alle anderen Kapitel eigens den Vorgängen vor und nach dem Drehen gewidmet sind, also den Aktivitäten, die sich größtenteils ohne die Mitwirkung des Aufnahmeleiters abspielen, gehe ich beim vorliegenden Kapitel, dem Abschnitt „Dreharbeiten", nicht ganz so detailliert vor. Er wird Aufnahmeleitern, auch Anfängern, im Prinzip bekannt sein.

Die Themen „Disposition" und „Catering" werden in eigenen Kapiteln behandelt.

‚Erster' Aufnahmeleiter, ‚Zweiter' Aufnahmeleiter, ‚Runner'

Bei Filmaufnahmen gibt es normalerweise zwei Aufnahmeleiter, den ‚Ersten' und den ‚Zweiten'. Der Erste Aufnahmeleiter hat den Drehtag nach Maßgabe des Drehplans zu organisieren, das heißt, er muß die Arbeit aller einzelnen Sparten auf einander abstimmen und logistisch koordinieren. Er erstellt für jeden Drehtag eine *Disposition*, die jeweils am Vortag allen Beteiligten nach Drehschluß ausgehändigt oder zugeschickt werden muß. Die Disposition soll so abgefaßt sein, daß jeder an der Produktion Beteiligte ohne weitere Information zur richtigen Zeit am richtigen Platz steht, um dort alle Bedingungen für die Durchführung seiner Arbeiten vorzufinden.
Nicht das Abfassen einer Disposition ist schwierig, sondern die hierfür notwendige Vorarbeit des Informierens und des Abstimmens.

Der Verlauf eines Drehtages erfolgt bekanntlich nicht immer planmäßig. So können Verzögerungen oder auch Zeitgewinne beim Drehen ständig zu Änderungen für kommende Drehpensen führen, die der Erste Aufnahmeleiter laufend verfolgen und berücksichtigen muß. Das zwingt ihn, häufiger am Schreibtisch oder sonstwie an einem Telefon zu hängen und nicht am Set. Eine unerfreuliche Nebenerscheinung bringt das allerdings mit sich. Vielfach entwickelt der ‚Erste' eine merkwürdige Scheu, am Drehort zu erscheinen und vergräbt sich dann gerne mit der unlogischen Ausrede, „er müsse disponieren", im Büro. Nur: Wer den lieben langen Tag mit Disponieren verbringt, hat entweder vorher geschlafen, oder er ist auf seinem Gebiet nicht auffallend begabt. Ein guter ‚Erster' verliert nie den Kontakt zum Stab, ist, ebenso wie der Produktionsleiter, häufig in Teamnähe und vermittelt jederzeit den Eindruck, wenn es sein muß, vor Ort eingreifen zu können. Das stellt nicht etwa Diskriminierung des Zweiten Aufnahmeleiters dar, sondern ist Teil eines wirkungsvollen Produktionsmanagements.

Ich war vor Jahren sehr beeindruckt von einem Produktionsleiter, der zum Arbeitsbeginn eines jeden Drehtages am Set herumging und jedem Schauspieler und jedem Teammitglied zur Begrüßung die Hand gab. Dabei achtete er streng darauf, niemanden zu vergessen. Dieses Ritual wurde anfangs von fast allen, die ihn noch nicht kannten, belächelt. Händchengeben kommt, wie man weiß, immer mehr aus der Mode. Aber dieser Mann wußte, was er tat. „Wenn jemandem bei der Arbeit eine Laus über die Leber gelaufen ist", behauptete er, „soll er wissen, daß er mir etwas darüber sagen kann, jedenfalls, wenn er das *will*. Je mehr Vertrauen er zu mir hat, desto größer ist die Bereitschaft, das auch zu äußern. Wenn er das Vertrauen aber nicht hat, wird er seinen Ärger woanders abladen. Und das ist dann garantiert die falsche Adresse."

Neben der Termin- und Finanzkontrolle ist Lenkung und Beeinflussung des Arbeitsklimas im produzierenden Team die Hauptaufgabe einer funktionierenden Produktionsleitung. Der Aufnahmeleiter, zumindest der Erste, hat in dieser Hinsicht sein Amt auf die gleiche Weise wahrzunehmen wie sein Produktionsleiter.

Der Zweite Aufnahmeleiter versieht seine Arbeit immer unmittelbar am Drehort, deshalb heißt er neudeutsch auch ‚Set-Aufnahmeleiter'. Er steht dem Regisseur in allen organisatorischen Fragen zur Verfügung, arbeitet eng mit dem Regieassistenten zusammen und sorgt dafür, daß die richtigen Leute zur erforderlichen Zeit in der Szene stehen. Und zwar Einstellung für Einstellung. Seine oberste Pflicht ist es, Reibungsverluste im Zusammenspiel von Mitwirkenden, Drehpersonal und den Gegebenheiten am Set zu vermeiden. Er entfernt sich nie vom Motiv, was bedeutet, daß eine gut funktionierende Verbindung zum Ersten Aufnahmeleiter bestehen muß. Das bedeutet gleichzeitig, daß er bei größeren Motiven einen Läufer, ‚Runner' genannt, zur Verfügung hat, der ihm Wege abnimmt.

Die Tätigkeit des Zweiten Aufnahmeleiters wird in ihrer Bedeutung häufig stark unterschätzt. Das liegt mit Sicherheit daran, daß das Tätigkeitsfeld leicht zu beschreiben ist, und sich kein Außenstehender so recht vorstellen kann, was denn an dieser Arbeit so schwer sein soll.

Nun wäre die Meinung Außenstehender im Prinzip nicht so wichtig, wenn unerfahrene Produzenten, unter dem Druck, Einsparungen vornehmen zu müssen, das nicht gelegentlich auch so sehen würden. Dazu läßt sich sagen, daß eine unzulängliche Aufnahmeleitung mit Sicherheit mehr Geld kostet, als eine vermeintliche Honorareinsparung einbringt. Dazu kommt, daß das Erscheinungsbild eines ganzen Berufsstandes beschädigt wird, und daß bei Newcomern häufig weder der Wille noch die Einsicht zu einer methodischen Ausbildung vorhanden sind.

Fehlbeurteilungen und Fähigkeiten des ‚Zweiten'

Es wird bedauerlicherweise häufig übersehen, daß der Aufnahmeleiter über Eigenschaften und Kenntnisse verfügen muß, die um einiges über die eines Laufburschen hinausgehen. Ein Set-Aufnahmeleiter muß so weit über Filmherstellung Bescheid wissen, daß die versierten Filmhasen im Stab seinen Anweisungen folgen, ohne sich Gedanken machen zu müssen, ob sie nutzbringend oder blödsinnig sind.

Er muß Umgangsformen haben, damit er mit Intellektuellen wie mit Hilfsarbeitern gleichermaßen klarkommt. Er muß ein Gespür haben für positive oder negative Stimmungen im Team. Und er muß über ein gut entwickeltes Einfühlungsvermögen verfügen, wenn er bei Schauspielern Nervosität und Gereiztheit wahrnimmt. Mit anderen Worten, er muß in fachlichen und menschlichen Dingen glaubwürdig sein, damit er akzeptiert wird.

Unter allen Umständen darf er eines *nie* sein: Der Sekretär oder Lakai des Regieassistenten. Damit würde er nicht nur seine eigene Position untergraben sondern auch die der Produktion.

Zur Produktionsleitung hält der ‚Zweite' über den Ersten Aufnahmeleiter ständigen Kontakt. Er informiert über Verzögerungen oder Beschleunigungen beim Abdrehen des Tagespensums, über drohende Überstunden, über Pausen und über den Drehschluß. Nach dem Drehen verteilt der Zweite Aufnahmeleiter die Disposition für den Folgetag, und er macht am Ende ebenso wie im Verlauf des Drehtages alle den Stab betreffenden Ansagen.

Zusammenarbeit und Probleme mit Regieassistenten

Zu Beginn dieses Buches habe ich schon einmal erwähnt, daß der Aufnahmeleiter und der Regieassistent einen gemeinsamen Urahn haben, den ‚Hilfsregisseur'. In den USA bezeichnet der Terminus ‚Assistant Director' interessanterweise eine Funktion, die der des Ersten Aufnahmeleiters in Europa weitgehend gleichkommt. Dieser *Assistant Director* ist ein der *Produktionsleitung* zugeordneten Mitarbeiter, der die Organisation und diverse finanzielle Aufwendungen im Sinne des *Production Managements* kontrolliert und bei künstlerischen wie gestalterischen Dingen Zurückhaltung übt. Die klassischen Tätigkeiten eines europäischen Regieassistenten nehmen in den Staaten die ‚Personal Assistants' und das ‚Continuity Girl / oder -Boy' wahr.

Durch die häufige Zusammenarbeit von amerikanischen und deutschen Teams meinen inzwischen einige hiesige Regieassistenten, ein neues Zuständigkeitsfeld entdeckt zu haben, und sie versuchen nicht selten, eifrig Gebrauch davon zu machen. In Wirklichkeit handelt es sich mehr oder weniger um einen begrifflichen Übersetzungsfehler. Aber wie erklärt man das jemanden, der sich über so viel neue und bedeutungsvolle Verantwortung freut.

Ein Zweiter Aufnahmeleiter muß damit rechnen, daß ihm ein ehrgeiziger Regieassistent gelegentlich in die Quere kommt, weil er sich aus den erwähnten Gründen als gewissermaßen weisungsbefugt gegenüber dem Zweiten Aufnahmeleiter versteht. Das kann ärgerlich werden. Hier muß gegebenfalls auch die Produktion behutsam aber konsequent gegensteuern.

Es ist im übrigen das gute Recht eines jeden ‚Zweiten', seinen ‚Ersten' – schon in dessen eigenem Interesse – um Hilfestellung zu bitten, wenn ein allzu ehrgeiziger Regieassistent versuchen sollte, seinen Claim über die Maßen hinweg abzustecken.

Das ist leichter gesagt als getan, und setzt vor allem voraus, daß der Produktionsleiter mit seinen Aufnahmeleitern eine hierfür notwendige Arbeitsphilosophie abstimmt. Dazu soll gleich noch etwas gesagt werden.

Vorerst noch etwas zur Zusammenarbeit mit Regieassistenten. Richtig ist, daß der Regieassistent einer der wichtigsten Gesprächspartner und Informationslieferanten für die Aufnahmeleitung ist. Die Mitteilungen des Regieassistenten entspringen den Wünschen und Anordnungen des Regisseurs, und dessen künstlerische Vorstellungen sind umzusetzen.

So erfährt der Aufnahmeleiter vom Regieassistenten, welche Mitwirkenden in welcher Einstellung benötigt werden, welche Schauspieler für den Tag abgedreht sind, sowie wann und welche Straßensegmente von der Aufnahmeleitung abgesperrt werden müssen, damit ungehindert gedreht werden kann.

Der Erste Aufnahmeleiter spricht mit dem Regieassistenten das Drehpensum für den Folgetag durch, um die entsprechende Disposition vorzubereiten (wobei er auf die Dispositionskünste des Regieassistenten dankend verzichtet), außerdem berät er sich mit dem Assistenten über Planung und Durchführbarkeit neuer Einfälle des Regisseurs, was in der Regel besondere Freude bereitet.

Zwischen Regieassistenz und Aufnahmeleitung besteht Konsenspflicht, also die Pflicht zu effektiver Zusammenarbeit, es gibt gegenseitig keine Weisungspflicht, es sei denn, der Regieassistent gäbe künstlerische Weisungen des Regisseurs weiter, oder aber der Aufnahmeleiter übermittelte organisatorische oder den Etat betreffende Weisungen der Produktionsleitung.

Das alles ist freilich nicht ganz so dramatisch, wie es klingt. Erfahrene und wertvolle Regieassistenten kennen die Spielregeln und sind zumeist sehr gut in der Lage, auch in Produktions-Kategorien zu denken. Es soll daher beileibe nicht der Eindruck entstehen, es herrsche permanent und grundsätzlich Kleinkrieg zwischen Regieassistenten und Aufnahmeleitern. Das vorliegende Buch wäre aber wertlos, wenn diese Möglichkeit einfach weggeleugnet würde. Ein Aufnahmeleiter, der darauf vorbereitet ist, steht gegebenenfalls in besseren Schuhen da.

Wie schon gesagt, eine der unverzichtbaren Voraussetzungen ist, daß der Aufnahmeleiter fachlich keine spürbaren Defizite aufweist.
Regieassistenten, insbesondere wenn sie mit prominenten Regisseuren arbeiten, haben vorwiegend gute Fachkenntnisse, außerdem werden sie von den Regisseuren für die Zusammenarbeit ausgesucht. Das bedeutet auf der einen Seite Abhängigkeit, auf der anderen Seite meistens aber auch, daß sie die Sympathie des Regisseurs genießen. Darüber hinaus verfügen Regieassistenten über ein gewisses intellektuelles Potential, mit dem sie gern glänzen und das manchmal zu Lasten des Aufnahmeleiters. Der wiederum muß kein In-

tellektueller sein, um so mehr aber ein im Stab akzeptierter Fachmann. Ist er das nicht, läuft er Gefahr zum allseits beliebten Sündenbock und Watschenmann degradiert zu werden.

Zusammenspiel von Produktions- und Aufnahmeleitung

Ein gut funktionierendes Produktionsmanagement bekommt die Sache allerdings souverän in den Griff, indem der Produktionsleiter seine beiden Aufnahmeleiter, die Produktionssekretärin und auch den Runner um sich versammelt und folgende Prinzipien festlegt:

- Produktions- und Aufnahmeleitung treten dem Team gegenüber als festgefügter, solidarischer „Block" auf.

- Irgendwelcher Kritik aus dem Drehteam, die einer Person aus dem „Block" gilt, wird vom „Block" nach außen hin grundsätzlich nie zugestimmt. (Auch dann nicht, wenn sie berechtigt ist.)

- Über Fehler wird innerhalb des „Blocks" offen gesprochen. Auch der Runner ist berechtigt, dem Produktionsleiter zu sagen, was er an ihm für kritikwürdig hält. Nach außen dringt davon grundsätzlich nichts.

- Macht der „Block" Fehler (und das passiert natürlich immer wieder), wird geprüft, wie der Fehler nach außen hin ‚unsichtbar' zu machen ist. Intern wird kein Blatt vor den Mund genommen. Aber gegenüber dem Regisseur und dem Drehstab ist immer alles in bester Ordnung.

- Sollte ein Fehler nicht zu kaschieren sein, wird er nach außen ‚tief gehängt', also zur Bagatellsache erklärt. Wichtig ist in einem solchen Fall, daß die Reparatur bereits eingeleitet ist, die Lösung des Problems zum Thema gemacht wird und nicht der Fehler.

Nur Dummköpfe lassen sich darauf ein, Fehlverhalten auch nach „innen" zu bemänteln. Sie hindern den „Block" daran, eine gemeinsame Strategie zu entwickeln, um Dinge, die schief gelaufen sind, wieder geradezubiegen. Tödlich ist es, wenn Produktionsleitung, Aufnahmeleitung und Sekretariat ihre Differenzen, und seien es auch nur Lappalien, nach außen tragen.

Loyalität ist oberstes Gebot.

Der Drehstab will nicht unterscheiden, wer sich im Produktionsmanagement welchen Schnitzer geleistet hat. Der Stab sieht nur, daß die Produktion insgesamt Fehler macht, und es gibt Zeitgenossen, die sehen das nicht ohne Schadenfreude. Ein kompakt auftretendes Management stärkt durch einen zur Schau getragenen Zusammenhalt die eigene Autorität und verschafft sich auf diese Weise eine gewisse Unangreifbarkeit. Ein solches Verhalten muß allerdings geübt und kultiviert werden, und manchmal gehört sogar ein bißchen Show dazu.

Die Schwierigkeiten, die Produktions- und Aufnahmeleiter allein während der Dreharbeiten zu meistern haben, werden in den einzelnen Kapiteln spezifisch behandelt. Zumindest die wichtigsten. Aber einen Anspruch auf Vollständigkeit wird dieses Buch in dieser Hinsicht kaum haben können. Dazu sind die Unwägbarkeiten und Ärgernisse zu vielfältig.

Das Dauerthema Überstunden

Es gibt Probleme, die nicht aufhören, den Aufnahmeleitern Kopfschmerzen zu machen, dazu gehören die Überstunden beim Drehen.

Hinsichtlich der Arbeitszeiten unterscheidet man zwischen Tarifarbeitszeiten und dem Arbeitszeitgesetz (früher *AZO*, nämlich ‚Arbeitszeitordnung‘, ein Begriff aus vergangenen Zeiten, der aber noch immer benutzt wird). Die ersteren werden zwischen Arbeitgebern und den Gewerkschaften ausgehandelt, das Arbeitsgesetz hat – wie der Name sagt – der *Gesetzgeber* geschaffen. Über Überstundenregelungen, also die Handhabung von Mehrarbeit, die über tariflich festgelegte Arbeitszeiten hinausgeht, gibt es in der freien Wirtschaft klare tarifliche Bestimmungen. In Rundfunkanstalten gibt es die zwar auch, aber hinsichtlich ihrer Anwendung herrschen unterschiedliche Auffassungen und Verfahren. In der Regel müssen Vorgesetzte und Personalrat rechtzeitig informiert sein und ihre Zustimmung geben.

Bei der Herstellung von szenischen Produktionen ist aber davon auszugehen, daß Überstunden zu leisten sind, und daß die Notwendigkeit, ad hoc Überstunden anzuordnen, kurzfristig und naturgemäß zu einer Tageszeit auftritt, zu der die genehmigenden Stellen längst Feierabend gemacht haben.

Die Erkenntnis, daß man Produktionsleitern die Möglichkeit geben muß, über Mehrarbeit *sofort und vor Ort zu* entscheiden, setzt sich bei Rundfunkanstalten noch recht zögerlich durch. Da, wo man es zu einer solchen Erkenntnis noch nicht gebracht hat, ist davon auszugehen, daß Eigenproduktionen größeren Umfangs nicht mehr auf wirtschaftliche Weise herstellbar sind. Die Freie Filmwirtschaft ist da den öffentlich rechtlichen Konkurrenten weit voraus.

Für Spielfilmproduktionen und ‚Große Unterhaltung' ist ein Arbeitstag von 10 Stunden plus Pausen zu veranschlagen, die freie Wirtschaft schließt Tagesverträge mit Stabmitgliedern unter 10 Stunden gar nicht erst ab. Wollte man die Tagespensen auf 7,5 Stunden beschränken, litte nicht nur die gestalterische Arbeit, die Produktionen wären auch gar nicht mehr zu bezahlen.

Hier soll nicht der Ausbeutung und dem skrupellosen Ausnutzen menschlicher Arbeitskraft das Wort geredet werden, sehr wohl aber der praxisnahen Anpassung von Arbeitszeitregelungen an die Bedürfnisse und Besonderheiten der Film- und Fernsehbranche. Es gibt keinen stichhaltigen Grund, Rundfunkanstalten zu vermeintlichen Arbeitnehmerparadiesen zu machen, während die Filmwirtschaft letztlich die interessanten und bedeutenden Produktionen realisiert. Schon heute verfügen große Fernsehanstalten kaum noch über angestellte Spielfilmkameramänner von Rang, weil die bedeutendsten Produktionen an ‚Freie' vergeben werden.

Youngsters, die beim öffentlichen Fernsehen ihre Karriere beginnen, und das gilt nicht nur für Kameraleute, kommen schon mal ins Grübeln über das, was ihnen in ihrer beruflichen Entwicklung da blüht. Hoffentlich etwas Aufregenderes als der garantierte 7-Stunden-Tag

Aufnahmeleiter werden sich, ebenso wie Produktionsleiter, Diskussionen zu diesem Thema kaum entziehen können. Bei Eigenproduktionen des öffentlich rechtlichen Fernsehens ist das besonders gravierend. Das Widersprüchliche daran ist, daß die, mit denen man diskutiert, ja Leute sind, die es im Grunde gut meinen, die häufig einer ehrenwerten und für unsere Gesellschaftsform notwendigen gewerkschaftlichen Arbeit und Tradition verbunden sind. Das Problem besteht darin, daß Gewerkschaftstraditionen etwas mit der Arbeiterbewegung in unserer Industriegesellschaft zu tun haben, die Film- und Fernsehbranche dagegen – ungeachtet der Meinung einiger einschlägiger Ideologen – herzlich wenig.

Niemand sollte bestreiten, daß es Organisationen geben muß, die sich engagiert für Arbeitnehmerinteressen einsetzen. Es bleibt aber nichts anderes übrig, als Ausschau zu halten nach Arbeitnehmervertretungen, welche die spezifischen Interessen von Mitarbeiterinnen und Mitarbeitern aus den Bereichen Rundfunk, Fernsehen und Film zu vertreten wissen.

Wenngleich es *jedem* Produktionsleiter möglich sein sollte, sich selbständig über Mehrarbeitszeiten mit seinen Mitarbeitern zu verständigen, also ohne die Mitwirkung von irgendwelchen Funktionären und unter Verzicht auf bürokratische Hemmnisse, so darf das niemals völlig unkontrolliert und willkürlich geschehen. Überstunden bedeuten für die Produktion erst einmal Geldaufwand, denn unter üblichen Umständen werden sie ja vergütet. Auf der anderen Seite verursachen Motive und Geräte aber Mietkosten, die nach vollen Einsatztagen berechnet werden, ganz gleich, ob man sie 8 oder 14 Stunden beansprucht. Mit den Schauspielerhonoraren und den Spesenzahlungen ist es ähnlich. Die Versuchung, aus Gründen der Wirtschaftlichkeit Überstunden einzuplanen, ist also gegeben. Wo aber könnte ein Kontrollmechanismus liegen?

Um es gleich zu sagen, ein Produktionsleiter hat seinem Team gegenüber eine Obhutspflicht, die er nicht vernachlässigen darf. „Obhutspflicht" ist zwar ein dehnbarer Begriff und eine eher moralische Kategorie, aber es ist auch ein Kriterium, nach dem man seine Qualitäten messen kann.

Und es ist ein Märchen, wenn behauptet wird, die Hartgesottenen unter den Produktionsleitern seien die besten. Es sind nicht einmal die langlebigsten. Irgendwann, so ganz unbemerkt, sind sie von der Bildfläche verschwunden. Und da sie meistens von niemandem vermißt werden, fragt auch keiner, wo sie geblieben sein mögen. Ein Mangel an Verantwortungsgefühl für andere spricht sich herum

Ein Produktionsleiter, der sein Team kennt, weiß, inwieweit er seinen Leuten Mehrbelastungen zumuten kann, ohne daß er seine Pflichten zum Wirtschaften vernachlässigt.

Überdies gibt es andere Steuerungsmöglichkeiten. Anstelle des Führens von Debatten mit dem berufsschädigenden Ziel, Überstunden grundsätzlich zu verbieten, könnten zum Beispiel Mehrstunden durch ein progressives Ansteigen der Überstundenzuschläge so kostspielig werden, daß sie von Überstunde zu Überstunde für die Produktion weniger interessant würden.

Voraussetzung wäre natürlich, daß auch beim Fernsehen *alle* Überstunden aus dem Etat des Produktionsleiters bestritten werden und nicht nur die der freien Mitarbeiter, und daß die Kollegen ihre geleisteten Überstunden irgendwann auch einmal auf dem Lohnzettel oder in Form von Freizeit wiederfinden.

Eine solche personalorientierte Praxis könnte die Arbeitsbereitschaft der Mitarbeiter bei den Öffentlich-Rechtlichen nutzbringend fördern und sendereigene Großprojekte allen Gerüchten zum Trotz wieder wirtschaftlich machen. So wirtschaftlich, daß man sie nicht ausschließlich und um jeden Preis an die Filmindustrie weitergeben muß, wo man, wie gesagt, schon lange so arbeitet und das sogar noch mit Profit.

Nur ein paar unbewegliche Gewerkschaftler und Gewohnheitsbetriebsräte würden eine Zeitlang verprellt sein, aber sie werden es überleben. Sie überleben ohnehin alles.

Es versteht sich, daß das zuvor Gesagte für tarifliche Bestimmungen gilt und nicht für gesetzliche. Das Arbeitszeitgesetz ist ein *Gesetz*, die Kontrolle liegt letztlich bei den Gewerbeaufsichtsämtern. Die reagieren auf Verstöße im besten Fall mit Bußgeldern, im ungünstigsten Fall auch erheblich empfindlicher.

Ähnlich unerbittlich verhält sich die Berufsgenossenschaft bei Arbeitsunfällen. Kommen Personen während der Arbeit zu Schaden, und es könnten der Produktion Verstöße gegen arbeitsrechtliche Bestimmungen nachgewiesen werden, so haftet diese gegenüber der Berufsgenossenschaft. Und dann wird es eng. Wie jede Versicherung beschäftigt auch die Berufsgenossenschaft Experten, die sich in der jeweiligen Branche auskennen. Die Hoffnung, diese Typen im Schadensfalle hinters Licht führen zu können, sollte man gar nicht erst nähren.

Das Arbeitszeitgesetz gehört zur Pflichtlektüre eines jeden Aufnahmeleiters, den Text kann man bei den Gewerbeaufsichtsämtern oder beim Arbeitsamt beziehen.

Beschäftigung von Kindern

Ein weiteres Thema, das dem Aufnahmeleiter während der Drehzeiten das Leben schwer macht, ist die Beschäftigung von Kindern. Die gesetzlichen Bestimmungen sind als Broschüre beim Arbeitsamt erhältlich. Hier ein paar praktische Anmerkungen.

Die Beschäftigung von Kindern in einem arbeitnehmerähnlichen Verhältnis ist in der Bundesrepublik Deutschland grundsätzlich verboten, solange die Kinder unter 16 Jahre alt sind. Ausnahmen gelten nur in ganz wenigen gewerblichen Bereichen. Auch für Jugendliche zwischen 16 und 18 Jahren gibt es Einschränkungen.

Das bedeutet, daß eine Produktion, die Kinder beschäftigen will, für diese eine *Ausnahmegenehmigung* erwirken muß, derzufolge das besagte Verbot zeitweilig und unter Einhaltung bestimmter Auflagen außer Kraft gesetzt wird. Das zu wissen, ist äußerst wichtig.

Eine Ausnahmegenehmigung kann vom Gewerbeaufsichtsamt nämlich jederzeit, unter Umständen auch ohne Angabe von Gründen, rückgängig gemacht werden. Es genügt, daß die Behörde in eigenem Ermessen feststellt, daß dem Kind die Mitarbeit nicht mehr zuzumuten ist. Im Klartext bedeutet das, daß ein Kind willkürlich aus einer laufenden Produktion herausgenommen werden kann, ohne daß die Möglichkeit bestünde, Rechtsmittel einzulegen. Den Schaden hat der Produzent.

Die Voraussetzungen für die Ausnahmegenehmigung bei Kindern sind:

1. Das schriftliche Einverständnis der Eltern oder des Personenberechtigten
2. Das schriftliche Einverständnis der Schulleitung, es sei denn, das Kind wäre nicht schulpflichtig oder hätte Ferien
3. Die Unbedenklichkeitserklärung eines Arztes
4. Die Zustimmung des Jugendamtes

Letzte genehmigende Instanz ist dann das Gewerbeaufsichtsamt, dem ein zumeist formloser Antrag genügt. Im Antrag sind die vorgesehenen Arbeitstage und die Arbeitszeiten anzugeben sowie die Versicherung, daß ein Kinderbetreuer gestellt wird. Ein Drehbuch sollte außerdem dazugegeben werden.

Praktisch kann man so verfahren, daß die Produktions- oder Aufnahmeleitung ihr Anliegen rechtzeitig telefonisch beim Sachbearbeiter im Gewerbeaufsichtsamt ankündigt und das Drehbuch bereits vorab einreicht. Es schadet beileibe nicht, wenn man den Sachbearbeiter persönlich in seinem Amt aufsucht und ein wenig mit ihm über das Projekt redet.

Den Antrag schreibt man auf einem Geschäftsbogen der Produktion und vervielfältigt ihn, und zwar ohne Namen, Geburtsdatum und Anschrift des Kindes. Auf der Rückseite des Antrags formuliert man die Texte für die diversen Einverständniserklärungen vor, ebenfalls ohne die Personendaten. Dann füllt man die Daten der in Frage kommenden Kinder aus und schickt den Kinderbetreuer damit auf die Reise, um die Einverständniserklärungen einzuholen.

Wegen eines möglichen Arzttermins stimmt sich der Kinderbetreuer mit den Eltern ab. Häufig läßt sich die ärztliche Unbedenklichkeitserklärung auch schon vorher durch die Eltern einholen, sie wird dem Antrag dann nur noch angefügt.

Als letztes liefert der Kinderbetreuer die Anträge beim Gewerbeaufsichtsamt ab. Dieses erteilt die Ausnahmegenehmigung schriftlich und nennt auch alle entsprechenden Auflagen.

Die Genehmigung ist sichtbar und zugänglich am Drehort auszuhängen. Das sollte man möglichst auch tun, denn zu allem Übel ist es den Vertretern des Gewerbeaufsichtsamtes gestattet, jederzeit unangemeldet am Drehort zu erscheinen, um sich von der Einhaltung aller Auflagen zu überzeugen. Verstöße sind nicht zu empfehlen, denn wenn eine Genehmigung widerrufen wird, können die Konsequenzen für die Produktion katastrophal sein.

Oytena Filmproduktions GmbH, Schleedornstraße 17, 28308 Bremen

Telefon: 0421/808080, FAX 0421/808086, Abteilung Produktionsleitung Bennow

An das
Gerwerbeaufsichtsamt Bremen
Parkstraße 58 - 60
Herrn Jacobi

28209 Bremen

Erlangung einer Ausnahmegenehmigung zur Beschäftigung von Kindern
Produktion: *"Schreckliche Stunden" - Prod. Nr.: 772/443*

In der obigen Produktion möchten wir das Kind

Name: *Margret Meyer*

geboren am: *08.05.1985*

Adresse: *Pastorenweg 121, 28237 Bremen*

als Mitwirkenden bzw. Mitwirkende beschäftigen.

Zeit der Mitwirkung: *22.08. und 23.08.95 , jeweils 09.00 - 13.00 Uhr*

Auch wenn aus dispositionstechnischen Gründen die angegebene Uhrzeit durch uns geändert werden müßte, bleibt gewährleistet, daß eine Gesamtbeschäftigungszeit von 4 Stunden nicht überschritten wird. In dieser Zeit werden mindestens 60 min Pause enthalten sein. Für Betreuung des Kindes sowie ggf. für Verpflegung wird gesorgt.

Wir bitten um Erteilung einer Ausnahmegenehmigung nach § 6 des JSchG Die erforderlichen Einverständniserklärungen finden Sie umseitig.

Mit freundlichen Grüßen

Marion Claudius
Aufnahmeleitung

Oytena Filmproduktions GmbH, Schleedornstraße 17, 28308 Bremen

---

1. EINVERSTÄNDNIS DER PERSONENSORGEBERECHTIGTEN

Wir erklären uns damit einverstanden, daß das umseitig genannte Kind zu den dort aufgeführten Bedingungen in der genannten Fernsehproduktion mitwirken darf.

Das Kind besucht folgende Schule: Klasse:

(Unterschriften)   Datum:

2. EINVERSTÄNDNIS DER SCHULE:

Seitens der Schule bestehen keine Bedenken.

(Stempel der Schule/Unterschrift)   Datum:

3. UNBEDENKLICHKEITSERKLÄRUNG DES JUGENDAMTES:

Jugendamt Bremen, Hans Böckler Straße 9 (Volkshaus), 1. Stock, Zimmer 125

Das Jugendamt erhebt keine Bedenken, eine Ausnahmegenehmigung durch das Gewerbeaufsichtsamt erteilen zu lassen.

(Stempel/Unterschrift)   Datum:

4. UNBEDENKLICHKEITSERKLÄRUNG DES ARZTES: *

Ärztlicherseits bestehen keine Bedenken, das Kind zu den umseitig genannten Bedingungen bei der Fernsehproduktion mitwirken zu lassen.

(Stempel/Unterschrift des Arztes)   Datum:

Diese Erklärung kann auch separat in Attestform durch den Arzt ausgefertigt und beigefügt werden.

Genehmigungen für Dreharbeiten in der Öffentlichkeit

Drehgenehmigungen auf privatem Grund bzw. in nicht-öffentlichen Gebäuden erlangt man durch Verträge oder andere gegenseitige Absprachen mit den zuständigen Personen, und zwar in der schon beschriebenen Weise.

Anders ist das auf öffentlichem Grund. Hier ist festzustellen, wer das Areal verwaltet, und wenn es sich um öffentliche Straßen und Plätze handelt, muß die Produktion herausbekommen, welche Stelle entsprechende Genehmigungen erteilt.

Die Gemeinden handhaben diese Praxis sehr unterschiedlich, es bleibt dem Aufnahmeleiter nichts anderes übrig als nachzufragen, wo er um Drehgenehmigungen nachsuchen muß. Es kann sich hier um eine Polizeidienststelle handeln, ein Pressebüro oder eine Verwaltungseinrichtung. Unter allen Umständen kann er in böse Schwierigkeiten kommen, wenn eine entsprechende Behörde sich übergangen fühlt.

Üblicherweise sind die Ämter aber kooperativ, häufig genügt ein formloser Antrag, manchmal sogar nur ein Telefonat. Großstädte mit vielen Medienaktivitäten können allerdings auch recht pingelig werden, ganz besonders, wenn es sich um Spielfilmproduktionen handelt. Für die aktuelle Berichterstattung besitzen Fernsehanstalten generelle Genehmigungen, die nur in Ausnahmefällen widerrufen werden. Dreht eine Produktion an einem fremden Ort, ist der Aufnahmeleiter unter allen Umständen gut beraten, wenn er sich bei der Stadt- oder Gemeindeverwaltung informiert.

Drehgenehmigungen, auch wenn sie zuständigkeitshalber durch eine Polizeidienststelle erteilt werden sollten, werden grundsätzlich *widerruflich* ausgestellt. Ein Grund für den Widerruf könnte zum Beispiel sein, daß das dem Drehort nächste Polizeirevier eine Gefährdung des Personen- oder Fahrzeugverkehrs feststellt.

Verkehrsregelnde Maßnahmen sind nicht prinzipiell an eine Drehgenehmigung gekoppelt, sie müssen gesondert organisiert und abgesprochen sein. Unter bestimmten Umständen stellt die Polizei gegen Gebühr Beamte ab, um den Straßenverkehr regeln zu lassen. Wenn die Produktion derartige Maßnahmen selbst durchführen will, ist das genauestens mit der Polizei zu vereinbaren, um nicht ungewollt in Hoheitsrechte der Polizei hineinzupfuschen. Das Gleiche gilt für den Einsatz von Verkehrs- und Absperrschildern, etwa für produktionsnotwendigen Parkraum.

Selbständiges Handeln kann da mehr Ärger als Freude bereiten. Empfehlenswert ist das Einschalten einer Spezialfirma für Baustellenabsicherungen. (Im Zweifelsfalle finden sich diese Firmen in den ‚Gelben Seiten‘ der Telekom unter ‚Bauabsperrungen‘.) Diese Firmen nehmen nicht nur fachgerecht Absperrungen vor, sie kennen sich auch aus mit der Erlangung von entsprechenden behördlichen Genehmigungen. Darüber hinaus melden sie, etwa bei der Vornahme von Absperrungen, welche Fahrzeuge zum Zeitpunkt der Absperrung dort geparkt waren, damit die Produktion die Halter ggf. verständigen kann, wozu sie rechtlich sogar verpflichtet ist.

Dreharbeiten, Kopierwerk, Arbeit im Schneideraum
Die Aufnahmeleitung widmet sich den Arbeiten am Drehort. Mit den parallel verlaufenden Produktionsaktivitäten hat sie wenig zu tun. Allenfalls gehört es noch zu den Aufgaben des Aufnahmeleiters, den Transport des belichteten Negativmaterials zum Kopierwerk zu organisieren.

Negativ- (Aufnahme-) Berichte, Cutterberichte
Die Verantwortung für das Negativmaterial trägt der 2. Kameraassistent, auch Materialassistent oder „Loader" genannt.
Zum Schluß der Dreharbeiten setzen sich der Materialassistent und das Script (heute auch häufig als ‚Continuity‘ bezeichnet) zusammen und füllen die *Negativberichte* aus.
Negativberichte, zum Teil auch *Aufnahmeberichte* genannt, sind Begleitformulare, die dem Kopierwerk zusammen mit dem zu bearbeitenden Filmmaterial zugestellt werden. Das Kopierwerk ersieht aus den Negativberichten alle für die Weiterbearbeitung notwendigen Einzelheiten über Materialtyp, Materialmenge, Anzahl der belichteten Rollen sowie die Einstellungsnummern und die gedrehten Klappen.
Einige der gedrehten Fassungen werden vom Regisseur bereits am Drehort verworfen. Um zu vermeiden, daß diese nach dem Entwickeln kopiert werden, markiert das ‚Script‘ die entsprechenden Klappennummern durch Einkreisen im Negativbericht.

Neben den Negativberichten erstellt das Script/Continuity auch die Cutterberichte. Das sind Formblätter, aus denen eine eingehende inhaltliche Beschreibung jeder gedrehten Drehbucheinstellung hervorgeht sowie eine Reihe technischer Details wie Lichtstimmung, Art der Kameraführung, verwendete Objektive usw.

Diese Einzelheiten werden im Schneideraum benötigt, da der Cutter üblicherweise den Dreharbeiten nicht beiwohnt und die Entstehung des Films gewissermaßen nur in Gestalt der jeweils angelieferten Musterkopien erlebt.

–FERNSEHEN–

Cutterbericht

Datum _____ 19 ____

Drehtag _____

Bild

_____

Lfd.Nr.

_____

Film: _____

Regie: _____

Cutter: _____

Kamera: _____

Ton: _____   Dekoration: _____

Außen/Innen

Qualität	stumm nur Ton	Kameras	kop. n.k.	Meter	Lfde.Nr.

Raum für Inhaltsangabe und technische Bemerkung

Groß

Nah

Total

Fahrt

Schwenk

Tag

Nacht

Optik _____

Entf. _____

Blende _____

Raum für Schnittmeisterin

–FERNSEHEN–

Cutterbericht

Datum _____ 19 ___

Drehtag _____

Bild 17

Lfd.Nr. Qo 1/1

E 106

Film: Der Weidenbaum

Regie: S. Salless

Cutter: Koop

Kamera: A. Otobi

Ton: E. Schmidt

Dekoration: Im Vorzimmer des Gerichts

Außen/Innen

Qualität	stumm nur Ton	Kameras	kop. n.k.	Meter	Lfde.Nr.
Textfelle Opt 30	pr	CD n.K.	n.K.	2	1
Ok 12" "	" "	Kop	2	2
Spiel nicht OK Opt. 35 "	" "	n.K.	3	3
" "	" "	n.K.	1	4
OK 13" Opt. 35 "	" "	Kop	3	5

Raum für Inhaltsangabe und technische Bemerkung

K. auf Archip von vorne

Archip nimmt Mütze ab:
„Eher Hochwohl geboren. Diese
Tasche".

A. macht einen Schritt nach
vorne auf den Beamten zu.

Groß

Nah

Total

Fahrt

Schwenk

Tag

Nacht

Optik 30 + 35

Entf.

Blende 4/5

Raum für Schnittmeisterin

FERNSEHEN

KURZ-NEGATIVBERICHT
Kopieranstalt

Drehtag / Datum

Titel	Drehort:	
Kameramann	Redaktion:	**Film-Aufnahme-Bericht**
Kameraassistent	Regie / Realisator:	

Tontechniker	Nr. der verwendeten Kamera:	ACL:	SR/BL-Nr.	ST-Nr.

Lichtverhältnisse:	Tag	Dämmerung	Nacht	Emulsions-Nr.:

Bei aktueller Berichterstattung und Dokumentarfilmvorhaben ist die Beschreibung jeder Szene einschließlich der dargestellten Personen erforderlich.

Rollen-Nr. *	NE	Aufnahmen	Tonverfahren				Forc. Entw. um DIN 3 6 9	Gedrehte Meterzahl Typen:
			Synchr.	Atmo	Playback *	Ton-Rollen-Nr	Zutreffendes bitte ankreuzen.	

Nicht mehr zu verwendende Reste:

Gesamtverbrauch

Materialabrechnung für EDV

KA	Stamm-Honorar-Nr.:	Kostenstelle Prod.-Nr.:	FAB-Nr.	Gesamtverbrauch vom Typ: 7239 / 7240		Datum d. Abrechnung
72			08329 *			

Bemerkungen:

Für die Richtigkeit:

Unterschrift des Kameramannes

Vom Kopierwerk festgestellte Meter:

* Film- und Tonrollen-Numerierungen müssen unbedingt genannt werden.
* Film-Aufnahmeberichte sind sofort nach Produktionsbeendigung abzugeben.
NE = NICHT ENTWICKELN

Exemplar für **Kopierwerk**

NEGATIVBERICHT

Aufnahmebericht

KOPIERANSTALT _____   Drehtag-Datum _____

Titel	Drehort	
Kameramann	Redaktion	Bild Nr.
Kameraassistent	Regie	
Tontechniker	Nr. der verwendeten Kamera	SR/BL
Lichtverhältnisse	Tag	Dämmerung	Nacht	Emulsions-Nr.

Einstellung	Aufnahmen									Tonverfahren				Forc. Entw. um DIN			Gedrehte Meterzahl
Nr.	1	2	3	4	5	6	7	8	9	Synchr.	Atmo	TIME CODE	Ton-Rollen-Nr.*	3	6	9	Typen
										Zutreffendes bitte ankr.							

* Film- und Tonrollen-Numerierungen müssen unbedingt genannt werden.
* Film-Aufnahmeberichte sind sofort nach Produktionsbeendigung abzugeben.
NE = NICHT ENTWICKELN
Eingekreiste Aufnahmen sind nicht zu kopieren!

Nicht mehr zu verwendende Reste:

Übertrag von Blatt 2

Gesamtverbrauch

Materialabrechnung für EDV

KA	Stamm-Honorar-Nr.:	Kostenstelle Prod.-Nr.:	FAB-Nr.	Gesamtverbrauch vom Typ:				Datum d. Abrechnung
72			1585	7291	729_			

Bemerkungen:

Für die Richtigkeit:

Vom Kopierwerk festgestellte Meter:	VERTEILER :	weiß	KOPIERWERK	Unterschrift des Kameramannes
		grün	SCHNEIDERAUM	
		gelb	PRODUKTIONSBÜRO	
			BUCHH/EDV/BUCHH	
		h'blau	KAMERAMANN	

Film-/Aufnahmebericht

KOPIERANSTALT „ _Luxatec_ " Drehtag-Datum 14./22.8.

Titel „Traumfrauen"	Drehort Atelier 14	Bild Nr.
Kameramann Wedekind	Redaktion Treumler	6 B/Cass. B
Kameraassistent Breudel	Regie Fruchtmann	
Tontechniker Schmidtmann	Nr. der verwendeten Kamera 4 SR/BK Avri	Ro 63
Lichtverhältnisse (Tag) Dämmerung Nacht	Emulsions-Nr. 015110	

Einstellung	Aufnahmen									Tonverfahren			Forc. Entw. um DIN			Gedrehte Meterzahl	
Nr.	1	2	3	4	5	6	7	8	9	Synchr.	Atmo	TIME CODE / Ton-Roll.-Nr.*	3	6	9	Typen	
										Zutreffendes bitte ankr.							
6 B/1	(29)	28	29	(14)	30					X						130	Cass 2
												21					Ro 64
14 A/7	30	(30)	31													91	Cass 2
												21					Ro 64
14 B/2	(12)	15	(15)	13												55	Cass 2
												22					Ro 64
28/1	(21)	(20)	(21)	22	21											97	Cass 8
												22					Ro 63
28 B/1	7	(3)	8													18	Cass 8
												22					63
6 A/1	(12)	(11)	12	12												47	Can 8
												22					Ro 63

* Film- und Tonrollen-Numerierungen müssen unbedingt genannt werden.
* Film-Aufnahmeberichte sind sofort nach Produktionsbeendigung abzugeben.
NE = NICHT ENTWICKELN
Eingekreiste Aufnahmen sind nicht zu kopieren!

Materialabrechnung für EDV

Nicht mehr zu verwendende Reste:
Übertrag von Blatt 2
Gesamtverbrauch 438

KA	Stamm-Honorar-Nr.:	Kostenstelle Prod.-Nr.:	FAB-Nr.	Gesamtverbrauch vom Typ:				Datum d. Abrechnung
				7291	729 3			
72	5507	662/106	3101		438			22.8.

Bemerkungen:

Für die Richtigkeit:

Ulli Breudel
Unterschrift des Kameramannes

Die Ton- (Synchron-)Klappe

Für die Arbeit im Filmschneideraum hat die Tonklappe, also jenes Täfelchen, das vor Beginn einer jeden Szene so effektvoll vor der Kameraoptik geschlagen wird, eine entscheidende Bedeutung.

Zu Stummfilmzeiten mußte man zur Kennzeichnung der Filmszene lediglich ein Schild vor die Kamera halten, auf dem das Filmprojekt und die entsprechende Einstellungsnummer verzeichnet waren. Wenn das Material dann entwickelt und kopiert auf dem Schneidetisch landete, hatte der Cutter keine Schwierigkeit, es zu identifizieren. Die Komplikationen begannen mit der Erfindung des Tonfilms, denn Ton und Bild werden bei der Aufnahme getrennt und mit unterschiedlichen Techniken aufgenommen. Irgendwann müssen Bild und Ton dann aber synchron zusammengeführt werden, und das bewerkstelligen der Cutter und sein Assistent im Schneideraum. Diese Tätigkeit nennt man das Tonanlegen. Es gibt inzwischen elektronische Möglichkeiten für diesen Arbeitsgang, das manuelle Verfahren ist aber immer noch das gebräuchlichste beim Spielfilm.

Bei der Aufnahme hält ein Mitarbeiter die Klappe vor die Kamera. Die Klappe wird vor der Produktion so vorbereitet, daß der Name des Films sowie die Namen von Kameramann und Tonmann ersichtlich sind. In das freie Feld der Tafel schreibt man mit Kreide gut lesbar die Bildnummer, hinter einen Schrägstrich die Einstellungsnummer und dann die Klappennummer. Bild- und Einstellungsnummern entsprechen der Numerierung im Drehbuch, die Klappennummer bezeichnet die Wiederholungen ein und derselben Einstellung.

Dreht man an einer mehrteiligen Produktion, einer Serie zum Beispiel, schreibt man auf die Klappe nacheinander: 1.die Nummer der Folge, kombiniert mit der Nummer des Bildes, 2. die Nummer der Einstellung und 3. die Nummer der ‚Klappe‘, also der Fassung.

Zusätzliche Informationen auf der Klappe sind Buchstaben. Die Einstellungsnummer 23 A bedeutet zum Beispiel, daß der Regisseur aus der geplanten Einstellung 23 zwei, durch einen Schnitt getrennte Einstellungen gemacht hat. Will die Regie eine Einstellung durch einen Zwischenschnitt – etwa durch eine Detailaufnahme – ergänzen, erhält der Zwischenschnitt auf der Klappe die Bezeichnung ‚23 p.u.‘, das heißt: ‚pick up zu Einstellung 23‘. Der Buchstabe ‚Z‘ besagt ‚Zusatz-Einstellung‘, der Buchstabe ‚W‘ steht für ‚Wiederholung‘. Unter einer Wiederholung ist immer das *Neudrehen* einer eigentlich schon abgedrehten (abgemeldeten) Einstellungsnummer zu verstehen, nicht etwa die Klappennummer, die nur die jeweilige Fassung einer Szene bezeichnet. Einstellungen, die ohne Ton gedreht werden, erhalten den Zusatz ‚st' für ‚stumm' auf der Klappe.

Klappeschlagen

Das Klappeschlagen besorgt meistens ein Bühnenhandwerker, eine Zeitlang fiel es auch in die Zuständigkeit der Tontechnik. Anfänger am Drehort empfinden es aber gelegentlich als große Ehre, die Klappe schlagen zu dürfen. Sie sollten das auch machen, wenn alle anderen zu tun haben. Der Aufnahmeleiter ist nicht zum Klappeschlagen da, aber auch ihm kann es blühen, daß einmal keine andere Hand frei ist. Peinlich ist es nur, wenn er es dann verkehrt macht.

Über den Klappeninhalt stimmt er sich vor jeder Einstellung mit dem Script/Continuity ab. Daß die Klappe säuberlich abgewischt und anschließend gut lesbar beschriftet wird, versteht sich von selbst.

Wenn der Kameramann signalisiert, daß er zum Drehen fertig ist, hält man die Klappe vor die Kamera. Durch Blickkontakt zum Kameramann überzeugt man sich, daß die Klappe für ihn gut sichtbar im Bild ist. Wichtig ist auch, daß die Klappe Licht hat, weil der Schneideraum sonst später nichts erkennt.

Ein zweiter Punkt ist, daß der Tonmann sein Mikro in die Nähe hält, damit er die Ansage deutlich mitbekommt. Der Regisseur gibt dann für die Aufnahme das Kommando:

Er sagt: „Ton ab."
Der Ton: „Ton läuft."
Der Kameramann: „Kamera läuft."
Der Klappenschläger (ohne weiteres Kommando): „Dreiundzwanzig, die Dritte!"

Dann schlägt er die untere, bewegliche Klappenleiste nach oben gegen die Leiste, auf der die Tafel befestigt ist und hält die Klappe noch für eine Sekunde so vor das Objektiv. Dann gibt er schleunigst das Bild frei.

Bei einer ‚stummen' Einstellung muß man die Klappe nicht schlagen, das Täfelchen mit der Einstellungsnummer und dem Zusatz ‚st' wird nur einmal kurz vor die Kamera gehalten und aufgenommen.

Tonanlegen

Zur Weiterbearbeitung laufen Bild und Ton dann erst einmal getrennte Wege. Das Bild kommt ins Kopierwerk zum Entwickeln und Kopieren, das Tonband, in der Fachsprache ‚Schmalband', im Jargon ‚Senkel' genannt, wird auf ein perforiertes Ton-Magnetband umgespielt. Die Quarz-Synchrontechnik bei den Laufwerken von Kamera und Tonausrüstung gewährleistet den zeitlichen Gleichlauf aller eingesetzten Geräte.

Im Schneideraum legen der Cutter oder sein Assistent die Filmkopie ein, suchen die Klappe und fahren dann das Bild genau auf den Punkt, an dem sich die Leisten der geschlagenen Klappe berühren. Das Filmfeld, auf dem das Zusammentreffen der Klappe sichtbar wird, nennt man den Synchronpunkt. Den markiert man mit einem Fettstift.

Das Perfo-Tonband (die Perforation entspricht der auf dem Filmmaterial) wird ebenso am Schneidetisch eingelegt. Mit Hilfe des Tonkopfes sucht man auch hier den Synchronpunkt. Da man auf dem Tonmaterial optisch nichts erkennen kann, achtet der Cutter auf die Klappenansage und das „Klack" der geschlagenen Klappe. Dieses Klack ist der Synchronpunkt. Er wird ebenfalls mit Fettstift markiert. Außerdem kennzeichnet der Cutterassistent das Perfoband mit der Klappennummer.

Inhaltliche Hinweise auf die gedrehte Szene erhält der Cutter aus den Cutterberichten des Script/Continuity.

Hat man nun Bild- und Tonstreifen auf diese Weise synchron bekommen, gewährleistet die Perforation, daß Bild und Ton am Schneidetisch nicht mehr auseinanderlaufen.

Muster und Mustervorführung

Normalerweise erfolgt das Tonanlegen für die Einstellungen, die am Tag zuvor gedreht worden sind. Der Schneideraum beginnt sein Tagewerk daher meistens gegen Mittag, denn die Bildkopie und das umgespielte Tonmaterial müssen ja erst fertiggestellt worden sein.

Nach Drehschluß will der Regisseur die angelegten Einstellungen vom Vortage in der Regel sehen. Aus diesem Grund wird von der Produktion nach dem Drehen die sogenannte Mustervorführung anberaumt und in der jeweiligen Disposition ausgedruckt.

Für die Mustervorführung gibt es besondere Vorlieben seitens der Regisseure. Einige beschränken sich auf eine tägliche Vorführung am Schneidetisch, andere wollen die Muster im Vorführraum über einen Projektor oder am Bildschirm sehen. Beim Spielfilm ist die Mustervorführung auf der Leinwand noch immer die optimale Methode. Beim Fernsehen ergibt sich einmal die Schwierigkeit, daß 16-mm-Zweibandprojektoren immer seltener werden und zum anderen, daß man auf der Leinwand einen anderen Eindruck hat als auf dem Bildschirm.

Will man die Muster auf einem Bildschirm beurteilen, benötigt man den Filmabtaster, oder man geht den Weg, die angelegten Muster vor der Vorführung auf einen Magnetträger umzuspielen, um sie dann über einen Videorecorder anzuschauen. Dieses Verfahren erlaubt natürlich auch eine relative zeitliche Unabhängigkeit in bezug auf den Vorführtermin. Bekanntlich hat ein Team nicht immer pünktlich Drehschluß, und Termine am Filmabtaster bekommt man nicht zu jeder Zeit.

Wer nimmt an der Mustervorführung teil?

Natürlich erst einmal der Regisseur, sein Assistent, der Cutter und der Cutterassistent. Außerdem sind Kameramann, Continuity sowie Produktions- und Aufnahmeleiter vonnöten. Dieses wäre gewissermaßen die ‚kleine Besetzung', etwa bei Vorführungen im Schneideraum.

Bei der ‚großen Besetzung' nehmen neben dem genannten Kreis alle anderen interessierten Stabmitglieder teil. Es ist bei einigen Produktionen üblich, darauf hinzuweisen, daß die freiwillige Teilnahme an den Vorführungen nicht als bezahlte Arbeitszeit gilt.

Aber Achtung! *Schauspieler* nehmen an Mustervorführungen *grundsätzlich nicht* teil, – es sei denn, der Regisseur hätte dies *ausdrücklich gestattet.*

Im Verlauf der Mustervorführung soll der Regisseur sich zusammen mit dem Cutter entscheiden, welche der gedrehten Versionen, also welche Klappen im Film verwendet werden sollen. Leider ist die Entscheidungsfreude von Regisseuren nicht immer so, wie sich Produktion und Cutter das wünschen, aber weiß der Schneideraum nach der Mustervorführung ausreichend Bescheid, um die ausgesuchten Szenen nach der Drehbuch-Chronologie aneinander zu hängen und möglicherweise so mit dem Rohschnitt zu beginnen .

Die Anwesenheit des Aufnahmeleiters bei der Mustervorführung gilt nicht nur der Feststellung des endgültigen Arbeitsschlusses und möglichen Personen-Transportproblemen nach Feierabend. Der Aufnahmeleiter muß auch gewärtig sein, daß sich nach Ansicht der Muster noch Änderungen im Hinblick auf die kommenden Drehtage ergeben, kurzfristig entschiedene Wiederholungen zum Beispiel oder andere beglückende Neuerungen. Zugegeben, das sind die Ausnahmefälle, aber sie kommen vor. Sofern derartige Änderungen die – bereits an den Stab verteilte – Disposition entscheidend beeinflussen, kann es passieren, daß der Aufnahmeleiter durch telefonische oder telegrafische Rundsprüche an Schauspieler und Team seine Disposition auf einen neuen Stand bringen muß.

Der Filmschnitt

Bis zum letzten Drehtag werden die vom Regisseur ausgewählten Einstellungen vom Cutter aneinandergefügt. Die Klappen vor den Szenen fallen dabei weg. Zum Ende der gesamten Drehzeit liegen alle Einstellungen im Schneideraum vor. Regisseure arbeiten in der Periode des Drehens sehr unterschiedlich. Einige sitzen täglich noch nach Drehschluß beim Cutter und bereden den Rohschnitt. Das bringt den Cutter natürlich in seiner Arbeit gut voran. Andere Regisseure beginnen mit dem Schnitt überhaupt erst nach dem letzten Drehtag.

Man unterscheidet *Rohschnitt* und *Feinschnitt*, was im Prinzip bedeutet, daß die aneinandergefügten Einstellungen, so wie sie im Drehbuch stehen, die erste vorläufige Fassung des Films darstellen. (‚Roh-‘, heißt bei der Filmherstellung nicht ‚grob‘ oder ‚unsauber‘, sondern vielmehr, daß es sich um eine nicht-endgültige Form handelt.) Der Feinschnitt folgt naturgemäß dem Rohschnitt. Die Übergänge von der einen Arbeitsphase zur anderen sind fast immer fließend. Der Feinschnitt ist die eigentliche kreative Phase für den Cutter.

Zu Recht bezeichnet der Schnittmeister seine Arbeit als eine weitgehend eigenständige Kunst. Auch wenn er sich den dramaturgischen Vorstellungen von Regisseur und Drehbuchautor zu unterwerfen hat, wirkt er durch seine Sensibilität, die Kenntnis optischer und physiologischer Gesetzmäßigkeiten

und die auf die Filmlänge ausgerichtete Ablaufdramaturgie stark gestalterisch am Produkt mit.
Aus diesem Grund ist der Filmschnitt immer der *Produktionsphase,* also der *kreativen Entstehungsphase* einer Produktion zuzuordnen und *nicht,* wie häufig angenommen, der Endfertigung.

Nach Fertigstellung der vom Regisseur gewünschten Schnittfassung gibt es vor den Programmverantwortlichen, also dem Redakteur, dem Producer, dem Programmdirektor usw. eine sehr wichtige Abnahme, die *Schnittabnahme.*
Hier läßt sich erstmalig ermessen, ob das Produkt den qualitativen Vorstellungen der Verantwortlichen entsprechen wird. Aber auch Änderungswünsche gegenüber Regisseur und Cutter lassen sich noch umsetzen, ohne daß dies den Produktionsprozeß wesentlich verteuert.

Häufiger als man annehmen sollte, gibt es zwischen Regisseur und seinen Auftraggebern unterschiedliche Auffassungen von der endgültigen Form eines Films. Wegen der Möglichkeiten, Änderungen zu fordern und auch durchzusetzen, sprechen die Verantwortlichen auch häufig von einer *„Rohschnittabnahme",* wenn sie die Regisseurs-Fassung begutachten.
(Im deutschsprachigen Raum hat der Regisseur zumeist eine ausreichend große Autorität, um sich weitgehend zu behaupten. In Amerika ist man da sehr viel rigoroser. Nicht selten nimmt sich der Produzent dort das Recht heraus, eine Regisseurs-Fassung *„Director's Cut"* völlig umzuschneiden.)

Ist die Schnittabnahme *erfolgt,* beginnt die Arbeitsphase der *Film-Endfertigung.* Dieser widmen wir uns im nächsten Kapitel.

10. Die Endfertigungsphase

Die Endfertigung allgemein

Unter diesem Begriff versteht man den Teil bei der Filmherstellung, der auf die Schnittabnahme folgt, und zwar sowohl am Bild als auch am Ton. Die Endfertigung ist eine vorwiegend *technische* Bearbeitungsphase, die künstlerisch-gestalterischen Arbeiten sind im wesentlichen abgeschlossen. Beginnen wir beim Ton.

Die Ton-Endfertigung

Bis zur Schnittabnahme bearbeitet der Cutter im Schneideraum vorwiegend die Originaltöne, also die Töne, die man bei der Aufnahme mitgeschnitten hat, und die anschließend auf Perfoband umgespielt und an das Bild angelegt wurden. Diese Originaltöne befinden sich auf zwei Tonrollen, die so eingerichtet sind, daß der Toningenieur später bei der Mischung weiche Tonübergänge herstellen kann.

Jetzt folgt die Erstellung der Ton-Mischbänder. Denn zu den Originaltönen kommen eine ganze Reihe von Geräuschen, Musiken und Ton-Effekten, und je nach Schwierigkeitsgrad hat der Schneideraum mehr oder weniger zusätzliche Tonrollen anzufertigen. Alle Tonrollen müssen die selbe Länge, nämlich die des geschnittenen Films aufweisen, weil nur so die Synchronität eines jeden Bandes gegeben ist. Da diese Bänder aber keineswegs durchgehend mit Tönen versehen sind, füllt der Cutter die Zeitlücken mit stummen, sogenannten statischen Perfomaterialstreifen auf.

Nachsynchronisieren

Nachsynchronisierte Teile werden ähnlich wie zusätzliche Geräusche angelegt und auf Mischbänder verteilt. Branchenfremde meinen, das Nachsynchronisieren sei in erster Linie ein Problem von fremdsprachigen Produktionen. Aber auch Dialoge in der eigenen Sprache müssen häufig nachsynchronisiert werden. So kann es durchaus sein, daß z.B. die Qualität des Originaltons mangelhaft ist.

In anderen Fällen hat man bereits vor dem Drehen festgelegt, daß ein Dialog nachsynchronisiert werden muß, etwa bei Außenaufnahmen in Produktionen mit historischem Hintergrund.

Denn auch wenn die geschichtliche Dekoration stimmt, sind Zivilisationsgeräusche wie Straßenverkehr, Flugzeuge usw. nicht auszuschalten. Die Szenen werden in solchen Situationen von den Schauspielern mit Text durchgespielt, der Ton wird auch für die Mustervorführung wie üblich angelegt, aber zu einem späteren Zeitpunkt wird die Tonaufnahme noch einmal ‚sauber‘ im Synchronstudio wiederholt und dann am Schneidetisch ausgetauscht. Den provisorisch aufgenommenen Ton nennt man den Primärton. Sofern man bereits bei den Dreharbeiten weiß, daß mit provisorischem Ton gedreht werden soll, kommt ein Vermerk ‚Primärton‘ oder ‚pr‘ auch auf die Synchronklappe.

Während die Ton-Mischbänder am Schneidetisch bearbeitet werden, hat der Cutter bereits Hilfe durch den Toningenieur oder einen Tontechniker. Dieser sucht in Absprache mit dem Regisseur die noch fehlenden Töne aus vorhandenem Material oder aus dem Archiv heraus und spielt sie für den Cutter auf Perfomaterial um.

Die Ton-Mischung

Wenn der Cutter neben den Originaltönen schließlich auch alle übrigen Filmtöne auf verschiedenen Rollen fertiggestellt hat, versieht er sie mit einem Startkreuz, um ein synchrones Abspielen eines jeden Bandes für später sicherzustellen.

Zusammen mit dem Toningenieur wird dann der Mischplan geschrieben. Das ist ein Plan, dem der Toningenieur entnehmen kann, zu welcher Minute und zu welcher Sekunde sich welcher Ton auf welcher Rolle befindet. Danach kann der Film gemischt werden. Das passiert in einem Tonstudio.

Die Technik in einem Mischstudio besteht, grob ausgedrückt, aus einem miteinander verkoppelten System von Tonaufnahme und Abspielmaschinen, einer Bildvorführeinrichtung und dem Tonmischpult. Früher lief bei den Mischungen das Bild, also der Film, grundsätzlich über einen Projektor, der mit den Tonmaschinen, sogenannten Perfoband- oder Cordläufern, verbunden war. Heute sind auch Filmabtastvorrichtungen (Scanner) und Video-Magnetträger gebräuchlich. Entscheidend ist immer eine einwandfreie Synchronität mit den Tonabspielmaschinen.

Jeder Cordläufer kann am Mischpult über Regler getrennt von den anderen eingeblendet, ausgeblendet und in Lautstärke wie Klangspektrum verändert werden. Als Endresultat entsteht die Hauptmischung auf einem aufnehmenden Cordläufer oder der Tonspur eines Mehrspur-Tonrecorders. Auf der Hauptmischung finden sich alle gewünschten Dialoge, Originaltöne und Geräusche in einer technisch wie dramaturgisch aufeinander abgestimmten, endgültigen Form.

Fast immer mischt man Geräusche, Musiken und Effekte getrennt von den Dialog- oder Sprecherbändern. Auf diese Weise entsteht eine Tonfassung, die als Grundlage für fremdsprachige Versionen genutzt werden kann. Eine solche Vormischung heißt *IT-Fassung*, englisch *M&E-MIX*.

Die Haupt- oder Endmischung entsteht also durch die letztendliche Mischung von IT-Fassung und Sprache.

Eine Endmischung wird am Schneidetisch mit der Sendekopie noch einmal auf Synchronität geprüft. Danach gibt es ein Protokoll, und der Film ist in seiner endgültigen Form vorführfertig.

Die Bild-Endfertigung im Filmkopierwerk

Das Kopierwerk hat, wie schon beschrieben, während der Drehperiode das Negativ entwickelt und anschließend nach Maßgabe der Negativberichte Musterkopien angefertigt (man nennt die Musterkopien englisch auch *Rush-Prints* oder *Daylies* oder einfach *Rushes*) Gelegentlich wird auch von *Einlichtkopien* gesprochen, wenn man Musterkopien meint.

Aus den Musterkopien wurde im Schneideraum der schon erwähnte Feinschnitt, und die geschnittene Kopie heißt jetzt Schnittkopie. Für die Vertonung des Films stellt man, um die Schnittkopie zu schonen, eine weitere Arbeitskopie her. Das ist ebenfalls ein Positiv, und zwar eines, das von der Bildqualität her lediglich zu Bearbeitungszwecken taugt. Man muß sich vorstellen, daß schon die Schnittkopie durch die Behandlung am Schneidetisch beansprucht wurde und dementsprechend gelitten hat. Diese Arbeitskopie nennt man Klatschkopie.

Anhand der Schnittkopie stellt der Cutterassistent die Schnittliste auf. Das bewerkstelligt er, indem er die Schnittkopie durch die Finger rollen läßt und sich bei jeder Schnitt- beziehungsweise Klebestelle die nächste Randnummer notiert. Die Randnummer ist eine mehrstellige Zahl, die sich auf dem äußeren Rand des Filmmaterials jenseits der Filmperforation befindet. Der Hersteller des Rohmaterials hat die Randnummer bei der Fabrikation des Negativs dem Material bereits aufbelichtet. Bei jedem Kopiervorgang kopiert sich die Randnummer aufs neue mit. Damit ist jedes Einzelbild im Negativ und in allen weiteren Kopien ohne große Mühe auffindbar.

Schnittkopie und Schnittliste kommen dann in die Negativabteilung des Kopierwerks. Dort wird das hier verwahrte, nach Randnummern vorsortierte Negativ nachgeschnitten, und zwar nach Vorlage der Schnittkopie. Diesen Arbeitsgang nennt man den Negativschnitt oder Negativ-Abziehen.

Sind in der Schnittkopie Blenden vorgesehen, hat der Schneideraum bestimmte Einzeichnungen in der Schnittkopie vorgenommen. Die Einzeichnungen beziehen sich auf die Zahl der Bilder (der Cutter sagt Felder), um die eine zu überblendende Szene mit der nächsten Szene überlappen soll. Die Negativabteilung muß in einem solchen Fall zwei Rollen gleicher Spiellänge herstellen, die sogenannten A- und B- Bänder. Diese Rollen beinhalten jeweils abwechselnd die Filmszenen einschließlich der für die Blenden nötigen Überlappungen. Dazwischen klebt man Blankfilm, der gewährleistet, daß beide Rollen längengleich ablaufen können. (Der Blankfilm erfüllt beim Bild gewissermaßen die gleiche Funktion wie das statische Perfoband beim Ton.) Die Blenden entstehen jeweils in der Kopiermaschine. Das vollzieht sich technisch gesehen durch einen in der Kopieranlage vorprogrammierten Lichtwechsel von einer Negativrolle zur anderen.

Vom abgezogenen Negativ läßt sich nunmehr eine einwandfrei saubere Kopie anfertigen. Die so entstandene Fassung kann wiederum noch weitere Korrekturprozesse durchlaufen, indem der Lichtbestimmer Szene für Szene hinsichtlich der Helligkeit und des Farbtons verändert. Freilich, er korrigiert nicht die vorliegende Kopie, er programmiert vielmehr das Kopierlicht in der Kopieranlage für eine weitere Fassung. Damit beeinflußt er sowohl die Farbe als auch die Helligkeit. Die endgültige Programmierung ist maßgeblich für die letzte, die Korrekturkopie.

Die allererste vom Negativ gezogene Kopie nennt man die Nullkopie, die folgenden Korrekturen (häufig reichen eine erste oder zweite Korrektur nicht aus) führen zur sogenannten 01-Kopie, 02-Kopie usw. Und weil wir vom Fernsehen sprechen: Die Korrekturkopie heißt hier auch die Sendekopie.

Die elektronische Bildbearbeitung

Der beschriebene Weg zur Korrektur- bzw. Sendekopie stellt das konventionelle, bis Ende der 70er Jahre übliche Verfahren dar. Aber infolge der raschen Entwicklung elektronischer Möglichkeiten auf dem Video- und Audiosektor gibt es laufend Verbesserungen und Veränderungen. So ist man in den meisten Fernsehanstalten dazu übergegangen, die Licht- und Farbkorrektur gar nicht mehr durch einen Lichtbestimmer im Kopierwerk vornehmen zu lassen, sondern durch einen für diese Aufgabe geschulten Bildingenieur oder Filmlichtbestimmer, den sogenannten Colour Matcher, im MAZ-Bearbeitungsraum. Der Film wird am Schneidetisch in der geschilderten Weise geschnitten, auch das Negativ wird im Kopierwerk abgezogen, dann aber spielt man das nachgeschnittene Negativ auf einen Magnetträger um, zumeist auf den analogen Betacam SP-Standard oder digitale Standards etwa Digi-Beta bzw. D5 . Im Rahmen dieser Umspielung erfolgt Schritt für Schritt die elektronische Farbkorrektur durch den Colour Matcher. So wird Szene für Szene nach den Vorstellungen des Kameramanns hinsichtlich ihrer Helligkeit (Luminanz) und ihrer Farbgebung (Chrominanz) verändert.

Die technischen Variationsmöglichkeiten der Elektronik sind reichhaltig, besonders wenn das Ausgangsmaterial ein Filmnegativ ist, sie stellen alle lichttechnischen Korrekturverfahren, die ein Kopierwerk bietet, in den Schatten. Während des gleichen Arbeitsganges lassen sich Blenden, Tricks und Titel anfertigen, so daß ein optimales Endprodukt entsteht, mit einem Unterschied zur Filmkopie: Die Sendefassung, die man herstellt, ist ein *Magnetband*, keine Projektionskopie.

Im Zusammenhang mit der Tonmischung läßt sich ebenfalls auf einen Arbeitsgang verzichten, nämlich auf die Herstellung der bereits erwähnten ‚Klatschkopie'. Anstelle dieses Bildträgers kann man ein mit einem Zeit-Code versehenes Magnetband einsetzen, nachdem man die Schnittkopie auf den Magnetträger umgespielt hat.

Der Zeit-Code (Time Code, TC)

Der Zeit-Code (oder Time Code) ist ein digital verschlüsseltes Signal, das auf der Arbeitsspur eines jeden Magnetträgers aufgebracht werden kann. Er dient der bildgenauen Bestimmung und Wiederauffindung von Bandstellen auf allen Video- und Tonbändern und ist heutzutage aus dem Bearbeitungsprozeß von elektronischen Produktionen nicht mehr wegzudenken. Bei unserem Farbfernsehsystem werden Stunden, Minuten, Sekunden und ‚Frames' (Vollbilder) erfaßt, und bei jeder Bearbeitung läßt sich ein Zeit-Code, sofern das erforderlich ist, im Bild numerisch sichtbar machen. Bei der Tonmischung bietet der Zeit-Code deshalb die nötige Referenz zum Mischplan der Cutterin, er gestattet aber auch das Hin- und Herfahren des Bildteils, also des Videobandes, nach vorheriger Dateneingabe durch den Toningenieur.

Die Bildbearbeitung elektronischer Produktionen ist technisch so weit fortgeschritten, daß immer mehr Versuche unternommen werden, auch die Film-Endfertigung soweit wie möglich nach dem Muster elektronischer Bearbeitungsprozesse vorzunehmen. Das geht so weit, daß die Arbeiten im Filmschneideraum in Zukunft genauso wie Videoproduktionen per ‚Editing', also am Video-Bearbeitungsplatz, stattfinden. Dort heißt der Schnittmeister in der Regel nicht mehr Cutter sondern Editor und ist entweder ein Videotechniker, der gleichzeitig über die Erfahrung und die Befähigung eines Cutters verfügen muß oder ein Cutter mit reziproken Fähigkeiten.

Die traditionellen Cutter sehen diese Veränderungen ihres Berufsstandes mit blutendem Herzen, aber sie werden eine entsprechende Entwicklung kaum aufhalten können. Sind die Cutter jung und unternehmungslustig genug, werden sie jede Chance wahrnehmen, sich umschulen zu lassen. Die natürliche Begabung zum Cutter muß auch ein Editor aufweisen, und die Bedienung von Schnittplätzen muß kein Buch mit sieben Siegeln bleiben. Die Regeln der Schnittdramaturgie ändern sich durch das Verfahren nicht, aber die Technik ist eine andere.

Die Endbearbeitung elektronischer Produktionen

Videoproduktionen werden an sogenannten *Schnittplätzen* editiert. Das sind technische Einrichtungen, an denen ausgesuchte Sequenzen des Ausgangsmaterials von einer abspielenden Kassette auf eine aufnehmende Kassette umgespielt werden. Man nennt das Verfahren auch die *lineare Tape to Tape - Technik*. Bildgenau fügt der Editor Bilder und Szenen nach den Vorstellungen des Regisseurs aneinander. Über den aufnehmenden Teil des Schnittplatzes entsteht auf diese Weise eine neue Zusammensetzung der Szenen, das fertige Produkt. Da dieses Produkt Folge eines elektronischen Kopiervorgangs ist, spricht man nach jedem Arbeitsgang von einer neuen ‚Generation' des Bildes. Lange Zeit galt das als qualitativ bedenklich, denn je häufiger man eine Bearbeitung am Schnittplatz wiederholte, desto mehr neue Generationen entstanden, und die technische Qualität der Bild- und Tonsignale nahm von Generation zu Generation ab. Seitdem es Schnittplätze mit Digitaltechnik gibt, hat sich dieses Problem jedoch erledigt.

Aufwendigere Schnittmöglichkeiten für MAZ-Produktionen stellen die MAZ-Post-Production-Einrichtungen dar. Hier stehen diverse Bildquellen von MAZ-Maschinen verschiedener Formate zuspielend und aufnehmend zur Verfügung, ebenso Mischpult, Trickmischer, Schriftgeneratoren, Paint Boxes sowie Farbkorrektureinrichtungen. Bei der *MAZ-Bearbeitung* oder Video-Postproduction wird jedoch nicht nur geschnitten, hier ist es vielmehr möglich, die gesamte Endfertigung bis zur bildlichen und tonlichen Endfassung fertigzustellen.

Will man sich vorerst mit der Herstellung einer reinen Schnittfassung beschäftigen, arbeitet man an einem Schnittplatz.

Digitale Off Line-Schnittplätze mit Festplattenspeicher

Die modernsten elektronischen Schnittplätze sind zur Zeit die digitalen *Off Line Media-Composers*. Unter einer *Off Line-Bearbeitung* versteht man die Festlegung von Schnittdaten anhand von Bild- und Tonmaterial, das man vorher auf einen *Zwischenspeicher* umgespielt hat. Die Bearbeitungseinheit arbeitet räumlich und zeitlich von anderen Bearbeitungssystemen abgesetzt. Als Resultat weist der Schnittplatz die Zeit-Code-Daten für eine Weiterbearbeitung der Original-Magnetbänder auf einer Diskette aus. Die endgültige Bearbeitung folgt dann anschließend, und zwar ,on line' mit den Originalbändern über verkoppelte MAZ-Maschinen. Die off line ermittelten TC-Daten müssen hierzu in das MAZ-Schnittsteuersystem eingegeben werden.

Eine Vorreiterrolle in technischer Hinsicht spielen die *Media Composers* der Firmen *AVID* und *Lightworks*. Sie stellen ein schon fast komplettes System für Video-Endfertigungsprozesse dar.

Sofern es sich beim Ausgangsmaterial um eine elektronische Produktion handelt, wird der Primärträger, also das ungeschnittene Originalband aus der Kamera, auf eine Festplatte im AVID Composer eingespielt und abgespeichert. Dieser Arbeitsgang heißt umgangssprachlich *laden* oder ,*eindigitalisieren*'. Bei der Umspielung müssen allerdings alle Szenen ihrem Inhalt oder ihrer Klappennummer nach so gekennzeichnet werden, daß der Editor sie gezielt wieder von der Festplatte abrufen kann. Für das Wiederauffinden der Szene bedient sich das Gerät dann des Zeit-Codes, den es vom Originalband übernommen hat.

Alle Szenen auf der Festplatte haben für den Editor die gleiche Bedeutung wie die Musterkopie für den Cutter im Filmschneideraum. Szene für Szene kann sich der Editor aus dem Festplattenspeicher abrufen und in der vom Regisseur gewünschten Reihenfolge aneinanderfügen. Dabei hat er bereits die Möglichkeit, Blenden zu zeigen. Jede Schnittstelle kann sich ein Media-Composer anhand des Zeit-Codes ‚merken'. Ist eine Sequenz geschnitten und der Schnitt mißfällt, muß der Editor nur die Zeit Code Daten verändern. Die Elektronik versetzt die Schnittpunkte und verändert Szenenlänge und Reihenfolge beliebig. Tatsächlich schneidet der Media-Composer ja nicht, er kopiert auch keine Bilder, er simuliert Schnitte, in dem er die ausgewählten Bildsequenzen unvorstellbar schnell vom Datenspeicher abruft und in der gewünschten Reihenfolge anordnet. Die Sache hat gegenwärtig allerdings noch Nachteile. Bei umfangreichen Produktionen reichen die Speicherkapazitäten an *Giga Bytes* beim Media-Composer nicht aus, um alle Daten unterzubringen. Die Technik behilft sich da mit einem kleinen Kunstgriff, dem der *Datenreduktion (AVR)*. Als Folge muß der Cutter in der Schnittphase auf ein qualitativ hochwertiges Bild verzichten. Bei großer Datenmenge – das ist noch die Regel – taugt der Media-Composer deshalb hervorragend zur Bild*bearbeitung* aber *nicht zum Senden*. Die Originaltöne lassen sich hingegen in optimaler Qualität eindigitalisieren, zusätzliche Geräusche und Athmos ebenso. Durch Rangieren der nachträglich eingespielten Tonspuren auf der Festplatte lassen sich die Töne auch präzise ans Bild ‚anlegen'.

Um die Speicherkapazität der Festplatte zu entlasten kann man nach erfolgter Schnittabnahme alle Bildteile, die in der endgültigen Schnittfassung keine Verwendung gefunden haben, vom Datenspeicher *löschen*. Das heißt, der Speicherinhalt wird *konsolidiert*. So schafft man zusätzliche Kapazitäten für die Tonbearbeitung.

Nach Fertigstellung des Bildschnitts und der Tonspuren im Media Composer läßt sich die Tonmischung direkt vom Datenträger (zumeist eine Festplatte mit jeweils 9 Giga Bytes) herstellen. Man kennt eigens für Media Composer entwickelte digitale Tonbearbeitungssysteme. So bietet die Firma AVID zum

Beispiel ihr Vertonungssystem ‚Audiovision' an, mit dem Vormischungen, Sprecheraufnahmen und Hauptmischungen hergestellt werden können. Die fertige Hauptmischung wird üblicherweise auf einer DAT-Kassette oder einem anderem digitalen Träger ‚zwischengelagert'. Nach der Ton-Hauptmischung endet die nichtlineare Bearbeitung. Als letztem Schritt kehrt man zur linearen, also der *On Line- Endbearbeitung* zurück. Es gilt, auch das *Bild* in Sendequalität herzustellen, welches nach dem Off Line Schnitt ja nur in Form von Time Code-Schnittdaten vorliegt.

Jetzt gelangen die ursprünglich aufgenommenen Original-Betacam-Bänder in ein MAZ Postproduktionssystem. Ein Schnittsteuergerät liest die Time Code Schnittdaten aus der Media Composer-Diskette, rangiert die Originalbänder Schnitt für Schnitt in die richtige Position und schneidet bildgenau Einstellung um Einstellung von den Originalbändern auf ein aufnehmendes MAZ-Band um. Der im Media Composer *off Line* vorgenommene Schnitt wird zum Schluß mit den Originalbändern *on Line* nachvollzogen. Das endgültige MAZ-Band, es ist meistens (aber nicht immer) im Betacam Format, bekommt die Tonmischung aufgespielt, und das Material ist theoretisch sendefertig.

Als weiterer Endbearbeitungsschritt gibt es gegebenenfalls noch eine *elektronische Farbkorrektur* und die *Betitelung*. Man kann diese Bearbeitung vor oder nach dem Aufspielen der Tonspur vornehmen (am besten danach), aber immer on line. Eine Farbkorrektur und die Betitelung läßt sich logischerweise niemals auf einem Zwischenträger vornehmen.

Digitaler Off Line-Schnitt bei der Filmbearbeitung

Es ist nur zu verständlich, daß das Off Line-Schnitt-Verfahren sehr schnell auch für die *Filmbearbeitung* interessant wurde. Hier gab es jedoch ein grundsätzliche physikalisches Hindernis. Der bereits beschriebene Time Code – für das ganze Verfahren unentbehrlich – läßt sich nur auf Magnetträger aufspielen, nicht aber auf Filmmaterial.

Die einfachste Lösung bestand deshalb erst einmal darin, das entwickelte Negativ auf einen mit Time Code versehenen Magnetträger als Positiv umzuspielen, dieses Band danach einzudigitalisieren und den Ton aufgrund konventionell geschlagener Klappen im Media Composer wie gewohnt anzulegen. Der Magnetton von Senkel oder DAT läßt sich ohne Umwege auf den Speicher bringen. So hatte man synchrone Szenen und konnte daraus, wie schon beschrieben, den Bild- und Tonschnitt machen. Auf einen anschließenden Negativschnitt mußte man allerdings danach verzichten, was bedeutet, daß es am Ende zwar ein sendefähiges MAZ-Band geben würde, niemals aber eine projektionsfähige Filmkopie.

Das ließ die Ingenieure nicht ruhen, und die Lösung war schließlich der *Film Code* (z. B. *ARRI-Film Code* oder *KODAK Key Code)*. Das war der Weg, um Magnetträger mit Negativfilm synchronisierbar zu machen.

Ein *Film Code* ist, ebenso wie der schon beschriebene *Time Code*, ein verschlüsseltes Zeitzählverfahren, das jedoch auf phototechnischem Wege hergestellt und auf das Filmmaterial aufgebracht werden muß.

Es gibt hierfür zwei Methoden.

Die erste: Der Tonrecorder am Drehort, mit einer entsprechende Zusatzfunktion versehen, generiert beim Drehen einen Time Code für das aufnehmende Tonband. Dieser Time Code kann mittels einer speziellen Vorrichtung (Firma ARRI) mit der Kamera synchron gemacht und dort wiederum in codierter Form dem Negativ aufbelichtet werden. Anders ausgedrückt: wenn die Kamera läuft, wird der Time Code des Tongerätes an einem Randstreifen des Filmmaterials gewissermaßen 'auffotografiert'. Das Resultat ist dann ein Film Code.

Die zweite Methode: Der Hersteller des Filmmaterials liefert sein Material bereits mit einem vorbereiten *Key Code* aus (Firma KODAK), der natürlich erst nach dem Entwickeln sichtbar wird. In diesem Falle müssen die elektronischen Time Code Daten und die Key Code Spur zu einem späteren Zeitpunkt miteinander synchronisiert werden (Die sogenannte SMPTE-Umwandlung).

Bei beiden Beispielen ist eine besondere Filmabtastvorrichtung in der Lage, den (phototechnischen) Key Code zu lesen und eine Verbindung zum (elektronischen) Time Code herzustellen. Beide Zeitzählspuren, obwohl physikalisch völlig unterschiedlicher Natur, lassen sich so in Übereinstimmung bringen. Sofern geplant und erforderlich, läßt sich somit zu gegebener Zeit ein Negativschnitt anfertigen.

Technisch gesehen ist also ein Filmschnitt, ebenso wie eine Weiterbearbeitung mit elektronischen Zwischenträgern ohne weiteres möglich. Ein wenig Verdruß bereitet immer noch die minimierte Bildqualität, welche die Off Line-Schnittplätze bieten, obwohl viele Cutter inzwischen versichern, sich daran gewöhnt zu haben. Aber es dürfte nur noch eine Frage kürzester Zeit sein, bis die Speicherkapazität dieser Schnittplätze ohne Einschränkungen für umfangreiche Vorhaben erweiterbar ist.

Es gibt noch heute Cutter und Cutterinnen von Rang, die die Arbeit an den elektronischen Schnittplätzen ablehnen, für sie – und damit für viele anspruchsvolle Kino-Produktionen – zählt nach wie vor die klassische Schneideraumarbeit mit Schere und Klebepresse, ein Verfahren, das wir unter keinen Umständen vernachlässigen sollten. Dennoch: Die Film-Postproduktion wird in vielen Dingen an der digitalen, elektronischen Nachbearbeitung nicht mehr vorbeikommen.

Ganz gleich ob Film- oder elektronische Produktion: Bei einer elektronischen Bearbeitung im Schneideraum muß gegenwärtig noch auf das Off Line-Verfahren zurückgegriffen werden. Die Kapazität der Bildspeicher gewährleistet bei Spielfilmen keine ausreichende Bildauflösung. Damit ist der *Bildschnitt* am Composer nur eine Zwischenstufe im Gesamtverfahren. Es gibt aber erfolgreiche Bemühungen, die Bildqualität auf den Festplatten so zu verbessern, daß ein fertig geschnittenes Programm zumindest in Sequenzen direkt vom Speicherplatz auf ein Band in Sendequalität ausgespielt werden kann. Schon hat man für Produktionen, die nicht so umfänglich sind wie Spielfilme, einen Qualitätsstandard (AVR 77) entwickelt, der sendefähig ist. Damit würde eine Nachbearbeitung der Primärträger in einem On Line-Nachschnitt entfallen.

Noch vor kurzem waren sich Cutter und MAZ-Techniker nicht einig, welcher Berufsgruppe beim elektronischen Schnitt der Vorzug zu geben wäre. Inzwischen rekrutieren sich fähige Cutter oder *Editoren* aus beiden Gruppen. Nur allzuschnell haben die meisten 'klassischen' Cutter die neuen Möglichkeiten erkannt und sich notwendiges technisches Grundwissen angeeignet. Der digitale Off Line-Schnitt ist auch bei Spielfilmproduktionen keine exotische Arbeitsvariante mehr. Es ist das Schnittverfahren, dem die Zukunft gehört.

11. Der Drehplan

Drehplan, der Terminplan als Diagramm

Unter einem Drehplan versteht man die Darstellung des Terminplans einer Filmproduktion, und zwar in Form eines Diagramms, bezogen auf den projektierten Zeitraum der *Dreh*arbeiten.

Von einem solchen Diagramm lassen sich aus einer waagerechten Leiste die Kalendertage bzw. Wochen ablesen, die in den Drehzeitraum fallen, aus der Senkrechten entnimmt man die für jeweils ein Tagespensum vorgesehenen Motive, Mitwirkende und zu drehenden Bucheinstellungen oder Bilder.

So einfach sich das auch anhört, die Kunst, einen guten Drehplan herzustellen, ist mitentscheidend für ein rationelles, also wirtschaftliches Produzieren. Mangelhaft durchdachte Drehpläne sowie die Unfähigkeit, bei unvorhergesehenen Situationen einen Drehplan umzustellen, wirken sich nachteilig und kostenträchtig für den Produzenten aus.

Vorlage Drehbuch

Ein professionell gemachtes Drehbuch ist in Bilder· (sehr selten noch in Einstellungen) aufgeteilt. Ein Bild ist eine zeitlich und räumlich *ununterbrochene* Szene oder Szenenfolge. Jeder *neue Schauplatz,* jede *neue Lichtstimmung,* jede *neue Tageszeit* sind im Drehbuch als jeweils *ein Bild* ausgewiesen.

Mit *jedem neuen Bild beginnt auch eine neue Seite* im Drehbuch. In der Kopfzeile eines jeden neuen Bildes finden sich grundsätzlich folgende Angaben:

1. Die *Bild-Nummer*
2. Das *Motiv*
3. Die *Lichtstimmung*
4. Die Bezeichnung für *Innen* oder *Außen, Atelier* oder *Freigelände*

Die *Bild-Nummer* bezeichnet die Bilder in der Reihenfolge, in der sie nach den Vorstellungen des Autors im fertigen Film aneinander zu fügen sind.

Das *Motiv* ist die Bezeichnung für die Örtlichkeit, die nach Maßgabe des Drehbuchs dargestellt werden soll.

Die *Lichtstimmung* gibt die vom Autor vorgesehene Tageszeit wieder. Man unterscheidet hinsichtlich der Bezeichnung ausschließlich zwischen *Tag,*

Nacht und *Dämmerung*. Alle anderen Bezeichnungen wie ‚später Abend‘, ‚früher Morgen‘ usw. sind für die Planung ohne Belang. Zu berücksichtigen ist hierbei nicht nur die tageszeitabhängige Lichtstimmung bei Außenaufnahmen, sondern auch die bei Innenmotiven. Innenszenen sind zwar im Prinzip nicht vom Tageslicht abhängig, sie erfordern aber eine andere Ausleuchtung, wenn es sich um eine Nachtstimmung handeln soll.

Weiter zu berücksichtigen sind simulierte Lichtstimmungen, solche also, die unabhängig von der tatsächlichen Tageszeit durch Beleuchtungseffekte, Filter oder optische Nachbearbeitung zu einem späteren Zeitpunkt künstlich hergestellt werden.

Innen/Außen. Grundsätzlich versteht man unter *Innen*-Aufnahmen immer die Arbeiten im *Atelier*. Bei Produktionen, die von vornherein nur für Originalmotive konzipiert sind, hat es sich eingebürgert, auch Originalmotive, die sich in geschlossenen Räumen befinden, als *Innen*-Motiv zu bezeichnen. Um bei Mischformen Klarheit zu behalten, bedient man sich ggf. noch der Bezeichnungen *Atelier*, *Innen Original* oder *Freigelände*.

Dreharbeiten im Auto usw. gelten grundsätzlich als *Außen*-Aufnahme. (Selbst routinierte Drehbuchschreiber machen hier gelegentlich noch Fehler). Maßgeblich für die Produktionsplanung ist die *Örtlichkeit*, die das Fahrzeug befährt. Das Auto zählt übrigens nicht als Motiv, sondern als Requisit.
Zur Herstellung eines Drehplans gibt es prinzipiell 3 Methoden. Alle drei funktionieren, und alle drei haben Befürworter und Gegner. Es scheint eine Frage der persönlichen Arbeitsweise oder der Gewohnheit zu sein, welchen Weg man bevorzugt. Argumente für und wider das eine oder andere Verfahren gibt es jedenfalls wie Sand am Meer. Der guten Ordnung halber schildere ich alle drei Wege, mache aber keinen Hehl daraus, daß ich den dritten mit Abstand bevorzuge.

1. Verfahren: Die Karteikartenmethode

Der Aufnahmeleiter besorgt sich 2 Drehbücher und nimmt eines auseinander, um die Seiten wie folgt neu zu sortieren:

1. Schritt:

Trennung der Bilder nach *Innen Original, Außen Original, Atelier* und *Freigelände*.

2. Schritt:

Identische Motive/Dekorationen werden zu kleinen Stapeln zusammengelegt.

3. Schritt:

Identische Motive bzw. Dekorationen werden nach ‚Stimmungen' sortiert (also *T* bzw. *N* bzw. *D*).

4. Schritt:

Die so vorsortierten Motive bzw. Dekorationen werden in angenommene *Tagespensen* eingeteilt und mit einen Clip zusammengeheftet.

5. Schritt:

Die Tagespensen erhalten ein neutrales *Deckblatt*.

6. Schritt:

Das Deckblatt wird mit folgenden Angaben versehen:

6.1 Bild-Nummer(n), Motiv/Dekoration, Stimmung

6.2 Mitwirkende (Rollen)

6.3 mutmaßliche (oder abgesprochene) Zahl der Komparsen

6.4 Groß-Requisiten (Autos, Boote, Pferde usw.)

6.5 Spezial-Effekte (Pyrotechnik, Feuerwaffen, Regen usw.)

Bei diesem Deckblatt handelt es sich um eine rein interne Arbeitsunterlage, daher ist die Anordnung der genannten Daten Angelegenheit des Aufnahmeleiters. Es empfiehlt sich aber, für ein solches Blatt eine Art Schablone anzufertigen, in die die Angaben übersichtlich eingetragen werden können. Besonders praktisch ist es, wenn diese Schablone alle Rollen, die der Film aufweist, einschließlich ihrer Kenn-Nummern bereits enthält, so daß die für das Tagespensum vorgesehenen Schauspieler nur noch markiert werden müssen. Ein Muster-Vorschlag eines solchen Deckblattes findet sich in der Anlage (S. 116–118).

7. Schritt:

Die Daten aus den Deckblättern werden auf kleine Karteikärtchen übertragen, und zwar pro Drehtag ein Kärtchen.

8. Schritt:

Die Karteikärtchen werden auf einer Pinnwand befestigt, auf die vorher eine Art Kalender-Raster aufgepinnt wurde.

9. Schritt:
Die Karteikärtchen werden in die für die Produktion zweckmäßigste Reihenfolge gebracht. Mit diesem Schritt ist die Drehfolge festgelegt.
10. Schritt:
Die endgültige Drehfolge wird einschließlich aller Daten in das Diagramm, also den Drehplanvordruck übertragen. Der Drehplan wird anschließend für den Stab vervielfältigt.
Drehplanvordrucke erhält man über Fachdruckereien für Filmformulare.

2. Verfahren: Der Stäbchenplan

Die Arbeit mit dem Stäbchenplan erfordert die Beschaffung eines Stäbchenplan-Rahmens und einer Unzahl von Pappstreifen, deren aufgedruckte Einteilung annähernd der Senkrechten eines Tagespensums in einem konventionellen Drehplan entspricht.
Für jeden Streifen sind Rubriken für *Dekoration, Stimmung, Bildnummern, Buchseiten, Rollen* usw. vorgesehen.

1. Schritt:
Für jedes Bild im Drehbuch wird ein Deckblatt in Form eines *Bild-Auszugs*, so wie bereits beschrieben, ausgefüllt. Beispiele von Bildauszugsexemplaren finden sich auf den folgenden Seiten. Dabei ist es nicht nötig, das Buch seiten- oder stapelweise auseinanderzunehmen. Anhand der Seitenzahlen im Buch läßt sich in etwa das Drehzeitpensum ermessen, das ein Bild notwendig macht.
2. Schritt:
Die Deckblattdaten werden auf die Stäbchen übertragen.
3. Schritt:
Für Bilder, die mehr als ein Tagespensum erfordern, werden entsprechend zusätzliche Stäbchen angefertigt.
4. Schritt:
Die Stäbchen werden nach Dekorationen und Motiven geordnet und so nacheinander in den Stäbchenrahmen eingefügt.
5. Schritt:
Die Tagespensen werden eingeteilt, indem man zwischen die Stäbchen weitere, neutrale Stäbchen setzt, auf denen man den Kalendertag bezeichnet.

Drehtage, an denen mehrere Bilder gedreht werden können, erhalten entsprechend mehr Stäbchen.

6. Schritt:

Die Daten für jeweils einen Drehtag werden zusammengefaßt und in einen konventionellen Drehplanvordruck übertragen.

Der Stäbchenplan (er dient bei der Drehplanerstellung als sogenannter Mutterplan) hat den Vorteil, daß er auf einen Blick ausweist, welche Mitwirkenden in welchem *Bild* auftreten. Der definitive, konventionelle Drehplan sagt hingegen nur aus, welche Darsteller an einem jeden *Drehtag* benötigt werden.

Der grundlegende Vorteil dieses Stäbchenplans liegt darin, daß Arbeitspensen sowohl bei der Planung als auch während der Produktion durch Verschieben der Stäbchen relativ zuverlässig variiert und neu geordnet werden können. Die Gefahr von Übertragungsfehlern ist bei richtig ausgefüllten Stäbchen ausgeschlossen. ‚Sandkastenspiele‘ bei Planung und Umdisposition sind möglich und äußerst nutzbringend.

Gefahren liegen in unbemerkt auftretenden Fehleinschätzungen vom Drehzeitaufwand einzelner Bilder, und zwar besonders in den Fällen, in denen man ein Tagespensum infolge von Drehverzögerungen auseinanderreißt und neu ordnet. Verschiebungen einzelner Bilder, also einzelner Teil-Drehtagespensen, ziehen üblicherweise neue Veränderungen bei Folgetagen nach sich. Nicht immer fällt es der Produktion in solchen Fällen leicht, den Überblick zu behalten. Aus diesem Grund ist das Verschieben der Stäbchen auch immer mit der Überprüfung der entsprechenden Drehbuchseiten verbunden.

Ein weiterer Nachteil ist die Unhandlichkeit eines Stäbchenplans bei Produktionen mit vielen Drehtagen. Nicht nur, daß zwischen jedem Drehtag ein Trennstäbchen liegen muß, ‚bilderreiche‘ Drehbücher führen dazu, daß der Stäbchenplan, etwa bei Serien, ein ganzes Büro ausfüllen kann.

(Bild-Auszug blau ko)

innen/außen usw:				Drehplandaten	
Platz für kurze Szenenbeschreibung				**BILD:**	
Motiv:		Spielort:		Nr.	**Darsteller**
Jahreszeit	Stoppzeit	geschätzte Drehzeit		1	
				2	
				3	
				4	
Kostüm:				5	
				6	
				7	
				8	
Maske:				9	
				10	
				11	
				12	
Requisite				13	
				14	
				15	
				16	
Besondere Kameraausrüstung:				17	
				18	
				19	
				20	
Bühne:				21	
				22	
				23	
				24	
Bemerkungen:				25	
				26	
				27	
				28	
				29	Komparsen männ.
				30	Komparsen weibl.
Bemerkungen				31	Stunts
Bemerkungen				32	Spiel-PKW
Bemerkungen				33	Tiere
Bemerkungen				34	SFX
Bemerkungen				35	Kräne usw.
Bemerkungen				36	(Sonstiges)

BILD-Auszug

(Vorbereitet)

innen/außen usw:	Drehplandaten

Platz für kurze Szenenbeschreibung	**BILD:**

Motiv:	Spielort:	Nr.	Darsteller

Jahreszeit	Stoppzeit	geschätzte Drehzeit	1	Sabine
			2	Bodo
			3	Carl
			4	Simone
Kostüm:			5	Redakteurin 2
			6	Sektenchef
			7	Redakteur 1
			8	Redakteur 3
Maske:			9	Empfangschef
			10	1.Bulliger
			11	2. Bulliger
			12	Strenge Dame
Requisite			13	Bodyguard
			14	Bootsmann
			15	alte Wirtin
			16	Inspizient
Besondere Kameraausrüstung:			17	1. Kind
			18	2. Kind
			19	
			20	
Bühne:			21	
			22	
			23	
			24	
Bemerkungen:			25	
			26	Orchester
			27	Sektenmitgl.
			28	Konzertpubl.
			29	Komparsen männ.
			30	Komparsen weibl.
Bemerkungen			31	Stunts
Bemerkungen			32	Spiel-PKW
Bemerkungen			33	Tiere
Bemerkungen			34	SFX
Bemerkungen			35	Kräne usw.
Bemerkungen			36	(Sonstiges)

BILD-Auszug

(ausgefüllt)

innen/außen usw:	I / T	Drehplandaten

Sabine + Carl quartieren sich im Wirts-
haus (nahe der Sekte) ein.

Platz für kurze Szenenbeschreibung

BILD: 36

Motiv: Gaststube mit Treppe	Spielort: Ländliches Gasthaus b. Bremen	Nr. Darsteller

Jahreszeit	Stoppzeit	geschätzte Drehzeit		
Herbst	0'35"	1.5 Std	☒ 1	Sabine
			2	Bodo
			☒ 3	Carl
			4	Simone
Kostüm: 2 x Standard 1 x Wirtin 7 x Uniform			5	Redakteurin 2
			6	Sektenchef
			7	Redakteur 1
			8	Redakteur 3
Maske: 10 x Standard			9	Empfangschef
			10	1.Bulliger
			11	2. Bulliger
			12	Strenge Dame
Requisite Bier -Zapfanlage gangbar			13	Bodyguard
			14	Bootsmann
			☒ 15	alte Wirtin
			16	Inspizient
Besondere Kameraausrüstung: Standard			17	1. Kind
			18	2. Kind
			19	
			20	
Bühne: Wirtsstube original			21	
			22	
			23	
			24	
Bemerkungen: (Verpflegung am Motiv gegeben)			25	
			26	Orchester
			27	Sektenmitgl.
			28	Konzertpubl.
Uniformierte: (7)			☒ 29	Komparsen männ.
			30	Komparsen weibl.
Bemerkungen			31	Stunts
Bemerkungen			32	Spiel-PKW
Bemerkungen			33	Tiere
Bemerkungen			34	SFX
Bemerkungen			35	Kräne usw.
Bemerkungen			36	(Sonstiges)

3. Verfahren: Der vereinfachte Stäbchenplan

Dieser Weg ist eine Kombination von Karteikartenmethode und Stäbchenplan, deshalb sind die ersten Schritte zur Drehplanherstellung auch mit der
Karteikartenversion identisch. Das Verfahren macht aber erforderlich, daß
man auf die obere Leiste des Stäbchenplan-Rahmens eine Kalenderleiste
klebt, so wie sie bei Drehplanvordrucken üblich ist. Eine elegantere Möglichkeit besteht darin, eine Kalenderleiste auf einen ca. 3 cm breiten Acryl-
glasstreifen aufzubringen, der der Länge nach in den Rahmen paßt (die Rahmen bestehen aus mehreren aneinanderlegbaren Elementen) und mit Over-
head-Stiften beschriftet.

Dann arbeitet man wie folgt:
1. Schritt:
Trennung der Bilder nach *Innen Original, Außen Original, Atelier* und *Freigelände.*
2. Schritt:
Identische Motive bzw. Dekorationen werden zu kleinen Stapeln zusammengelegt.
3. Schritt:
Identische Motive bzw. Dekorationen werden nach ‚Stimmungen' sortiert
(also *T* bzw. *N* bzw. *D*).
4. Schritt:
Die so vorsortierten Motive/Dekorationen werden in angenommene *Tagespensen* eingeteilt und mit einem Clip zusammengeheftet.
5. Schritt:
Die Tagespensen erhalten ein neutrales Deckblatt.
6. Schritt:
Das Deckblatt wird mit folgenden Angaben versehen:
    6.1 Bild-Nummer(n), Motiv/Dekoration, Stimmung
    6.2 Mitwirkende (Rollen)
    6.3 mutmaßliche (oder abgesprochene) Zahl der Komparsen
    6.4 Groß-Requisiten (Autos, Boote, Pferde usw.)
    6.5 Spezial-Effekte (Pyrotechnik, Feuerwaffen, Regen usw.)
7. Schritt:
Die obigen Daten werden auf die Stäbchen übertragen, das heißt, *ein
Stäbchen pro Drehtag.*

8. Schritt:
Die Reihenfolge der Stäbchen und damit die Drehfolge wird festgelegt.

Der einfache Stäbchenplan erfordert weder eine riesige Pinnwand noch eine meterlange Rahmenkette. Der Stäbchenplan ist kaum länger als der Drehplan auf dem Standard-Vordruck. Weitere Vorteile ergeben sich aus der sehr viel besseren Handhabbarkeit bei der Vorplanung und bei plötzlichen Umdispositionen, weil man immer mit vollständigen Tagespensen operiert, die nur im äußersten Fall auseinandergerissen werden müssen. Das Verschieben und Austauschen von Tagen, das probeweise Umsetzen von Drehkomplexen läßt sich in übersichtlicher Form und ohne die Gefahr des Sich-Verzettelns abwickeln.

Die Arbeit mit dem vereinfachten Stäbchenplan ist dennoch eine Frage der Erfahrung und der persönlichen Einschätzung durch den jeweiligen Produktions- oder Aufnahmeleiter.

Drehbuchauszug - Tagespensum	*Blauko - Exemplar*			

Motive :

Atelier ( )
Innen Orig. ( )
Außen ( )

- Bilder und Stimmung -						Nr.	Rolle	SFX	Sonstiges
						1			
						2			
						3			
						4			
						5			
						6			
						7			
						8			
						9			
						10			
						11			
						12			
						13			
						14			
						15			
						16			
						17			
						18			
						19			
						20			
						21			
						22			
						23			
						24			
						25			
						26			
						27			
						28			
						29			

Arbeitsexemplar

Drehbuchauszug - Tagespensum   "Der Affe Gottes" 662/106

Motive :

Atelier   ( )
Innen Orig.   ( )
Außen   ( )

- Bilder und Stimmung -	Nr.	Rolle	SFX	Sonstiges
	1	Affe		
	2	Verteidiger		
	3	Magd		
	4	Ankläger		
	5	Richter		
	6	Priester		
	7	Die Kleinen		
	8	Bürgermeister		
	9	Frau des Bürgermeisters		
	10	Junge		
	11	Büttel		
	12	Wissenschaftler		
	13	Sachverständiger		
	14	Henker		
	15	junger Henker		
	16	Kirchenfürst		
	17	Herold		
	18	Artisten		
	19	Die andere Frau		
	20			
	21	1. Beisitzer		
	22	2. Beisitzer		
	23	1. Helfer		
	24	2. Helfer		
	25	Publikum		
	26	Soldaten		
	27	Mönche		
	28	Kinderchor		
	29	Tiere		

Drehbuchauszug - Tagespensum   "Der Affe Gottes" 662/106

Motive :

Kirche   Kirche   Kirche   K (Übertrag für Drehplan)

Atelier (X)
Innen Orig. ( )
Außen ( )

			5	3	2	Nr.	Rolle	SFX	Sonstiges
			- Bilder und Stimmung -						
			1	1	1	X	Affe		
						2	Verteidiger		
			3		3	X	Magd		
						4	Ankläger		
						5	Richter		
			6	6		X	Priester		
						7	Die Kleinen		
						8	Bürgermeister		
				9		X	Frau des Bürgermeisters		
				10	10	X	Junge		
						11	Büttel		
						12	Wissenschaftler		
						13	Sachverständiger		
						14	Henker		
						15	junger Henker		
						16	Kirchenfürst		
						17	Herold		
						18	Artisten		
						19	Die andere Frau		
						20			
						21	1. Beisitzer		
						22	2. Beisitzer		
						23	1. Helfer		
						24	2. Helfer		
			25			X	Publikum		40
			26			X	Soldaten		40
						27	Mönche		
						28	Kinderchor		
						29	Tiere		

Drehplanherstellung mit Computer-Hilfe

Computer bieten heutzutage Möglichkeiten, in allen Bereichen von Kalkulation und Planung, von denen man sich vor zwei, drei Jahrzehnten in Industrie und Handel keine Vorstellungen hat machen können. Das hat auch die Freaks in der Filmherstellung nicht ruhen lassen.

Die Tugenden des Computers bei der Kostenkalkulation bedürfen keines langen Lobes, denn Computer sind Rechner, und das Kalkulieren besteht bekanntlich größtenteils aus Rechnerei. Außerdem haben Computer ein gutes Gedächtnis, und sie sind geniale Sortierer. Mit einer vernünftigen Software lassen sie sich auch zum Herstellen von Drehplänen heranziehen. Aber sie leisten nur Hilfestellung. Einen anspruchsvollen Drehplan, ausschließlich vom Computer gemacht, würde ich keinem Produzenten empfehlen.

Wo aber kann der Computer helfen?

Zuerst muß man ihm die Chance geben, einem fertigen Drehbuch die Daten zu entnehmen, die für den Drehplan wichtig sind. Das sind die *Mitwirkenden,* die *Dekorationen* bzw. *Motive,* die zu drehenden *Bilder* oder *Einstellungen* sowie die Motivmerkmale *Innen/Außen, Atelier/Freigelände* und die Stimmungen *Tag, Nacht, Dämmerung.* Wenn nötig, kommen noch Angaben wie *SFX, Spielfahrzeuge* und *Großrequisiten* hinzu.

Wurde das Drehbuch auf einem Computer der gleichen Art geschrieben, und existiert es demnach auf einer kompatiblen Diskette, markiert man die Daten, die er sortieren soll, z.B. indem man Großbuchstaben für die in Frage kommenden Begriffe verwendet. Der Computer ist jetzt in der Lage, seine Sortierarbeit zu leisten, so wie sie auch für die Stäbchenpläne erforderlich ist.

Allerdings trifft der Computer hier auch auf seine Grenzen. Er kann nämlich selbständig keine Aufteilung nach Tagespensen oder sonstigem Arbeitsaufwand vornehmen. Die Amerikaner haben zwar ein Verfahren entwickelt, nach dem ein Drehbuch von Anfang an so eingerichtet werden kann, daß jeweils ersichtlich wird, wieviele Seiten das Pensum für 1/8 Drehtag ausmachen. Aber es bleibt die Frage, ob eine solche Arbeit, die in enger Kooperation mit dem Regisseur vorgenommen werden müßte, ein echter Gewinn gegenüber der konventionellen Methode ist. Sinn macht dieses Verfahren nachweislich nur bei standardisierten Serienproduktionen.

Eines hat der Computer mit Sicherheit nicht, nämlich die Fähigkeit, logistische, künstlerische und psychologische Komponenten zu berücksichtigen, und die sind bei der Gestaltung eines guten Drehplans von entscheidender Wichtigkeit.

Auf der anderen Seite kann ein Computer teilweise hilfreich sein bei der Erstellung der Tagesdisposition, zum Beispiel, indem er Daten aus dem Drehplan in die Dispositionsvorlage überträgt.

Fürchterlich wiederum wird es, wenn aufgrund überentwickelter Software so ein Computer ganze Breakdowns (Drehbuchauszüge) mit nichtendenwollenden Details gespeichert hat und mit seinem Programm alles genüßlich auf Dispo-Vorlagen überträgt. Als ob niemand sonst im Stab mit Auszügen arbeiten würde und als ob es niemals Änderungen im Drehverlauf gäbe. Vorsicht vor diesen elektronischen Detailhubern. Manche Dispos sehen am Ende aus wie das Formular für eine Steuererklärung. Sie stiften mehr Verwirrung als Segen. Die eigentliche Dispositionsarbeit, welche den aktuellen Gegebenheiten der Dreharbeiten optimal Rechnung tragen könnte, hat der *Aufnahmeleiter zu übernehmen*, den Beteuerungen aller Computerfans zum Trotz. Hervorragend funktioniert hingegen die Anordnung der Tagespensen im Computer nach Art des vereinfachten Stäbchenplans. Mühelos wie im Stäbchenplan lassen sich die Drehtage, hat man sie einmal eingerichtet, untereinander vertauschen und neu ordnen. Die Gefahr von Versäumnissen und Irrtümern ist gering, und es bedeutet keinerlei Aufwand, Änderungen und Berichtigungen über Laptop in ein vernetztes System einzugeben bzw. Neufassungen des Drehplans für den Stab unverzüglich auszudrucken. Überhaupt spielt die Vernetzung von Computern und der damit verbundene schnelle Austausch von Daten bei einer größeren Filmfirma oder bei einer Rundfunkanstalt zunehmend eine gewichtige Rolle.

Es bleibt dennoch unerläßlich, daß ein Aufnahmeleiter, um Zusammenhänge zu erfassen, immer die konventionelle Planungspraxis kennt und nach Möglichkeit auch lückenlos beherrscht.

Die Planung einer Produktion stellt die Hauptgrundlage für die Kalkulation dar. Da wo die Planung aus dem Ruder läuft, laufen auch die Kosten weg.

Wichtig ist es allerdings zu wissen, daß der Drehplan planerisch nur *eine* der zu kalkulierenden Produktionsphasen darstellt, nämlich die dritte.

Eine *Gesamtplanung* beginnt mit der Terminierung von Vorbesprechungen sowie den Motivsuchen und endet mit dem letzten Schritt der Endfertigungsphase – üblicherweise mit der Auslieferung von Sende- oder Endkopie einer Produktion.

Eine solche Gesamtplanung, die den Einsatz von Produktionspersonal und Produktionsmitteln berücksichtigt, heißt *Herstellungsplan*. Im Rahmen der Gesamtplanung bleibt der Drehplan jedoch das wichtigste Element.

Faustregeln für die Reihenfolge von Drehtagen

Für alle Verfahren stellt sich die Frage, nach welchen Gesichtspunkten und in welcher Reihenfolge Motive und Drehkomplexe im herzustellenden Drehplan sortiert und angeordnet werden sollen.

Hier spielen etliche und sehr unterschiedliche Faktoren eine Rolle, die von den Umständen abhängen, unter denen jedes Filmvorhaben produziert wird. Ungeachtet dessen gibt es Faustregeln, die man kennen muß, auch wenn sie gewissermaßen nur für den Idealfall Gültigkeit haben. Sie lauten wie folgt:

1. Atelierdekorationen werden in Absprache mit dem Architekten zu Baukomplexen zusammengefaßt. Der Umfang des Baukomplexes richtet sich nach der Flächengröße des Ateliers.

2. Außenaufnahmen, insbesondere wenn sie unmittelbare Beziehung (optische Anschlüsse) zu Innenaufnahmen haben, werden *vor* die Innenaufnahmen gelegt.

3. Der bauzeitlich aufwendigste Baukomplex steht am Anfang des Drehplans.

4. Die Drehfolge für die diversen Dekorationen innerhalb eines Baukomplexes richtet sich danach, wie schnell von einer Dekoration auf die nächste umgerichtet werden kann. Das betrifft vorwiegend die Ausstattung, aber auch die Lichtbau- und Einleuchtzeiten. Hat der Architekt eine kleine Dekoration in eine größere hineingesetzt, dreht man die kleine zuerst. Im umgekehrten Fall, d.h., wenn die kleine Dekoration mühelos in die große hineinzustellen und einzuleuchten ist, dreht man die aufwendige Dekoration als erste.

5. Lösen sich mehrere Baukomplexe im Atelier ab, so werden die Bautage zwischen den Komplexen mit Außendrehtagen ‚aufgefüllt‘.

6. Originalmotive – innen oder außen – werden nach analogen Kriterien disponiert. Neben dem Bau- und Ausstattungspensum spielen hier auch Reise- und Transportzeiten eine Rolle für den Drehplan.

7. Original-Nachtaufnahmen werden an den *Schluß einer Arbeitswoche* gelegt. (Nacht- und Dämmerungsszenen sind im Drehplan unbedingt als solche zu kennzeichnen, und zwar im Zusammenhang mit der dazugehörigen Bildnummer.)

RADIO BREMEN

Der Affe Gottes

Regie : Fruchtmann
Redaktion : Dr. Boehe - Selle
Prod. - Ltg. : Gumprecht
Prod. - Nr. : 662 / 106

			Bau Bühne	Bau Bühne	Bau Bühne / Licht (2)	Bau Bühne / Licht (2)	BauTon / Licht (2)		BauTon (2) / Licht (3)	Kammer	Kammer	Kammer	Kammer			Kammer	Kammer / Licht	Kirche	
Fassung vom :		MONAT							August										
23. Juli		DATUM	27.	28.	29.	30.	31.	1.	2.	3.	4.	5.	6.	7.	8.	9.	10.	11.	12.	13.	1
**** NEU ****		WOCHENTAG	MO	DI	MI	DO	FR	SA	SO	MO	DI	MI	DO	FR	SA	SO	MO	DI	MI	DO	F
		DREHTAG								1	2	3	4		5	6	7	8	
ROLLE	DARSTELLER																			
Affe	Charly	1																1	1	
Verteidiger	Nicolas Brieger	2								2	2	2	2			2	2		
Magd	Franziska Walser	3								3	3	3	3			3	3	3	3	
Ankläger	Ernst Jacobi	4																	
Richter	Arno Wüstenhöfer	5																	
Priester	Heinr. Schmidt - Barrien	6																	6
Die Kleinen	W. Kwoll / K. P. Jurjahn	7																	
Bürgermeister	Heinz Voss	8																	
Frau d. Bürgermeister	Ursula Hinrichs	9																	9
Junge	Mattias Wendorf	10																	10
Büttel	Gustav Koppelmann	11																	
Wissenschaftler	Rudi Wessely	12																	
Sachverständige	Jean Soubeyran	13																	
Henker	Heinz Lück	14																	
junger Henker	Lars Wendorf	15																	
Kirchenfürst	Wolfgang Hinze	16																	
Herold	Markus Hering	17																	
Artisten		18																	
Die andere Frau	Silvia Grupe	19																	
		20																	
1. Beisitzer	Hans Peter Renz	21																	
2. Beisitzer		22																	
1. Helfer	Alfons Frank	23																	2
		24																	2
Publikum	Komparsen	25																	25
Soldaten	Komparsen	26																	26
Mönche	Komparsen	27																	
Kinderchor		28																	
Hund / Pferd		29																	
									4	4	14	17			19	19	1	2 B	1
	Bilder								8								2 A	3	1
																	5		
	Seiten								12	16	78	90			102	105	2	6	6
									13	17	79	91			103	106	4	7	6
									14	18	80	92			104	107	5	9	7
									15	19	81	93				108		10	7
									47									21	
									48										
									49										
									50										

September

Spalten (Orte, von links nach rechts):
Kirche · Kirche · Kirche / Licht · Gang Folterkammer · Frei / Einleuchten · Gerichtssaal · Gerichtssaal · Richtplatz · Richtplatz · Richtplatz · Richtplatz · Gerichtssaal · Gerichtssaal · Gerichtssaal · Gerichtssaal · Gerichtssaal · Gerichtssaal · Gerichtssaal · Gefängnis · Kirchplatz (Mauer) · Richtplatz (außen)/ Titel · Reserve

	13	14	17	18	19	20	21	22	24	25	26	27	31	1	2	3	4	7	8	9	10	11
Tag	DO	FR	MO	DI	MI	DO	FR	SA	MO	DI	MI	DO	MO	DI	MI	DO	FR	MO	DI	MI	DO	FR
Probe	8	9	10	11	12	13	14	15	16	17	18	19	20	21	22	23	24	25	26	27	28	29
	1	1	1	1	1	1	1	1	1	1	1		1	1	1	1	1	1	1			
		2				2	2	2	2	2	2	2	2	2	2	2	2	2	2	2		
	3	3				3		3	3	3	3											
			4	4	4	4	4	4	4	4	4	4	4	4				4				
			5	5	5	5	5	5	5	5	5	5	5	5				5				
	6					6	6	6	6	6	6		6	6	6	6	6	6	6			
												7			7							
						8	8	8	8	8	8		8	8	8	8	8	8				
	9	9						9	9	9	9											
	10					10	10						10	10				10				
		11				11	11	11	11	11	11		11	11	11	11	11	11	11			
															12							
																13						
			14	14				14	14	14	14			14								
								15	15	15	15											
								16	16	16	x											
												17										
								18				18	18									
								19	19	19	19											
						21	21	21	21	21	21		21	21	21	21	21	21				
						22	22	22	22	22	22		22	22	22	22	22	22				
		23				23	23	23	23	23	23							23				
		24				24		24	24	24	24							24				
	25					25	25	25	25	25	25		25	25	25	25	25	25				
	26																					
													27	27	27	27	27					
													28	28	28	28	28					
																					x	
	2 B	11	10	15	13	6 A	6 B	22 B	22 C	22 D	22 E	22 A	6 C	7 B	9	9	16	7 A	18	20		
	3	12																			21	
	5																					
	6	68	63	83	74	23	29	120	123	126	129	115	33 T	43 T	52	57	85	38	95	110		
	7	69		64	75	24	30	121	124	127	130	116	34	44	53	58	86	39	96	111		
	9	71		65	76	25	31	122	125	128	131	117	35	45	54	59	87	40	97			
	10	72		66		26	32				132	118	36		55	60	88	41	98			
	21					27	33 T				133	119				56	61	42	99			
							28											43 T	100			
																			113			

Reservetage, ‚Joker'

Am Ende eines jeden Drehplans sieht man – je nach Länge und Kompliziertheit der Produktion – 1 bis 2 Reservetage vor. Durch Verträge oder Optionen sichert man sich für diese Tage die wichtigsten Stabmitglieder. Da Verzögerungen und Verluste von Drehtagen bei einer Produktion unter Umständen nicht erst am Schluß der gesamten Drehzeit eingeholt werden können, verteilt man über die Drehperiode an geeigneten Terminen 2 bis 3 sogenannte ‚Joker'. Hier handelt es sich um Drehtage, bei denen erkennbar ist, daß sie einen relativ geringen organisatorischen und finanziellen Aufwand bedingen. Kommt man mit den Dreharbeiten um einen Tag in Verzug, setzt man sie am ‚Joker'-Termin fort. Der Joker (das Joker-Stäbchen) wandert an den Reservetermin am Schluß des Drehplans. Auf diese Weise kann vermieden werden, daß durch ‚Hängenbleiben' im Drehpensum alle folgenden Drehtage nach Art aufgestellter Dominosteine ‚umkippen'. Es versteht sich, daß von Anfang an Vorkehrungen getroffen worden sind, die ein Abwandern des Joker-Pensums zum Drehplanende ohne bedeutenden Mehraufwand ermöglichen.

Ordner für die Tagesdisposition

Ein letztes Wort zu den oben aufgeführten Verfahren 1 und 3 der Drehplanherstellung: Die Deckblätter mit den Tagesstapeln der Drehbuchseiten heftet der Aufnahmeleiter in einem Aktenordner ab, der mit einem oder mehreren Monatsregistern versehen wird. Unter *jedem Kalendertag*, analog zum Drehplan, findet sich das dazugehörige Drehpensum einschließlich des Deckblatts, welches ja einen tageweisen Drehbuchauszug darstellt. Der Aufnahmeleiter benötigt diese Auszüge in den meisten Fällen bei der Erstellung seiner Tagesdisposition, außerdem natürlich bei Drehplanumstellungen während der Produktion. Er ist gut beraten, wenn er diesen Ordner später während der Drehzeit in Reichweite behält.

Alles in allem ist die Herstellung des Drehplans eine der *wichtigsten Tätigkeiten* bei der ganzen Projektvorbereitung. Übung und Erfahrung erleichtern dem Aufnahmeleiter diese Tätigkeit natürlich, auch lassen es sich Produktionsleiter meistens nicht nehmen, dabei mitzuwirken oder ihren Einfluß geltend zu machen. Unter allen Umständen aber ist zu beachten, daß die beschriebenen Arbeiten niemals von einer Person allein durchgeführt werden sollten. Spätestens nach jedem Arbeitsgang, bei dem Daten übertragen werden, müssen diese zur Vermeidung von Irrtümern unbedingt von einer zweiten Person gegengelesen werden.

12. Die Disposition für Film und MAZ

Die Disposition

Unter diesem Begriff versteht man die für einen Tag oder einen längeren Zeitraum geplante Verteilung von Personal und Sachmitteln an vorgesehenen Produktionsorten im Hinblick auf einen definierten Arbeitsaufwand unter dem Gesichtspunkt optimaler Wirtschaftlichkeit.

Weniger elegant, dafür aber verständlicher ausgedrückt: Die Disposition ist ein Papier, dem jeder an einer Produktion Beteiligte entnehmen kann, unter welchen Umständen er wann und wo auf der Matte stehen muß, um seinen Job zu machen.

Bei der Film- und Fernsehproduktion unterscheidet man zwischen *Generaldisposition* und *Tagesdisposition.*

Die Generaldisposition

Eine Generaldisposition ist ein Organisationsplan, der sich auf einen längeren Zeitraum bezieht. Diese Disposition wird von der Produktionsleitung herausgegeben, allerdings nur bei umfangreichen Projekten. Sie beginnt üblicherweise mit den Dekorations- und Lichtbauzeiten und umfaßt dann Vorbereitungstage, Probentage, Dreh- oder MAZ-Produktionstage, Reisetage, Umbautage und die Termine für die Produktionsabwicklung. Endbearbeitungstermine können angefügt sein, gehören aber nicht unbedingt in die Generaldisposition.

Die Stabmitglieder entnehmen der Generaldisposition nicht nur die vorgesehenen täglichen Arbeitspensen, sie erfahren auch, zu welchen Tageszeiten die unterschiedlichen Arbeiten stattfinden sollen. An vielen Tagen, besonders bei den Vorbereitungen wird aus wirtschaftlichen Gründen mit zeitversetzten Arbeitsschichten gearbeitet, also Dekorationsbau in der Frühschicht, Lichtbau in der Spätschicht usw.

Der Drehplan findet sich in der Generaldisposition auszugsweise wieder, wird aber ergänzt durch die Baudispositionen sowie, wenn nötig, durch eine spezifizierte Reise-Vordisposition für Motive, die an ferneren Orten liegen.

Eine erfahrene Produktionsleitung sorgt dafür, daß eine Generaldisposition nicht allzusehr ins Detail geht.

Unter keinen Umständen soll eine Generaldispo den Drehplan ersetzen, unter keinen Umständen stellt die Generaldispo eine vorweggenommene Tagesdisposition dar. Im Gegenteil. Je mehr Einzelheiten an den Stab gegeben werden, desto mehr gilt es, bei Änderungen zu widerrufen. Je mehr es möglicherweise zu widerrufen gibt, desto mehr Fehlerquellen entstehen. Der obligate Spruch „Änderungen vorbehalten" gilt für eine Generaldispo mehr denn für alles andere.

Gesamtdisposition bei kleineren Vorhaben

Bei kleineren Produktionen, also Dokumentationen, Fernsehfeatures usw., gibt es üblicherweise weder Drehplan noch Tagesdisposition. Der Aufnahmeleiter erstellt eine Motivliste in der Reihenfolge der vorgesehenen Drehtage. Für jeden Drehtag sind dort folgende Daten angeführt:

- Datum (mit Angabe, wenn z.b. nachts gedreht wird)
- Motiv
- Drehort mit Adresse, ggf. Telefonverbindung, Kontaktperson
- vorgesehene Sondermaßnahmen, wie Polizeiabsperrungen,
  Einsatz von zusätzlichem Personal, Gerät, Hubsteigern usw.

Dem Aufnahmeleiter bleibt es überlassen, ob er bei kleinen Produktionen sogenannte „Wettermotive" in seiner Liste kenntlich macht. Auf jeden Fall geht es darum, daß einige Motive bei schlechter Witterung gegen solche ausgetauscht werden müssen, bei denen das Wetter keine so große Rolle spielt. Zumeist geht sowas nicht ad hoc und unvorbereitet. Deshalb trifft der Aufnahmeleiter schon bei Vorbereitung der Dreharbeiten organisatorische Vorkehrungen, die ihm gestatten, bei ungeeignetem Wetter auf eines der wetterunabhängigen (also z.B. Innen-) Motive auszuweichen.

Die Film-Tagesdisposition

Die Tagesdisposition, im allgemeinen ‚Disposition' oder einfach ‚Dispo' genannt, ist die Grundlage für den organisatorischen Ablauf eines Drehtages. Die enormen Produktionskosten, die sich allein an einem Drehtag niederschlagen, lassen keinen Zweifel daran, daß eine mangelhafte Disposition den Verlauf einer Produktion nachhaltig negativ beeinflussen wird. Die Fähigkeit, richtig und rationell zu disponieren, zeichnet eine funktionierende Aufnahmeleitung aus.

Am Anfang der Disposition stehen folgerichtig auch nicht Papier und Bleistift, sondern die sorgfältige Koordinationsarbeit des Ersten Aufnahmeleiters.
Die weiteren Eigenschaften einer guten Disposition sind der Informationsge-
halt, die optische Aufmachung und das Wissen um das, was in einer solchen
Unterlage wichtig und was unwichtig ist.
Unsichere Aufnahmeleiter überladen ihre Dispositionen mit einer Vielzahl
von Informationen nach dem Motto „Gesagt ist informiert", nicht wissend,
daß leider nur das *gesagt* ist, was auch von anderen *behalten* wird. Jedes
Stabmitglied entnimmt der Disposition nämlich nur gezielt das, was die eigene Sparte direkt betrifft, oder was es der eigenen Meinung nach sonst noch
für wichtig hält. Alles andere wird ignoriert oder nach kurzer Zeit vergessen.
Um sicher zu gehen, in einer Dispo nicht zu viel und nicht zu wenig unterzubringen, sollte man einen Blick in das als Anlage beigefügte Muster werfen
und die nachstehenden Dinge berücksichtigen.

Was in einer Disposition stehen muß

- Der *Dispo-Kopf* enthält in Kurzform Angaben über die jeweilige Produktion, denn es ist davon auszugehen, daß in einer Fernsehanstalt oder einem
  Atelierbetrieb mehrere Produktionen parallel laufen. Das Projekt muß deshalb auf den ersten Blick identifiziert werden können.
- Das *Datum* bedarf hinsichtlich seiner Bedeutung keiner Erklärung, üblich
  ist es aber, auch die laufende Drehtagnummer zu nennen.
- Das *Motiv* wird in der Dispo so benannt, wie es der *Autor auch im Drehbuch* tut, dreht man an einem Tag mehrere Motive, werden die Motive
  numeriert. (Wird im Atelier gedreht, steht anstelle von ‚Motiv' *Dekoration*)
- Den *Drehort* bezeichnet man mit seiner Adresse. So müssen z.B. Neuan-
  kömmlinge in der Lage sein, anhand der Disposition den Weg zum Motiv
  zu finden. Gibt es mehrere Drehorte an einem Tag, gilt analog zu den Motiven wieder die Numerierung. (Beim Dreh im Atelier steht anstelle des
  Drehorts die Ateliernummer.)
- Das *Pensum* (diese Position heißt auch ‚Bilder' oder ‚Einstellungen')
  bezeichnet die zum Drehen vorgesehenen Bilder, und zwar nach ihrer
  buchmäßigen Numerierung.

- Die Bildnummern werden bei Tagesstimmungen ohne Zusätze genannt (also 638). Bei Nachtstimmungen werden sie mit einem ‚(N)' – also 804 (N) –, bei Dämmerung mit einem ‚(D)' versehen – also 322 (D). Die Zusätze stehen in Klammern.
- Bei zusätzlichen, dem Drehbuch später hinzugefügten Bildern, trägt die Bildnummer den Buchstaben ‚Z' in Klammern davor oder dahinter, also 901 (Z). Bei Wiederholungen wird der Bildnummer ein ‚W' vorangesetzt.
- Seitennummern erscheinen in der Disposition nur, wenn ein Bild geteilt wird. Also ‚Bild 23 *bis S. 134'*.
- Die Position *Requisiten* wird in der Disposition berücksichtigt, wenn Großrequisiten eingesetzt werden, also PKW, Fuhrwerke, Boote oder aber umfangreiches technisches Gerät, ebenso Spezialeffekte (häufig mit dem amerikanischen Kürzel SFX bezeichnet). Die Position ‚Requisiten' gilt übrigens *nicht für den Requisiteur*, sondern für den übrigen Stab, der in der einen oder anderen Weise durch den Einsatz von SFX oder Großrequisiten mitbetroffen sein kann. Gibt es an einem Drehtag keine Großrequisiten, sondern nur Hand- oder normale Kleinrequisiten, finden diese in der Disposition keine besondere Berücksichtigung, dort steht dann allenfalls ‚lt. Buch'.

Der *Tagesablauf* zwischen ‚Arbeitsbeginn' und ‚Arbeitsschluß' (oder Drehschluß) muß übersichtlich in einem Block dargestellt werden. Üblicherweise beginnt dieser Block mit dem *Arbeitsbeginn.*
Haben die verschiedenen Gewerke einen unterschiedlichen Arbeitsbeginn, wird dieser entsprechend spezifiziert. Wird außerhalb des Ortsbereichs gedreht, enthält der Block auch die allgemeine *Abfahrtszeit* oder aber den Hinweis ‚Abfahrten lt. Fahrdisposition'.
Es gibt Aufnahmeleiter, die Das Wort ‚Drehbeginn' ungern verwenden. Und es lieber durch ‚drehfertig' ersetzen, denn die anvisierte Uhrzeit bedeutet ja nur, daß der Aufnahmeleiter das Motiv für diesen Zeitpunkt organisatorisch auf Anfang gebracht hat. Mögliche Probenzeiten für den Regisseur bleiben diesem überlassen, bei aufwendigen Proben bittet dieser aber gelegentlich, die Probenzeiten auf der Dispo gesondert zu vermerken.
Die *Mittagspause* ist fester Bestandteil einer seriösen Disposition. Es spielt dabei vorerst keine Rolle, daß die Uhrzeit nicht exakt einzuhalten ist. Arbeitswütigen Regisseuren könnte gegebenenfalls einfallen, die Mittagspause

ganz unter den Tisch fallen zu lassen, wenn dieses Wort nicht in der Disposition auftaucht.
Der *Drehschluß* ist in der Disposition ebenfalls unbedingt zu benennen. Profis wissen zwar, daß ein Drehtag in den wenigsten Fällen auf die Minute genau endet, und daß Mehrarbeit anfallen kann, sie haben jedoch ein Anrecht darauf, der Disposition auf Anhieb zu entnehmen, von welcher Uhrzeit an ihre Mehrarbeitszeit zählt.

Produktionsaktivitäten, die außerhalb des Zeitraums zwischen Arbeitsbeginn und Drehschluß liegen, also Proben, Mustervorführungen usw., finden sich als gesonderte Positionen in der Disposition. Das aber nur, wenn sie einen größeren Teil des Stabes betreffen.
Sehr übersichtlich wird eine Disposition, wenn die Positionen *Darsteller/Rolle, Abholzeit, Garderobe/Maske* und *Drehfertig* in Diagrammform wiedergegeben werden. Es versteht sich, daß die Umkleide- und Schminkzeiten vorher sorgfältig und detailliert mit dem Gewandmeister und dem Chef-Maskenbildner abgestimmt worden sind.

Eine *Vordisposition* für den Folgetag ist in Dispositionen häufig üblich, wird aber aus guten Gründen nicht von allen Aufnahmeleitern gleichermaßen geschätzt. Wer im voraus Einzelheiten unters Volk bringt, muß sie, wenn nötig, später mit reichlichem Arbeitsaufwand widerrufen.
Die Vordisposition soll eigentlich in erster Linie die Schauspieler daran erinnern, welchen Text sie vorzulernen haben. Der Produktionsstab besitzt ohnehin einen Drehplan, der den einzelnen Sparten eine längerfristige Planung ermöglicht. Empfehlenswert bleibt es in jedem Fall, in einer Vordisposition nicht allzu ausführlich zu werden.
Die *Fahrdisposition* ist ein unerläßlicher Teil der Dispo. In der Regel werden nur ein Teil der Stabmitglieder und der Mitwirkenden durch Produktionsfahrzeuge abgeholt und wieder nach Hause gebracht. Diese Fahrten werden in der Disposition durch den Aufnahmeleiter spezifiziert. Einige Kollegen betonen in der Disposition dann noch, welche der Fahrzeuge nach Eintreffen am Drehort ‚zur Verfügung der Aufnahmeleitung' stehen.

Wenn an Außenmotiven gedreht wird, beginnt die Arbeitszeit üblicherweise am Drehort. Dem Stab bleibt es selbst überlassen, dort – wie auch immer – zu erscheinen. Das ist unter Umständen nicht für alle selbstverständlich. Der Aufnahmeleiter ist gut beraten, die Transportfrage für alle Teammitglieder rechtzeitig und unmißverständlich zu klären.

Dienstfahrzeuge wie Kamera-Auto, Lichtwagen, Ausstattungs-LKW usw. müssen gleichfalls in der Fahrdispo aufgeführt werden, und zwar unter Nennung des zuständigen Fahrers (in der Regel ein zu der entsprechenden Sparte gehöriges Stabmitglied, das irgendwann und irgendwo einmal Fahrerzulage zu beanspruchen gedenkt).

Wenn für ein entfernteres Motiv eine Anfahrt mit Fahrzeugen organisiert werden muß, werden alle Stabmitglieder zusammen mit den ihnen zugeteilten Fahrzeugen in der Dispo aufgeführt, allein schon, um niemandem die dumme Ausrede zu ermöglichen, er müßte der Produktion Kilometergeld berechnen, weil er ja sonst nicht zum Motiv hätte kommen können. Finden solche Anfahrten in identischer Weise an mehreren aufeinanderfolgenden Tagen statt, werden die Fahrzeuge mit ihren Fahrern in der Fahrdispo mit dem Zusatz „Mitfahrer wie am Vortag" genannt.

Mitwirkende, die im eigenen Fahrzeug kommen, sollte ein taktvoller Aufnahmeleiter in der Fahrdisposition mit dem Vermerk „auf Wunsch im eigenen PKW" aufführen. Es kann der Phantasie eines jeden überlassen bleiben, auf wessen Wunsch dieser Mensch seinen eigenen Wagen benutzt. Für ihn ist es aber nach außen hin wenigstens keine Prestigesache mehr, wenn er nicht von der Produktion hin und her gefahren wird.

Eine wichtige Ergänzung zur Fahrdispo können Anfahrtskizzen der Aufnahmeleitung sein, wenn der Stab an abgelegenen Orten dreht. Passen solche Skizzen nicht auf das Blatt, kommen sie auf die Rückseite oder werden der Disposition beigelegt.

Bei unübersichtlichen Parkmöglichkeiten empfiehlt sich der Satz: „Einweisung der Dienstfahrzeuge am Drehort durch die Aufnahmeleitung". Das kann zwar manchmal zu einer ätzenden Beschäftigung ausarten, ist aber besser, als Park-Skizzen für die Autos anzufertigen. Das führt in der Regel zu Streitigkeiten.

Um bei der Gestaltung der Disposition nichts verkehrt zu machen, empfehle ich, sich in etwa nach der umseitig abgedruckten Layout-Beschreibung zu richten. Sie gewährleistet Aussagefähigkeit und Knappheit in der Aufmachung.

Optische Gestaltung (Layout) einer Disposition

1. Filmdisposition:
Für die optische Aufmachung von Dispositionen gibt es eine ganze Reihe von brauchbaren Beispielen. Ich beschränke mich auf ein Muster, von dem ich weiß, daß es sich in der Praxis auch bei sehr umfangreichen Produktionen bewährt hat. Wichtigstes Kriterium beim Layout ist und bleibt die optimale Übersichtlichkeit. Auf gestalterische Mätzchen, zu denen besonders Computerprogramme verführen, sollte eine seriöse Aufnahmeleitung verzichten.

In einer Filmdisposition gibt es hauptsächlich 6 Informationsbereiche. Jeden Bereich faßt man in einem Feld zusammen. Je nach Umfang einer Dispo sind diese Felder größer oder kleiner, und bei Bedarf erstrecken sie sich auf die folgende *(bitte die Rück-)* Seite. Im vorliegenden schematischen Beispiel sind die Felder eingerahmt, in der gebräuchlichen Dispo fallen die Umrahmungen weg.

1. Feld: Identifikationsfeld
   für Herstellerfirma, Titel der Produktion, Datum, laufende Drehtagsnummer
2. Feld: Drehbuchabhängige und szenisch bedingte Informationen:
   Motiv, Drehort, Pensum (oder Einstellungen oder Bilder), Großrequisiten
3. Feld: Zeiteinteilung für den Arbeitsablauf:
   Arbeitsbeginn, Drehbeginn, Essenspause, Drehschluß usw.
4. Feld: Zeiteinteilung für die Mitwirkenden:
   Abholung, Umkleiden, Schminken
5. Feld: Einsatz der Produktionsfahrzeuge,
   sowohl Personenbeförderung wie Transport von Ausrüstung

6. Feld: Zusatzinformationen für Stab und Mitwirkende:
etwa zu Verpflegung, Wegbeschreibungen, Parkmöglichkeiten, Sicherheitsbestimmungen, An- und Abreisen von Mitwirkenden und ggf. Vordispositionen für den Folgedrehtag

Arbeitsanweisungen an *einzelne* Personen oder *Sparten* gehören *nicht* in die Disposition, sie werden bilateral zwischen den zuständigen Mitarbeitern und der Aufnahmeleitung vereinbart.

MAZ-Disposition:
Grundsätzlich lehnt sich eine MAZ-Disposition in ihrem Layout an die Filmdisposition an, jedoch mit dem bemerkenswerten *Unterschied, daß Feld 2 und Feld 3 miteinander verquickt werden. Die Namen der Mitwirkenden und die Buch-Seitennummern werden hinsichtlich der Takes spezifiziert, Produktionsort und Tages-Produktionszeit hebt man hervor.*
Die Aufteilung der übrigen Felder bleibt gegenüber der Filmdisposition gleich.

SE*M*INAR

FILM- UND FERNSEHPRODUKTION
OTTERSBERG

PRODUKTION:
Prod. Nr.:
Prod. Ltg.:
Redaktion:
Regie:

(Feld 1: Identifikation, Datum)

Motiv:

Arbeitszeiten:

Drehort: *(Feld 2: Szenisch bedingte Informationen)*

(Feld 3: Information zum zeitlichen Tagesablauf)

Pensum:

Requisiten:

Darsteller / Rolle   Abholung   Garderobe   Maske   drehfertig

(Feld 4: Zeitdisposition für Mitwirkende)

Fahrdisposition:

(Feld 5: Zeitdisposition für Fuhrpark und Logistik)

Sonstiges:
(Feld 6: Wegbeschreibungen, Parkmöglichkeiten, Verpflegungs- und Sicherheitshinweise.

Und bitte beachten:
Üblicherweise erfordern Dispositionen mehr als 2 Seiten Text.
Bitte möglichst auf ein 2. Blatt verzichten und die Rückseite bedrucken)

PRODUKTION: "Schweinewelt"
Prod. Nr.:   000/000
Prod. Ltg.:   Reusch
Redaktion: Füting
Regie: Weisflog

D I S P O S I T I O N für Mittwoch, 06. März - 1. Drehtag

Motiv:	Krankenhaus außen mit Kiosk	**Arbeitszeiten:**	
		07.00 Arbeitsbeginn Maske u. Garderobe, ZFP	
Drehort:	Zentralkrankenhaus Pestalozzistraße 22	08.00 Arbeitsbeginn Stab, Abfahrt zum Motiv	
		08.30 allg. Vorb. am Motiv; Licht, Einrichten	
		09.00 **fertig für Drehbeginn**	
Pensum:	Bild 1, (A/T) Max, Jürgen,	12.30 Pause	
	Kioskverkäuferin, 13 Komparsen	13.15 Fortsetzung Dreh	
		17.00 Drehschluß, anschl. Rückbau/Rückfahrt	
		18.00 Arbeitsschluß	
Requisiten:	Krankenwagen, 2 PKW: 08.30 am Motiv		
	sowie Requisiten lt. Buch	keine Mustervorführung !	

Darsteller / Rolle	Abholung	Garderobe	Maske	drehfertig
Hans Meyer / Max	07.40	08.00 STUDIO	08.10 STUDIO	09.00Motiv
Klaus Müller / Jürgen	07.45	08.00 STUDIO	08.00 STUDIO	09.00Motiv
Vera Schulze / Kioskverkäuferin	selbst	--	09.00 Motiv	10.00Motiv
13 Komparsen	selbst	--	--	08.30Motiv

Fahrdisposition:
LKW Bühne, Herren Bucht, Fiss: 08.00 ab STUDIO Haupttor
LKW Licht, Herren Wahr, Eick, Kopp: 08.00 ab STUDIO Haupttor
Bus Requisite, Herren Klage, Bleisch: 08.00 ab STUDIO Haupttor
Bus Aufnahmeleitung, Herren Bent, Weisflog, Reusch, Weuke: 08.00 ab STUDIO Haupttor
Bus Kamera, Herr Koch: 08.00 ab STUDIO Haupttor
Ton-Bus, Herren Wanck, Meltracht: 08.00 ab STUDIO Haupttor

PKW Labrecht:
07.40 ab Hotel Bahnhofstraße, Herrn Meyer
07.45 ab Hotel Fink, Herrn Müller
08.00 an STUDIO, Garderobe

PKW Labrecht:
08.30 ab STUDIO Herren Meyer, Müller; Damen Knall, Fall
09.00 am Motiv

Sonstiges:
1. Treffpunkt am Motiv Zentralkrankenhaus ist das Haupttor beim Pförtner (Tel.: 702233)
2. Mittagessen in der Besucher-Cafeteria des Zentralkrankenhauses

SE*M*INAR

FILM- UND FERNSEHPRODUKTION
OTTERSBERG
Telefon: 0241 246 2695
FAX: 0421 246 2005
Funktelefon: 0171 4527850

PRODUKTION: "Schweinewelt"
Prod. Nr.:   000/000
Prod. Ltg.:   Reusch
Redaktion: Füting
Regie: Weisflog

Motiv:
Krankenhaus außen mit Kiosk

Drehort:
Zentralkrankenhaus Pestalozzistraße 22

Pensum:
Bild 1, A/T: Max, Jürgen, Kioskverkäuferin, 13 Komparsen

Requisiten:
1 Krankenwagen, 2 PKW: 08.30 am Motiv
sowie Requisiten lt. Buch

Arbeitszeiten:

07.00 Arbeitsbeginn Maske u. Garderobe, ZFP
08.00 Arbeitsbeginn Stab, Abfahrt zum Motiv
08.30 allg. Vorb. am Motiv; Licht, Einrichten
09.00 drehfertig
12.30 Pause
13.15 Fortsetzung Dreh
17.00 Drehschluß, anschl. Rückbau/Rückfahrt
18.00 Arbeitsschluß

keine Mustervorführung !

Darsteller / Rolle	Abholung	Garderobe	Maske	drehfertig
Hans Meyer / Max	07.40	08.00 ZEK	08.10 ZEK	09.00Motiv
Klaus Müller / Jürgen	07.45	08.00 ZEK	08.00 ZEK	09.00Motiv
Vera Schulze / Kioskverkäuferin	selbst	--	09.00 Motiv	10.00Motiv
13 Komparsen	selbst	--	--	08.30Motiv

Fahrdisposition:

PKW Labrecht:
07.40 ab Hotel Bahnhofstraße, Herrn Meyer
07.45 ab Hotel Fink, Herrn Müller
08.00 an ZEK, Garderobe

LKW Bühne, Herren Bucht, Fiss: 08.00 ab ZEK Haupttor
LKW Licht, Herren Wahr, Eick, Kopp: 08.00 ab ZEK Haupttor
Bus Requisite, Herren Klage, Bleisch: 08.00 ab ZEK Haupttor
Bus Aufnahmeleitung, Herren Bent, Weisflog, Reusch, Weuke: 08.00 ab ZEK Haupttor
Bus Kamera, Herr Koch: 08.00 ab ZEK Haupttor
Ton-Bus, Herren Wanck, Meltracht: 08.00 ab ZEK Haupttor

PKW Labrecht:
08.30 ab ZEK Herren Meyer, Müller; Damen Knall, Fall
09.00 am Motiv

Sonstiges:
Treffpunkt am Motiv Zentralkrankenhaus ist das Haupttor beim Pförtner (Tel.: 702233)

Aufnahmeleitung
Michaela Daniel

Titel:
Prod. Nr.:
Prod. Ltg.:
Redaktion:
Regie:

(für MAZ)

D I S P O S I T I O N für

Produktionszeit:
Produktionsort:

*Wichtigstes Feld und Platz für den zeitlichen Gesamtablauf des Produktionstages,
in der Regel beginnend mit dem Einleuchten und endend mit dem Arbeitsschluß
nach der Gerätesicherung oder Verladearbeit.*

*Anders als bei der Filmdisposition werden in diesem Feld
Proben- oder MAZ-Komplexe spezifiziert,
und zwar unter namentlichen Nennung der Mitwirkenden für den jeweiligen Probenkomplex.*

*Wenn die Probenkomplexe bzw. die
Takes nicht anders gekennzeichnet sind,
werden hier auch die Buch-Seitenzahlen genannt.*

Darsteller/Rolle	Abholung	Garderobe	Maske	proben- /MAZ-fertig

Fahrdisposition

Sonstiges:

*Üblicherweise nehmen umfangreiche Dispositionen mehr als eine Seite in Anspruch. Es ist geboten,
die Fortsetzung immer auf die **Rückseite** und nicht auf eine 2. Seite zu schreiben!*

SE*M*INAR
FILM- UND FERNSEHPRODUKTION
OTTERSBERG

Titel: "Brennende Herzen"
Prod. Nr.: 336/422
Prod. Ltg.: Bennow
Redaktion: Ruckmeyer
Regie: Basse

D I S P O S I T I O N für Dienstag, 13. April - 4. Tag

Produktionszeit: 13.00-21.30
Produktionsort: Oytena-Studios, Atelier 4

13.00	Arbeitsbeginn Gesamtstab Atelier 4 Regiebesprechung Kamera und Bildmisch Lichtkorrekturen Einrichten der Requisiten für Take 7
14.00	Heiße Probe Takes 7 - 10, Seiten 14 - 61 Damen Menk, Steffens; Herren Kolstermeyer, Badenhopp 4 Komparsen
15.00	MAZ-fertig für Takes 7 - 10
17.30	Pause
18.15	Fortsetzung heiße Probe, Take 11, Seiten 62 - 75 Besetzung wie oben plus Damen Schmidt, Goeldel
19.00	MAZ-fertig für Take 11
21.00	MAZ-Schluß, Gerätesicherung
21.30	Arbeitsschluß

Darsteller/Rolle	Abholung	Garderobe/Maske	proben- /MAZ-fertig
F. Menk/Gerda	12.30	13.00/13.15	14.00
C. Steffens/Ärztin	12.40	13.00/13.45	14.00
K. Kolstermeyer/Herr Wuttke	selbst	13.15/13.30	14.00
H. Badenhopp/Georg	selbst	13.15/13.30	14.00
4 Herren/Komparsen	selbst	13.00/13.45	14.00
E. Schmidt/Frieda	17.30	17.45/17.55	18.15
D. Goeldel/Großmutter	17.35	17.45/17.55	18.15

Fahrdisposition
PKW, Frau Fink
12.30 ab Hotel Marriott, Frau Menk
12.40 ab Hotel Columbus, Frau Steffens
12.55 an Studio

17.30 ab Hotel Columbus Damen Goeldel, Schmidt
19.45 an Studio

Sonstiges:

Kasino ist bis 21.00 geöffnet. Warme Küche bis 19.00

Aufnahmeleitung: Claudia Michalke

Was nicht in einer Disposition stehen muß

Ich habe es schon eingangs gesagt: Eine mit Informationen überladene Disposition erfüllt ihren Zweck weniger als eine, die lediglich das Nötige wiedergibt. Das hat einen einfachen Grund. Je mehr Text darin steht, desto weniger Lust haben die Leute, sie zu lesen. Mit der Einstellung: „Dann haben die Idioten selber Schuld", kann sich der Aufnahmeleiter nicht trösten, den Schaden hat letztendlich er selber.

Unterlassungsratschlag Nr. 1:
Die Disposition ist ein Koordinationspapier, sie enthält keine Arbeitsanweisungen. So sind beispielsweise Einzelheiten zur Installation von Elektroanschlüssen eine Sache, die der Aufnahmeleiter mit dem Schaltmeister direkt bespricht, den Stab hat das nicht zu interessieren.
Analoge Beispiele gibt es dutzendfach. Der Aufnahmeleiter sollte im Zweifelsfalle immer daran interessiert sein, bilaterale Angelegenheiten auch bilateral abzuklären. So bleibt er für die Sparten im Team alleiniger Gesprächspartner. Sobald die Kenntnis bestimmter Verabredungen jedoch im Interesse des gesamten Stabes sein sollte, oder zumindest eines größeren Teils, gehört die Information in die Disposition.

Ratschlag 2:
Die Namensnennung von Kontaktpersonen am Drehort sollte sich der Aufnahmeleiter in der Disposition tunlichst verkneifen. Sonst ‚kontakten' nämlich Hinz und Kunz aus dem Team mit seinen Gesprächspartnern am Motiv und treffen unkontrolliert Absprachen, die zu 80 % ohnehin Angelegenheit des Aufnahmeleiters gewesen wären.

Ratschlag 3:
Der Aufnahmeleiter sollte sich darüber klar werden, ob er in der Disposition Dinge nennen will, die sich von selbst verstehen. Wenn in der Dispo z.B. steht: Bild 230, Motiv ‚Schlafzimmer', können zusätzliche Kürzel wie I/T (für Innen/Tag) getrost wegfallen. ‚Schlafzimmer' ist immer *Innen,* wo denn sonst? Und wenn hinter der Bildnummer kein Buchstabe steht, weiß man auch, daß *Tag* gemeint ist.
Einige Aufnahmeleiter verfertigen genüßlich spezifizierte Aufstellungen, in denen sich Motive und etliche überflüssige Kürzel permanent wiederholen, so als sollte ums Verrecken vermieden werden, daß einer der Mitarbeiter

noch mal einen Blick ins Drehbuch wirft. Wie bereits gesagt, ist dieses Übel auch eine Folge von Computersoftware, die für möglichst detailgenaue Dispositionen entwickelt wurde. Ein souveräner Aufnahmeleiter sollte sich genau überlegen, ob er dieses vom Hundertsten ins Tausendste gehende Informationsgekrümel jedes Mal ausdrucken will, auch wenn die Software-Hersteller sich damit ausgesprochen toll finden. Alles was zu Lasten einer notwendigen Übersichtlichkeit geht, ist in einer Dispo von Nachteil und eines guten Aufnahmeleiters nicht würdig.

Ratschlag 4:
Dieser Ratschlag ist ein kleiner Widerruf.
Ich habe lange Zeit in meinen Seminaren die Auffassung vertreten, daß es bedenklich ist, hinter der Bildnummer in der Disposition die jeweils mitwirkenden Schauspieler aufzuzählen. Das aber ist inzwischen so sehr zur Alltagspraxis geworden, daß ich meine Einwände zurückgestellt habe.
Dennoch kann es zu unerwartetem Verdruß führen, etwa wenn sich Darsteller auf eine derartige Aufzählung berufen und meinen, nach Bild soundso seien sie für diesen Drehtag fertig. Schauspieler werden nach vollen Drehtagen verpflichtet, nicht nach Bildern, und es ist Sache der Produktion, darüber zu befinden, nach welcher Einstellung ein Schauspieler endgültig nach Hause gehen kann.

Ratschlag 5:
Eine professionelle Disposition kennt keine Aussage wie: „Mittagspause nach Ansage der Aufnahmeleitung" oder gar: „Drehschluß nach Ansage der Aufnahmeleitung". Eine derartige Formulierung beweist nur, daß die Produktion offenbar nicht in der Lage ist, den zeitlichen Verlauf der Dreharbeiten, und sei es auch nur grob, abzustecken. Dann aber kann sie sich die ganze Disponiererei gleich ersparen.
Auch wenn die Aufnahmeleitung von Unwägbarkeiten beim Drehen ausgehen muß (ein professioneller Drehstab tut das ja auch), ist ein vorgegebener Zeitrahmen Vorbedingung für ein kontrolliertes Verändern oder Überschreiten der zeitlichen Ziele.

Ratschlag 6:
Eine zweite Seite für die Disposition läßt sich bei aufwendigeren Drehtagen nicht vermeiden. Vermeiden läßt sich aber ein zweites Stück Papier. Deshalb

druckt der Profi-Aufnahmeleiter die zweite Seite auf die *Rückseite* seiner Disposition. Das spart nicht nur Zeit und Geld, das ist denen, die sich das Papier einstecken, der Einfachheit halber auch lieber. Eine Disposition ist nun mal kein Traktat. Aber das sagte ich ja schon.

Die Tagesdisposition bei MAZ-Produktionen

Das meiste, das für die Film-Disposition gilt, trifft auch für die Tages-Disposition bei E-Produktionen zu, aber in der Form gibt es ein paar Unterschiede.

Der Hauptunterschied liegt darin, daß der relativ kompakte Block ‚Tagesablauf' aus der Film-Disposition bei der MAZ-Produktion das sehr viel ausführlichere Kernstück darstellt.

Zu Anfang steht der *Arbeitsbeginn,* gegebenenfalls gestaffelt. Anheiz-, Bau- und Lichtzeiten müssen spezifiziert werden.

Anders als in der Film-Disposition werden für die Proben- und MAZ-Zeiten der *Programmpunkt* oder die *Take-Nummer* einschließlich der *Buch-Seitennummern* genannt. Auch die Mitwirkenden werden Take für Take namentlich aufgeführt.

Schmink- und Garderoben-Disposition lassen sich nach dem Muster der Film-Tagesdisposition anwenden, nur anstelle des Wortes ‚drehfertig' kann ‚probenfertig' oder ‚MAZ-fertig' stehen.

Gegenüber der Fahrdispo aus der Film-Version gibt es bei MAZ-Produktionen gar keinen Unterschied.

Sofern es sich um eine *Außenübertragung* handelt, fällt die Tagesdisposition noch etwas ausführlicher aus, weil noch mehr Positionen im Ablauf zu berücksichtigen sind. Ein Muster für eine solche Disposition findet sich in dem entsprechenden Kapitel über Außenübertragungen. Tagesdispositionen bei Außenübertragungen werden allerdings nur bei szenischen Produktionen herausgegeben, sonst gilt eine für AÜs übliche Generaldisposition.

Wann wird eine Disposition verteilt? – Wer verantwortet sie?

Diese Fragen sind mehr oder weniger rhetorischer Natur, und ich stelle sie nur, um Selbstverständliches nicht weglassen zu müssen.

Verteilt wird die Disposition von der Aufnahmeleitung, verantwortet und unterzeichnet wird sie vom Ersten Aufnahmeleiter. (Ganz bestimmt nicht auch noch vom Regieassistenten!) Der Aufnahmeleiter hat sich jedoch vor

dem Abfassen der Disposition gründlich mit dem Regisseur, dem Gewandmeister und dem Maskenbildner abgestimmt. Wenn nötig, auch noch mit dem
Kameramann, der Bühne und der Requisite.

Bis zum definitiven Dreh- bzw. MAZ-Ende eines jeden Produktionstages
bleibt die Disposition für den nächsten Tag ‚geheime Verschlußsache‘. *Unter
keinen Umständen darf die Disposition dem Stab und den Mitwirkenden
ausgehändigt werden, bevor nicht absolut sicher ist, daß der Folgetag auch
so ablaufen kann, wie es in der Dispo steht.*

Wenn die letzte Einstellung eines Drehtages wider Erwarten nicht mehr zu
Ende gedreht werden kann, etwa weil das Tageslicht unerwartet früh in
Dämmerung übergegangen ist, bedeutet das, daß dasselbe Motiv mit denselben Mitwirkenden am nächsten Tag weitergedreht werden muß. Sind für den
kommenden Tag aber ganz andere Motive mit anderen Schauspielern,
Schminkzeiten, Anfahrten usw. vorgesehen, kann sich der Aufnahmeleiter
seine schöne Dispo in die Haare schmieren. Das sollte er dann auch schleunigst tun, denn wenn auch nur ganz wenige Mitarbeiter aus dem Team diese
nicht mehr gültige Disposition in die Hände bekommen und sich danach
richten, nimmt der Ärger seinen Lauf.
Kluge Aufnahmeleiter bauen für solche Fälle vor. Sie verfertigen vorsorglich
eine Ersatzdispo, die in einem solchen Katastrophenfall verteilt wird. Entsprechend heißen solche Dispositionen intern auch ‚Katastrophendispos‘ oder
‚Schubladendispos‘. Um in der Aufregung die so vorbereiteten Dispositionen
nicht zu verwechseln, wird die Schubladendispo unübersehbar kenntlich
gemacht. Am besten ist, man verwendet andersfarbiges Papier. Wenn das
nicht geht, empfiehlt es sich, eine Ecke am oberen Papierrand abzuschneiden.
Das sieht nicht elegant aus, fällt aber auf.
Im übrigen gilt, was schon einmal gesagt wurde: Das Team am Produktionsort hat hinsichtlich der Disposition eine *Abholpflicht*. Es macht sich gut, die
Kollegen bei Produktionsbeginn freundlich darauf hinzuweisen.
Produktionsmitarbeiter, die sich bei Drehschluß nicht vor Ort befinden, be-
kommen die Disposition gefaxt oder sonstwie zugestellt.
Natürlich verbleibt immer noch ein Personenkreis, bei dem eine telefonische
Verständigung ausreicht, aber grundsätzlich ist die Übermittlung einer Dis-
position vorzuziehen.

Höchst empfehlenswert ist es zudem, Dispositionen an gewissen ‚strategischen' Stellen zu hinterlegen. Beim Pförtner zum Beispiel und in der Telefonzentrale. Besitzt man einen Anrufbeantworter, sollte dieser Auskunft geben, wo ein Anrufer auch nach Drehschluß noch Einzelheiten aus der Dispo erfragen kann.

Beste und zuverlässigste Auskunftei in allen die Disposition betreffenden Fragen ist und bleibt natürlich der Aufnahmeleiter selbst. Seine Telefonnummern einschließlich seiner privaten gehören daher zu den wichtigsten Positionen in Stablisten, Dispos und Generaldispositionen.

13. Der Ablaufplan des Aufnahmeleiters

Exposé, Treatment, Drehbuch

Fernsehprojekte, die von einem Regisseur in Szene gesetzt werden, in denen darstellerisch agierende Mitwirkende vorkommen, und in denen eine dramaturgische Gestaltung stattfindet, nennt man ‚szenische Produktionen'. (Bei *TV-Filmen* hat sich neuerdings auch der Begriff *‚fiction'* eingebürgert.) Jeder szenischen *Film*-Produktion liegt ein redaktionelles Konzept zu Grunde, das je nach Stadium seiner Entstehung unter die Begriffe *Exposé* (Ideenskizze), *Treatment* (ausführlicher Handlungsablauf, einschließlich der Motive und handelnden Personen), *Rohdrehbuch* und *Drehbuch* genannt wird.

Sofern es sich um eine szenisch konzipierte *Live*-Sendung oder eine *MAZ*-Produktion handelt, werden diese Begriffe gleichfalls verwendet, nur spricht man seltener von einem ‚Drehbuch', sondern vielmehr nur von einem *Buch*, weil ‚Drehen' im Prinzip ein Begriff aus der Filmproduktion ist.

Der Aufnahmeleiter als Inspizient?

Anders als beim Spielfilm hat der Aufnahmeleiter bei MAZ-Produktionen eine zusätzliche Funktion zu erfüllen, nämlich die eines Inspizienten.

Der Beruf des Inspizienten stammt aus der Theaterbranche und bezeichnet eine Person, die bei Theaterproben und Vorstellungen verantwortlich ist für organisatorische Abläufe auf und hinter der Bühne sowie für die Auftritte der mitwirkenden Schauspieler.

Bei Aufnahmeleitern gibt es leider häufig Unklarheiten darüber, ob und in welchen Umfang sie überhaupt für Inspizententätigkeiten verantwortlich sind. Infolgedessen verfügen nur wenige Aufnahmeleiter im Studio und bei Außenübertragungen über die notwendige Sicherheit, um diese Aufgaben souverän zu meistern. Das schadet dem Berufsbild ungemein.

Im Ausland, besonders in den englischsprechenden Ländern, ist dieser Tätigkeitsbereich des Aufnahmeleiters unumstritten, der angelsächsische Begriff *Floor Manager* für TV-Aufnahmeleiter sagt das auch ganz deutlich. In Deutschland werden Inspizientenarbeiten hingegen gern an Regieassistenten delegiert, und zwar zum Teil aus einem Grund, der die Aufnahmeleiter keineswegs ehrt. Besonders bei großen Unterhaltungssendungen bedienen sich die Regisseure nämlich lieber der eigenen Assistenten, weil die Erfahrungen mit schlecht ausgebildeten Aufnahmeleitern sie vorsichtig gemacht haben.

Dabei sollte eines eigentlich klar sein: Wenn ein Regisseur in seinem Regieraum verschwindet, gehört der Regieassistent an seine Seite, um dort zu assistieren. Er macht sich Aufzeichnungen und Notizen, um diese in den Pausen und zwischen den Proben an den Stab weiterzugeben. Auf der Studiofläche arbeiten der oder die Aufnahmeleiter allein, immer vorausgesetzt, daß sie ihren Job beherrschen. Wenn sie ihn nicht beherrschen, sollen sie die Finger vom Geschäft lassen oder sich zumindest nicht Aufnahmeleiter nennen.

Es gibt eine ganze Reihe von Tips und Kniffen hinsichtlich der Vorbereitung und Durchführung des *Floormanagements* bei großen, szenischen Produktionen. Und es ist sicherlich nicht möglich, alle zu beschreiben oder in diesem Buch zu vermitteln. Eine Erkenntnis möchte ich dennoch weitergeben und mit Nachdruck unterstreichen: Die schlechteste Methode ist die, die ein Aufnahmeleiter selbst erfinden muß, weil ihm nie jemand eine andere beigebracht hat.

Beginnen wir nicht mit den Buchinhalten, beginnen wir mit dem, was der Aufnahmeleiter in der Hand hält, wenn die Produktion anfängt.

Der Kollege, der mit einer Handvoll Papierseiten in der Dekoration herumläuft, die alsbald aussehen, wie ein verwelkter Blumenstrauß, wirkt nicht besonders respektabel auf den Stab. Mit nichts könnte man ihn schneller in Verlegenheit bringen, als mit der Frage, für welche Programmnummer der Bechsteinflügel wieder zurück auf Bandstand ,A' muß. Erfahrungsgemäß wird er aber auch gar nicht erst von jemanden gefragt.

Hilfsmittel Klemm-Mappe

Versiertere Aufnahmeleiter besitzen eine sogenannte Klemm-Mappe, in die sie ihr Buch oder ihren Ablaufplan eingeheftet haben. Das ist schon besser als lose Seiten in der Faust, aber ideal ist eine solche Mappe nur für Regieassistenten. (Komischerweise sind Klemm-Mappen vielen Aufnahmeleitern offenbar nicht auszureden.)

Klemm-Mappen verwendet der Profi-Aufnahmeleiter nur dann, wenn die Inspizientenfunktion, so wie im Theater, Wort für Wort nach Dialogteilen durchzuführen ist, und die Stichworte präzise im Buch verfolgt werden müssen. Das gilt heutzutage grundsätzlich nur noch für Fernsehspiele, die lange Takes haben und mit der E-Kamera im Studio produziert werden. Die sind heutzutage sehr selten.

Für große Unterhaltungssendungen existiert das Buch meistens in zwei Versionen, einmal als umfangreichere Wortfassung, einschließlich aller gesungenen und gesprochenen Texte und einmal als stark verkürzter Ablaufplan, der nach voneinander abgegrenzten Programmpunkten aufgeteilt ist. Ein erfahrener Aufnahmeleiter besitzt natürlich beide Versionen. Er nimmt die Langfassung zur Kenntnis, heftet sie in der bereits erwähnten Klemm-Mappe ab und legt sie dann sanft zur Seite.

Klemm-Mappen und seitenreiche Buchfassungen bringen es mit sich, daß man, um Übersicht zu behalten, ständig blättern muß. Das aber wäre nicht die einzige Schwierigkeit für den Aufnahmeleiter. Mit einer Hand hält er die Mappe, mit der anderen Hand blättert er, mit der dritten Hand bedient er die Stoppuhr, mit der vierten gibt er Handzeichen und mit der fünften hält er einen vertrottelten Komparsen am Kragen fest, weil der schon wieder zu früh in die Szene rennen will. Aufnahmeleiter mit nur zwei Händen haben da nicht die besten Karten.

Allen schlechten Vorbildern zum Trotz arbeitet der Profi-Aufnahmeleiter deshalb fast ausschließlich mit dem Ablaufplan, gelegentlich auch Ablaufskizze genannt. Er arbeitet selbst dann mit dem Ablaufplan, wenn die Programmabteilung gar keinen liefert. Der Aufnahmeleiter stellt sich einen solchen dann zur Not selbst her. Dazu später.

Hilfsmittel Klemmbrett

Ebenfalls allen schlechten Vorbildern zum Trotz, benutzt der Profi ein *Klemmbrett* (amerikanisch *Clip Board),* das sich in einer einzigen Hand halten läßt, und das man für wenig Geld in jedem Kaufhaus bekommt. Wer sich je an ein solches Klemmbrett gewöhnt hat, arbeitet kaum noch mit etwas anderem.

Es gibt allerdings gute und weniger gute. Die Kaufhausexemplare sind meistens nicht allzu stabil und leben daher nicht lange. Besser, wenn auch weniger elegant, sind Klemmbretter, die man sich selbst aus Sperrholz zuschneiden läßt. Die praktischsten Stücke kann man bei den Studio-Aufnahmeleitern in den USA bewundern. Sie sind fast immer Marke ‚Eigenbau' und sehen deshalb sehr schnell reichlich abgegriffen aus. Aber sie stellen eines der wichtigsten Arbeitsinstrumente des Studio-Aufnahmeleiters dar, da dürfen sie halt auch abgegriffen sein. Im übrigen lohnt es sich schon, hier ein wenig Mühe und etwas Geld zu investieren.

Das ‚amerikanische' Klemmbrett

Für dieses ideale Aufnahmeleiter-Klemmbrett benötigt man folgendes:

- Ein 6 oder 8 mm starkes Sperrholzbrettchen mit den Abmessungen 28 x 35 cm, farblos lackiert
- Eine stabile Papierklammer aus Metall, aufschraubbar
- Zwei preiswerte Stoppuhren mit LCD-Anzeige
- Einen Schreibstifthalter
- Doppelseitig klebende ‚Spiegelkleber'-Pads

Die Klammer schraubt man an den Kopf des Brettes, und zwar ein wenig nach rechts versetzt, so daß eingespannte Papierbögen auf der linken Brettseite einen ca. 6 cm breiten Rand freilassen.

Die beiden Stoppuhren – es sollten wirklich nicht die teuersten sein – klebt man auf den linken Rand untereinander. Die Bedienknöpfe der ersten Uhr sollten um einige Millimeter über den oberen Rand des Brettes hinausragen. Die Klebe-Pads halten die Uhren bombenfest auf dem Brett, das halbjährliche Auswechseln der Batterie geht aber leicht, wenn man einen kleinen Schraubenzieher zu Hilfe nimmt, um die Uhren vorübergehend abzulösen. Die obere Stoppuhr läßt sich mühelos mit der linken Hand bedienen, die auch das Brett hält. Nur auf eines muß beim Kauf geachtet werden: Der vielen Uhren eigene ‚Pieper' muß fachmännisch stillgelegt werden, sonst kann man anschließend bei der Arbeit im Studio unangenehme Überraschungen erleben.

Ach ja, – Linkshänder sollten nicht vergessen, den Rand für die Stoppuhren auf die rechte Seite zu verlegen.

Einrichten des Ablaufplans durch den Aufnahmeleiter

Für Ablaufpläne gibt es keine vorgeschriebene Form, daher sehen sie, je nachdem aus welcher Redaktion und aus welcher Rundfunkanstalt sie kommen, immer unterschiedlich aus. Nur eine Sache ist ihnen stets gemein: Die Aufteilung der Programmpositionen ist immer so, wie sie der Aufnahmeleiter am allerwenigsten brauchen kann.

Für den Aufnahmeleiter stellen sich bei jeder Produktion und bei jedem Programmablauf zwei Fragen: 1. Was passiert bei jedem Programmpunkt vor der

Kamera? 2. Was geschieht während desselben Programmpunkts *hinter* der Kamera? Das Einrichten nimmt der Aufnahmeleiter folgendermaßen vor:

1. Schritt:

Mit einem nicht zu dicken *Filz*schreiber teilt er den Programmablauf durch Ziehen *waagerechter* Linien neu ein. Dabei interessieren ihn

- jeder Schauplatzwechsel (Dekorationswechsel),
- alle Zuspielteile
- alle Musikdarbietungen

Der Aufnahmeleiter unterscheidet also nicht nach redaktionellen Programmpunkten, wenn nicht gleichzeitig auch die *Dekoration* oder der *Schauplatz* wechseln, oder aber Zuspiele vorgesehen sind, bzw. Musikdarbietungen.

2. Schritt:

Mit dem gleichen Filzschreiber zieht er durch die Seiten*mitte* eine *senkrechte* Linie über den Ablaufplan. Er tut das ohne Rücksicht auf den Text, der da geschrieben steht. So teilt er jeden Block in eine linke und eine rechte Hälfte.

3. Schritt:

Rechts und links zieht er zwei weitere *senkrechte* Linien, die etwas 2-3 cm vom jeweiligen Seitenrand entfernt sind.

4. Schritt:

Die *Bild-Zuspielteile* werden im *linken* Feld mit dem Filzstift markiert: Zuspiele mit eigenem Ton markiert man durch diagonales Durchkreuzen, Zuspiele mit Off-Kommentar aus dem Studio mit einem einzigen diagonalen Strich.

5. Schritt:

Die *Musikdarbietungen* werden im *linken* Feld durch Einfügen eines Symbols (z.B. eines großen Notenschlüssels) gekennzeichnet. Ein Hinweis darauf, ob Playback oder live gespielt wird, ist nützlich.

6. Schritt:

Programmpunkte, die eine *Zeitnahme* durch den Aufnahmeleiter erfordern, werden durch ein weiteres Symbol (z.B. eine stilisierte Stoppuhr) ebenfalls im linken Feld kenntlich gemacht.

Nach dieser Arbeit kommt der Filzstift ins Futteral. Die nun folgenden Einzeichnungen nimmt der Aufnahmeleiter mit *Bleistift* oder *Kugelschreiber* vor. Dabei ist es wichtig, daß er sich einer Nomenklatur aus Symbolen be-

dient, die er einzuüben hat. Vielen Aufnahmeleitern ist das bekanntermaßen
lästig, sie haben nicht viel Lust, sich an die Symbole zu gewöhnen. Aber um
alle entscheidenden Vorgänge während des Programmablaufs unter Kontrolle
zu halten, kommt niemand um Symbole herum. (Die einzige und häufig
praktizierte Alternative besteht darin, auf die Symbole zu verzichten und
folgerichtig nichts unter Kontrolle zu haben).

Anfängern wird es häufig als Tugend verkauft, wenn sich der Aufnahmeleiter
bei Regiebesprechungen und Proben so viel wie möglich aufschreibt. Sicher,
das ist nützlicher, als einfach nicht hinzuhören. Aber die Notizen des Aufnahmeleiters müssen ja gegebenenfalls auch blitzschnell umzusetzen sein,
und das läßt sich kaum bewerkstelligen, wenn er während der Live-Sendung
erst einmal seine gesammelten Prosawerke studieren muß, um zu wissen, was
in der Szene gerade Sache ist. Darüber hinaus fragt es sich, wo er denn den
Platz für ausführliche Notizen hernehmen will. Ablaufskizzen verfügen über
wenig Leerraum.

Die gebräuchlichsten Symbole finden sich in der als Anlage beigefügten
Liste. Dabei ist es selbstverständlich, daß sich jeder Aufnahmeleiter die
Symbole so zurechtlegt, wie es ihm seine Zeichenkunst erlaubt. Entscheidend
ist, daß die Zeichen gut einprägsam sind und unter keinen Umständen Verwechslungen zulassen.

Die *linken* Felder der Ablaufskizze erhalten nun die Zeichen für die Kamera,
die des erste Bild hat, Personen-Auftritte, Requisiten-Handreichungen und,
da, wo eine Zeitnahme mit entsprechendem ‚Auswinken' des Moderators
stattzufinden hat, die Uhrzeit oder die Minute zu der das Auswinken beginnt.
(In der Regel winkt der Aufnahmeleiter die letzten drei Minuten aus. Das
bedeutet, daß, wenn für ein Interview 10 Minuten vorgesehen sind, neben
dem Symbol für Zeitnahme, 7'00" vom Aufnahmeleiter eingetragen werden.
Muß der Aufnahmeleiter nach Realzeit auswinken, notiert er neben seinem
Symbol 19.55' 00", sofern das Interview um 19.58 Uhr enden soll.)

SE*M*INAR
MAGAZIN AM ABEND Nr. 45
Produktionsnummer 3400/2230

Datum:
Redaktion: Rudolphi
Produktionsleitung: Plättner
Regie: Risse

Redaktioneller Ablaufplan, Zeit 19.00 bis 19.50

---

1. MAZ : 30"

VORSPANN "MAGAZIN AM ABEND"

2: STUDIO LIVE: 1'15"

Begrüßung **Marius** und **Marion** vor Publikum.
Überleitung Gespräch "Musikszene"

---

3. STUDIO LIVE: 10'00"

Deko Gesprächstisch
(Hintergrund Großfoto L.V. Beethoven, 1 Foto Elvis Presley

Gespräch "Musikszene" mit **Marius** und **Marion**, Gäste:
Dr. W. Gallmeyer (Plattenindustrie)
Otto Geis (Musikjournalist)
Peter Groß (Musikverleger)

---

4. STUDIO LIVE: 45"

Überleitung **Marius** zu "The Big Macks"

---

5. STUDIO LIVE: 3'30"

mit Vollplayback, Bandstand "The Big Macks",

Titel: 'Back to my Country'

6. STUDIO LIVE: 1'30"

vor Publikum Moderation Marion,
Überleitung zu Diskussionsthema
'Verkehrshindernis Straßenbahn'?

---

7. MAZ: 5'00"

"VERKEHRSHINDERNIS STRASSENBAHN"

---

8. STUDIO LIVE: 3'30"

Deko Gesprächstisch,
Hintergrund Großfoto 'Historischer Stadtplan',
Straßenbahnmodelle auf dem Tisch.
Thema: 'Verkehrshindernis?' Marius, Gäste:

Heinrich Gürlich (Bürgermeister)
Helmut Gantz (Verkehrsexperte)
Holger Gäcke (Stadtrat und Experte für Verkehrsplanung

---

9. MAZ: 1'30"

HISTORSCHES MATERIAL ÜBER DIE
'GESCHICHTE UNSERER STRASSENBAHN'

Kommentar **Marius** und Gäcke live dazu

---

10. STUDIO LIVE: 3'00"

Fortsetzung Diskussion 'Verkehrshindernis?'

---

11. STUDIO LIVE: 30"

Überleitung **Marius** auf MAZ "ZIRKUSWELT UND VARIETE"

12. MAZ: 3'30"

"ZIRKUSWELT UND VARIETE"

13. STUDIO LIVE: 7'00"

mit Playback-Musikzuspiel, Bandstand: Varieté-Darbietung 'Zauberkünstler'
"The Magic Zampano"
(vor schwarzem Vorhang). Musik Playback "Zampano"
geht während der Darbietung ins Publikum
und beendet die Zaubernummer dort mit einem Taschendiebtrick.

14. STUDIO LIVE: 30"

vor und mit Publikum: Gespräch **Marius**, Zampano

15. STUDIO LIVE: 3'30"

auf Bandstand: **Marion**, Interview mit "The Big Macks"

16. STUDIO LIVE: 3'40"

mit Vollplayback "The Big Macks" mit 'Night is over'

17. STUDIO LIVE: 20"

Vor Sendungsemblem, **Marius** und **Marion** verabschieden
sich gemeinsam mit Schokoladen-Nikolaus, Festtagswünsche.

18. MAZ: 30"

ABSPANN, TITEL

die Check Liste

Decho	Fritz.	Kameras
1. Fotos Elvis + Beeth. [TISCH]	1. MARIUS [PUB 1] 2. MARION [PUB 1]	K1 Wilfried
2. "Big Mack's" Hinkerpacd [B·ST.]	3.	K2 Günther
		K3 Friedhelm
	Dr. Gellmeyer (1) Geis (2) Groß (3)	K4 Gerda
		(Skizze?)
	6. Bgm Gürlich ⎫ Stand by Gantz ⎬ · Gäcke ⎭ EINGANG	
	7. "Big Mack's" [B·ST.]	
	8. "Zampano" Stand by	
	9. jg Mädchen Publikum !	

MAGAZIN AM ABEND Nr. 45
Produktionsnummer 3400/2230

Datum:
Redaktion: Rudolphi
Produktionsleitung: Plättner
Regie: Risse

Redaktioneller Ablaufplan, Zeit 19.00 bis 19.50

1. MAZ : 30"

~~VORSPANN "MAGAZIN AM ABEND"~~

30"

_19.00.30_

2: STUDIO LIVE: 1'15"

Begrüßung **Marius** und **Marion** vor Publikum.
Überleitung Gespräch "Musikszene"

1'15"

3. STUDIO LIVE: 10'00"

Deko Gesprächstisch
(Hintergrund Großfoto L.V. Beethoven, 1 Foto Elvis Presley

Gespräch "Musikszene" mit **Marius** und **Marion**, Gäste:
Dr. W. Gallmeyer (Plattenindustrie)
Otto Geis (Musikjournalist)
Peter Groß (Musikverleger)

10'00"

4. STUDIO LIVE: 45"

Überleitung **Marius** zu "The Big Macks"

45"

_19.09.30_

_19.12.30_

5. STUDIO LIVE: 3'30"

mit Vollplayback, Bandstand "The Big Macks",

Titel: 'Bye my Country'

3'30"

_19.16.00_

(19.16.00)

6. STUDIO LIVE: 1'30"

vor Publikum Moderation Marion,
Überleitung zu Diskussionsthema
'Verkehrshindernis Straßenbahn'?

1'30"

19.17.30"

7. MAZ: 5'00"

"VERKEHRSHINDERNIS STRASSENBAHN"

5'00"

19.22.30

8. STUDIO LIVE: 3'30"

3'30"

Deko Gesprächstisch,
Hintergrund Großfoto 'Historischer Stadtplan',
Straßenbahnmodelle auf dem Tisch.
Thema: 'Verkehrshindernis?' Marius, Gäste:

Heinrich Gürlich (Bürgermeister)
Helmut Gantz (Verkehrsexperte)
Holger Gäcke (Stadtrat und Experte für Verkehrsplanung

9. MAZ: 1'30"

'HISTORSCHES MATERIAL ÜBER DIE
GESCHICHTE UNSERER STRASSENBAHN'

Kommentar Marius und Gäcke live dazu

1'30"

10. STUDIO LIVE: 3'00"

Fortsetzung Diskussion 'Verkehrshindernis?'

3'00"

19.27.30

19.30.30"

11. STUDIO LIVE: 30"

Überleitung Marius auf MAZ "ZIRKUSWELT UND VARIETE"

30"

19.31.00

	12. ~~MAZ: 3'30"~~		3'30"
	~~"ZIRKUSWELT UND VARIETE"~~		
19.34.30	13. STUDIO LIVE: 7'00"		7'00
	mit Playback-Musikzuspiel, Bandstand: Varieté-Darbietung 'Zauberkünstler' "The Magic Zampano" (vor schwarzem Vorhang). Musik Playback "Zampano" geht während der Darbietung ins Publikum und beendet die Zaubernummer dort mit einem Taschendiebtrick.		
	14. STUDIO LIVE: 30"		30"
	vor und mit Publikum: Gespräch Marius, Zampano		
19.42.00	15. STUDIO LIVE: 3'30"		3'30"
	auf Bandstand: Marion, Interview mit "The Big Macks"		
	19.42.30		
19.45.30	16. STUDIO LIVE 3'40"		3'40"
	mit Vollplayback "The Big Macks" mit 'Night is over'		
19.49.10	17. STUDIO LIVE: 20"		20"
	Vor Sendungsemblem, Marius und Marion verabschieden sich gemeinsam mit Schokoladen-Nikolaus, Festtagswünsche.		
19.49.10	~~18. MAZ: 30"~~		30"
	~~ABSPANN, TITEL~~		
19.50.00			

$\widehat{P}$ = Publikumstisch

Q = Mitwirkender/Gesprächspartner

● = Moderator (zur Markierung der Standposition)

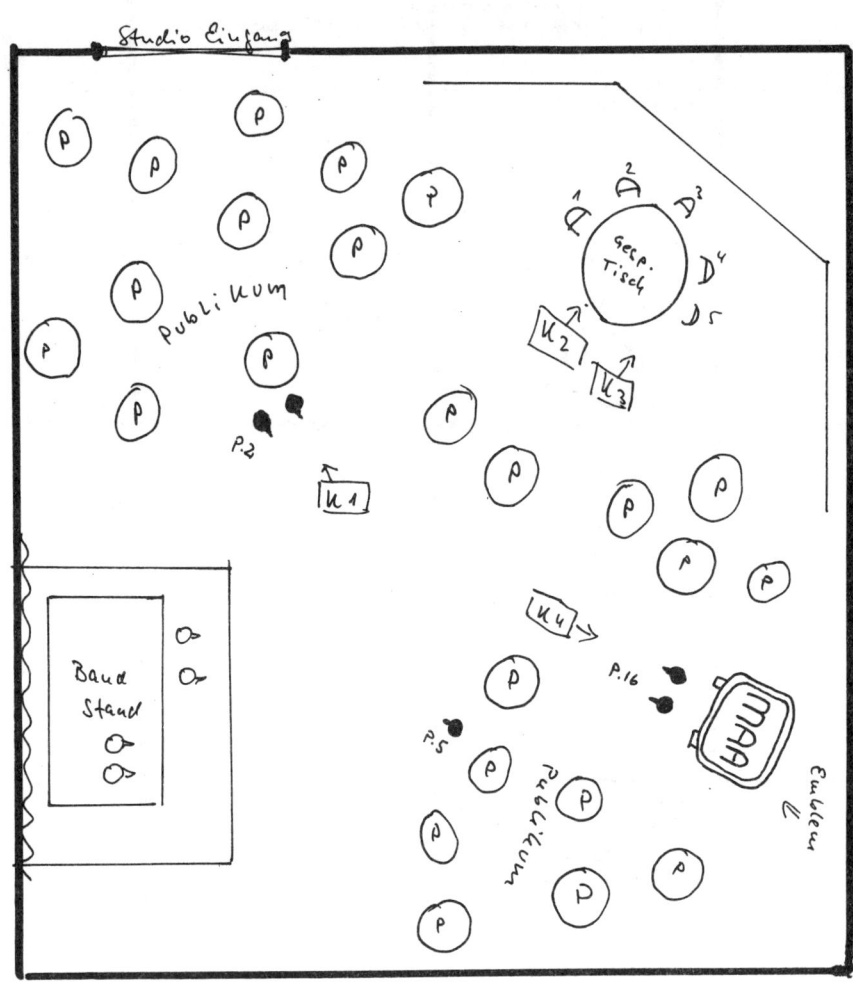

Beispiele für interne Arbeits-Symbole im AL-Ablaufplan

Symbol	Bezeichnung	Beschreibung
! **.**	Achtungszeichen (Stand By)	Das Achtungszeichen gibt man dem Mitwirkenden, dessen Auftritt als nächstes bevorsteht, und zwar mit der hochgehobenen Hand.
(Symbol)	Auftritts- (oder Einsatzzeichen)	Wird zum unmittelbaren Auftritt gegeben
[K 2]→	Kamera (hier Kamera 2)	(Nur Anfangseinstellungen werden ggf. vom Aufnahmeleiter notiert. Wenn nötig erhält der Moderator ein Einsatzzeichen beim ersten Rotlicht.)
[3]	Dekoration bzw. Schauplatz bzw. Stehposition	Schauplätze oder Standpositionen werden durch Kästchen mit Kurzbezeichnung oder einfach mit einer laufenden Nummer symbolisiert.
(Notenschlüssel)	Musikdarbietung	Ggf. zu kennzeichnen, ob Playback oder Live
(Stoppuhr) 4'	Zeitnahme von einzelnen Programmpositionen, (hier: Auswinken nach 4 ')	
(Stoppuhr) 44' 30	Zeitnahme nach Echtzeit: bei Live-Programmen oder 'Live on Tape' - Aufzeichnungen.	
→ [1]	in die Dekoration (Position) hinein	Umzüge von Personen und Gegenständen an neue Positionen während der vorangehenden , laufenden Programmteile.
← [1]	aus den Dekoration (Position) hinaus	s.o.
O-	Mitwirkender	Mitwirkende und evtl. die vorgesehene Sitzordnung werden so skizziert
●-	Moderator	
(1) (2) (3) ●	AL-interne Nummernbezeichnung für Mitwirkende	Namen lassen sich schlecht in der Skizze unterbringen, die Numerierung hilft, sich vorgesehene Sitzpositionen zu merken.

Zu beachten ist, daß in die linken Felder lediglich die Aktivitäten eingetragen werden, die dem jeweils laufenden Programmpunkt gelten, also den Dingen, die sich gerade vor den Kameras abspielen. In die rechten Felder werden die Symbole für alle Aktivitäten eingetragen, die sich während eines laufenden Programmpunkts hinter den Kameras abspielen und mit denen die kommenden Programmpunkte vorbereitet werden, z.B. das Arrangieren von Personengruppen sowie das Umbauen und Umrichten von Schauplätzen, die als nächstes auf dem Ablaufplan stehen.

Die rechten Felder stellen für den Aufnahmeleiter gewissermaßen die Vorschau für die kommenden Programmpunkte dar, während die linken Felder sich jeweils auf das beziehen, was sich zur gleichen Zeit vor den Kameras abspielt.

In die seitlichen Rubriken, die durch die beiden senkrechten Filzstift-Striche entstanden sind, notiert der Aufnahmeleiter die Programmzeiten. Auf die eine Seite kommt die Realzeit, auf die andere die Zeiten der einzelnen Programmpositionen. Die Einzelzeiten werden durch die Redaktion vorgegeben, die laufende oder die Realzeit meistens nicht, die darf sich der Aufnahmeleiter dann in einer stillen Minute Position für Position selbst ausrechnen.

Häufig stehen die Einzellängen einiger Positionen bei Probenbeginn noch nicht fest, z.B. weil noch nicht alle Zuspiel-Beiträge fertig geschnitten sind. Dann muß sich der Aufnahmeleiter in Geduld fassen. Er darf aber auch sicher sein, daß er später den Anranzer bekommt, wenn der Moderator die Zeit verschleppt hat, und das Programm überzogen wurde. Dagegen gibt es kein sicheres Rezept, aber es gibt Möglichkeiten, die Angelegenheit einigermaßen in den Griff zu bekommen. Als Beispiel mag die Vorabendsendung "Magazin am Abend" dienen, von der es im Hinblick auf die Programmform sicherlich Dutzende nahezu identisch strukturierter Sendungen gibt, und die gut geeignet ist, die Arbeit eines Aufnahmeleiters im Studio zu beschreiben.

Beispiel "Magazin am Abend": Der Ablaufplan hat den Vorzug, bereits alle Zeiten der Einzelpositionen aufzuweisen, was, wie gesagt, nicht selbstverständlich ist. Der Aufnahmeleiter fertigt jetzt das beschriebene Raster mit seinem Filzstift an, wobei er folgendes berücksichtigt:

Die Positionen 1 und 2 sind auch für ihn Einzelpositionen. Die Positionen 3 und 4 zieht er zusammen, sie sind für ihn ein Programmpunkt, da sie in der selben Dekoration unmittelbar hintereinander stattfinden. Dasselbe gilt für die Punkte 8, 9 und 10 sowie für die Punkte 13 und 14.

Die Positionen 1, 7, 12 und 18 sind MAZ-Zuspiele und werden in der linken

Hälfte des Ablaufplans durchgekreuzt. Position 9 ist ebenfalls ein MAZ-Zuspiel, stellt aber eine Besonderheit dar. Dieses Zuspiel wird aus dem Studio live kommentiert, was heißt, daß die Mikrofone offen bleiben. Dieser Punkt wird deshalb nur durch einen einzigen diagonalen Strich gekennzeichnet. Gleichzeitig ist Punkt 9 als Teil der Gesamtposition zeitlich nicht vom restlichen Interviewteil zu trennen. Bei der Zeitnahme ist für den Aufnahmeleiter daher die Minutensumme der Punkte 8, 9 und 10 maßgeblich.

Die Programmpunkte 5 und 16 erhalten im linken Feld das Musiksymbol, den Violinschlüssel, und die Punkte 3, 8–10 sowie 15, für die ein Mitstoppen wichtig ist, bekommen die Uhr als Zeichen einer Zeitnahme.

Die Abbildung des Muster-Ablaufplans zeigt deutlich den Vorteil, den die Benutzung eines Filzschreibers beim Einrichten für den Aufnahmeleiter mit sich bringt. Die Ablaufskizze wird für ihn auf Anhieb übersichtlicher. Die restlichen Einzeichnungen erfolgen Jetzt mit einem konventionellen Schreibstift, sonst geht die gerade gewonnene Übersichtlichkeit wieder zum Teufel.

Als nächstes muß sich der Aufnahmeleiter ans Rechnen machen, dafür muß er ein paar Minuten ungestört sein.

Die ‚Zeit-Puffer'

In der linken äußeren Spalte fügt er die laufenden Minuten und Sekunden der *Realzeit* (bei Aufzeichnungen statt der Realzeit die *laufende Zeit*) ein. Er orientiert sich dabei an der Endzeit, beginnt also mit der letzten Position und rechnet dann rückwärts. Für das Programm ist ja entscheidend, daß die Sendung rechtzeitig endet, und zwar auch dann, wenn der Einstieg durch Überziehen der vorangegangenen Sendungen zu spät erfolgte.

Viele Aufnahmeleiter rechnen ihre Realzeit auch gar nicht bis zum Sendungsanfang durch, sondern nur bis etwa zur Ablaufmitte. Wichtig ist für sie, die Realzeit für 1-2 "Puffer-Positionen" festzustellen, damit sie hier durch realzeitbezogenes Auswinken die Länge der Sendung steuern können.

Beim vorliegenden Beispiel unseres "Magazin am Abend" stellen die letzten 3 Positionen praktisch keine Puffer dar, ihre Längen sind vorgegeben und so gut wie unveränderbar. Position 15, das Interview mit den ‚Big Macks', soll laut Plan 3'30" dauern und wäre also der erste "steuerbare" Programmpunkt von hinten gesehen. Nach Realzeit muß das Interview, das ablaufplanmäßig um 19.42.00 beginnt, um 19.45.30 enden. Da der Aufnahmeleiter 3 Minuten vor Schluß auswinken will, beginnt er mit seinen Handzeichen folgerichtig um *19.42.30"*. Das macht er nunmehr absolut konsequent, ganz gleich, ob die Moderatoren vorher Zeit gewonnen oder verloren haben. In den meisten Fällen hat er Gelegenheit, sich einige Sekunden vor dem Interview mit dem Moderator zu verständigen und zu signalisieren, ob die verbleibende Zeit gut oder knapp bemessen ist. Gibt es eine solche Gelegenheit nicht, muß der Moderator wissen, daß er bei Plus- oder Minus-Zeiten vom Aufnahmeleiter "gesteuert" wird. Beruhigender ist es, wenn der Aufnahmeleiter die Möglichkeit hat, über mindestens 2 Puffer-Positionen zu verfügen, in unserem Beispiel wäre das der Block aus den Punkten 8, 9 und 10. Diese Diskussion soll planmäßig 8 Minuten dauern, liegt allerdings noch ziemlich am Beginn der Sendung. Bei einem verspäteten zeitlichen ,Einstieg' ins Programm könnte eine Zeitkorrektur wünschenswert sein. Demnach würde der Aufnahmeleiter also um 19.27.30 mit dem Auswinken beginnen, selbst wenn das Zuspiel gerade läuft, um zeitlich wieder Tritt zu fassen.

Es gibt wichtige und weniger wichtige Interviews. Ein Redakteur würde es seinem Aufnahmeleiter sicherlich übelnehmen, wenn dieser ein Gespräch mit dem Ministerpräsidenten sekundengenau auswinkt, während als nächster Punkt noch ein 8-Minuten-Gespräch mit dem Vorsitzenden des Kaninchenzüchtervereins ansteht. Der Aufnahmeleiter muß sich nach Möglichkeit mit dem Redakteur darüber absprechen, welchen Programmpunkt man vorzugsweise als Puffer verwenden will. Notfalls gibt es während des laufenden Programms auch immer noch die Kommandoverbindung zum Kopfhörer des Aufnahmeleiters, um eine Verständigung zu bewerkstelligen.

Die übrigen Arbeiten zum Einrichten des Ablaufplans finden sich im anliegenden Muster wieder, dabei wäre noch zu bemerken, daß viele Aktivitäten, die sich vor und hinter der Kamera abspielen, erst bei den Stell- und Absprechproben endgültig Gestalt annehmen. Bis zum ersten Programmdurchlauf bzw. bis zur Sendung ergeben sich deshalb laufend neue Einzelheiten und Änderungen.

Nicht selten muß sich der Aufnahmeleiter zur besseren Übersicht zum Schluß eine saubere Zweitfassung seines Ablaufs anfertigen, jedenfalls bei szenischen Produktionen. Bei aktuellen Sendungen bleibt ihm dafür meistens kaum Zeit.

In der Zusammenarbeit mit Regie und den Mitwirkenden wird in deutschen Studios bedauerlicherweise eine Sache stark vernachlässigt, das ist das Anfangs-Handzeichen für den Moderator zu Beginn eines neuen Programmpunkts.

Das Einsatz-Handzeichen
Viele Kollegen meinen, der Moderator sehe ja das Rotlicht oder gar seinen Monitor, und das müsse nun wirklich genügen. Es genügt nicht.

Was ist, wenn der Moderator die falsche Kamera anvisiert, wenn ein Scheinwerferreflex auf das Rotlicht fällt und es fast unsichtbar macht?

Was ist, wenn der Monitor ausfällt, oder irrtümlich ein falsches Programm aufgeschaltet wurde?

Hat wirklich niemand ein Herz für jene hilflosen Politkommentatoren, die z.B. bei hochaktuellen Wahlsendungen hektisch, aber stumm in die Kamera starren? Jeder sieht sie, und nur sie selbst merken nichts. Wie häufig hat die ganze Fernsehnation schon das verzweifelte Gequake aus den Mini-Kopfhörern mitgehört, wenn die Regie schrie: "Fritz, du bist drauf!" Und alle haben es verstanden, nur Fritz nicht.

Was keiner versteht ist, warum neben der Kamera kein Aufnahmeleiter steht, der sich und den Moderator auf diese Situation vorbereitet hat.

Sicher, in solchen Fällen gibt es in der Regel keinen so genauen Ablaufplan, daß ein Einstieg in die Live-Sendung sekundengenau zu planen wäre. Das ist aber auch gar nicht nötig, wenn der Aufnahmeleiter, der einen sehr viel besseren Kopfhörer trägt als der Moderator und der sich mühelos den Blick auf einen HF-Empfänger organisieren kann, sich mit dem Reporter auf ein Handzeichen verständigt.

Grundsätzlich hat ein Aufnahmeleiter ein Handzeichen auf Kamera-Rotlicht zu geben, wenn ein neuer Programmpunkt beginnt. Bei den Stellproben wird durch den Regisseur festgelegt, welche Kamera anfängt.

Überhaupt gibt es auch hinsichtlich des bereits erwähnten ‚Auswinkens‘ eine Reihe von Unsicherheiten, die man ohne weiteres vermeiden kann.

Das ‚Auswinken‘
Das Auswinken nach Minuten geschieht mit den Fingern. Nicht mit Kärtchen und dergleichen. Die kann man verwechseln, und wenn es ganz dicke kommt, fallen sie einem mit einem Platsch aus der Hand auf den Studioboden oder sonstwohin.

Jeder Moderator hat üblicherweise ‚seine' Kamera, das ist die, die ihm diagonal gegenüber steht. Neben und *nicht hinter* diese Kamera plaziert sich der Aufnahmeleiter. Die Moderatoren nehmen Aktivitäten, die sich hinter der Kamera-Phalanx befinden meistens nicht so zuverlässig wahr.

Im Idealfall befindet sich die winkende Hand auf Objektivhöhe. Wenn das technisch nicht gut möglich ist, hält man die Finger etwas höher. Entscheidend ist, daß das Zeichen vom Moderator gut zu erkennen ist. Es ist im Zweifelsfall keineswegs unprofessionell oder ungewöhnlich, wenn sich der Aufnahmeleiter vor der Sendung mit dem Moderator darüber abspricht, von welcher Stelle aus er seine Zeichen geben soll.

Routinierte Moderatoren lassen es sich nicht anmerken, wenn sie den Zeithinweis des Aufnahmeleiters erkannt haben. Auf der anderen Seite ist es für den Aufnahmeleiter kein so gutes Gefühl, nicht zu wissen, ob sein Zeichen angekommen ist. Um einigermaßen sicher zu gehen, gibt man das Zeichen etwa 10 Sekunden lang. Wird auf 3 Minuten ausgewinkt, hält der Aufnahmeleiter seine Hand also von 2'55" bis 3'05" oben. Manchmal ist es nützlich, die Hand sehr langsam und ohne Hektik etwas auf und ab zu bewegen.

Die letzten 30 Sekunden signalisiert man mit einem eingeknickten Finger. Da dieses Zeichen nicht unbedingt klar erkannt wird, kann man auch die ganze Hand mit vier eingeknickten Fingern zeigen. Das Zeichen für ‚Schluß' gibt man 10 Sekunden vor Ende des Programmpunkts. Der Aufnahmeleiter zeigt die Handfläche zum Moderator und bewegt sie deutlich hin und her.

Zurück zum Ablaufplan. Zu Beginn des Ablaufs befinden sich Dekorationselemente, Requisiten, Mitwirkende und Kameras in ihren jeweiligen Anfangspositionen. Viele dieser Positionen verändern sich im Verlauf der Sendung. Die Veränderungen hat der Aufnahmeleiter Punkt für Punkt im Ablaufplan vermerkt, um sie zu überwachen.

Die Checkliste

Für die Klarmeldung der Szene zu Beginn eines Gesamtdurchlaufs bzw. der Sendung hat der Aufnahmeleiter eine Checkliste angefertigt, nach der er die Vorkontrolle für die Klarmeldung vornimmt. Diese Liste teilt sich grundsätzlich immer auf in:

- Dekoration/Requisiten
- Mitwirkende
- Kameras/Ton

Wenn es sich um größere szenische Produktionen handelt, ist außerdem eine vom Aufnahmeleiter gezeichnete Skizze von Nutzen, die allerdings nicht maßstabgerecht und im Zweifelsfalle nur vom Aufnahmeleiter zu entziffern sein muß.

Im Falle des "Magazin am Abend" sieht die Checkliste folgendermaßen aus:

Dekoration/Requisiten
1. Fotos ‚Elvis' und ‚Beethoven' an Gesprächstisch
2. Hintergrund für ‚Big Macks' auf Bandstand
3. Musikinstrumente ‚Big Macks' auf Bandstand

Mitwirkende
1. Marius vor Publikum (Standort 1)
2. Marion vor Publikum (Standort 1)
3. Gesprächspartner an Gesprächstisch
   Dr. Gallmeyer (1)
   Herr Geis (2)
   Herr Groß (3)
   (Sitzordnung nach Numerierung)
4. Gesprächspartner auf Warteposition am Eingang
   Bürgermeister Gürlich (1)
   Herr Gantz (2)
   Herr Gäcke (3)
7. ‚Big Macks' auf Bandstand
8. ‚Zampano' auf Warteposition
9. Junges Mädchen im Publikum vorbereiten

Kameras
1. Wilfried (auf Gesprächstisch)
2. Günther (auf Gesprächstisch)
3. Friedhelm (auf Gesprächstisch)
4. Gerda (auf Moderatoren)

Ein Muster für eine ziemlich einfache Checkliste liegt als Anlage bei, und es ist auf den ersten Blick ersichtlich, daß das Schreiben einer solchen Liste höchst umständlich wäre, wenn man sich nicht hier schon der erwähnten

Symbole bedienen würde. Durch die Symbole hat der Aufnahmeleiter allerdings kaum Mühe und Zeitaufwand, und der Wiederekennungswert von
Symbolen ist nach einigen Wochen der praktischen Erprobung durch nichts
zu optimieren.

Die Wartepositionen

Bleibt noch ein kurzer Hinweis auf die Warteposition.
In der Tat ist es ein kleines Problem, Mitwirkende irgendwo ‚aufzubewahren‘, die erst im späteren Verlauf der Sendung an ihren Platz gebracht werden
müssen, die der Aufnahmeleiter aber zum Zeitpunkt einer Klarmeldung gewissermaßen unter Kontrolle haben muß. Nur so kann er ja sicher sein, daß er
diese Leute rechtzeitig in die Dekoration bringen kann. Hier gilt, was auch
bei umfangreicheren, szenischen Produktionen gilt: Die Mitwirkenden werden an einen dafür vorgesehenen Platz möglichst außerhalb der Dekoration,
aber in Sichtweite, auf Stühle gesetzt. Um in der Aufnahmeleiter-Sprache zu
reden, sie werden ‚geparkt‘.
In Veranstaltungshallen, in denen das Fernsehen häufig seine großen Unterhaltungssendungen präsentiert, befinden sich die Künstlergarderoben meistens sehr weit vom Ort des Geschehens entfernt. Der Aufnahmeleiter, der
die Mitwirkenden bis zu ihren Auftritten in die Garderoben schickt, muß
schon gute Nerven und einen sehr zuverlässigen Gehilfen haben, um bei einer
Live-Sendung ruhig zu bleiben. Besser ist die Einrichtung jener schon erwähnten ‚Parkplätze‘ hinter oder in der Nähe der Dekoration, an denen Monitoren und kleine Tische stehen sowie bequeme Stühle, ggf. versehen mit
dem Namen des Künstlers. Hier kann sich die Aufnahmeleitung kurz vor
Beginn des Durchlaufs von der Anwesenheit aller überzeugen. Nur sehr pro-
minente sowie betagte Mitwirkende holt man zu ihren Auftritten aus ihrer
Garderobe.
Bei Produktionen von der Art unseres "Magazin am Abend" wäre ein solcher
Aufwand allerdings ein wenig übertrieben. Einen zuverlässigen Ort zum
‚Parken‘ einzurichten, ist dennoch ratsam.
Sollte der hier beschriebene Ablaufplan zunächst ein wenig ungewohnt für
erfahrene Aufnahmeleiter sein, es lohnt sich, ihn einige Male auszuprobieren.
Auf Anhieb wird sich der Vorteil dieses Systems vielleicht noch nicht zeigen,
bei einiger Übung ist das Verfahren aber ideal und nicht zu übertreffen.

Der Ablaufplan bei szenischen Produktionen

Für szenische Produktionen, also große Shows usw., hat sich die oben geschilderte Form des Aufnahmeleiter-Ablaufplans in derselben Weise bewährt wie bei aktuellen Sendungen. Grundsätzlich unterscheiden sich die Produktionsformen nämlich nur durch ihren Umfang voneinander. Das sieht man schon an der beschriebenen Checkliste. Sie ist bei szenischen Produktionen erheblich länger.
Das bedeutet auch, daß dann die Arbeit von mindestens zwei Aufnahmeleitern in der Szene getan werden muß.

Naheliegend ist es, daß die Programmpositionen alternierend von den beiden Aufnahmeleitern überwacht werden. Während der eine die laufende Programmposition überwacht, Auftritte gibt usw., bereitet sein Kollege die nachfolgende Position vor. Bei Produktionen in einer Veranstaltungshalle arbeiten teilweise auch drei Kollegen in der Szene. Hier ist darauf zu achten. daß jeder Aufnahmeleiter ausschließlich die ihm zugeordneten Positionen betreut. Andernfalls werden der Stab und die Mitwirkenden meschugge, und die Aufnahmeleitung verliert in den Augen des Teams ihre Zuständigkeiten.
Arbeiten mehr als ein Aufnahmeleiter in der Szene, muß außerdem klar sein, daß nur einer von ihnen mit dem Regisseur korrespondiert, und nur dieser Aufnahmeleiter macht alle den Stab betreffenden Mikrofonansagen. Das klingt etwas penibel, aber man muß davon ausgehen, daß der Stab und die Mitwirkenden sich an eine Stimme gewöhnen. Nur so erhält sich die Aufnahmeleitung in einer großen Produktion ihre Kompetenz. Fällt hingegen der ‚korrespondierende‘ Aufnahmeleiter aus oder ist kurzfristig abwesend, tritt automatisch der andere Aufnahmeleiterkollege an seine Stelle.
Was nützt aber der beste Vorsatz, sich einen schönen Ablauf einzurichten, wenn bei Großproduktionen eine Ablaufskizze nicht vorgesehen ist, und nur ein ausführliches Buch vorliegt? Sicher, bei einem MAZ-Fernsehspiel nützt kein Ablaufplan, da arbeitet der Aufnahmeleiter mit einem Buch, das er sich nach Takes und Auftritten einrichtet. Dazu nimmt er die in jedem Papiergeschäft erhältlichen "Reiterchen", die man an die Seitenränder heftet, nachdem man sie markiert hat.

Bei ‚großer Unterhaltung‘ und vergleichbaren Sendungen sollte der Aufnahmeleiter aber sorgfältig prüfen, ob er nicht auf die Lösung mit dem Ablaufplan ausweichen kann. Hierzu verfertigt er sich ein Blanko-Raster mit den bereits beschriebenen senkrechten und waagerechten Balken und vervielfältigt es. Dann überträgt er den Inhalt des Buches stichwortartig in die linken Felder. Die Aufteilung erfolgt unter genau denselben Kriterien wie bei der aktuellen Magazinsendung. Aus einem dicken Buch mit zig Dialogteilen und sonstigen Angaben werden 3 bis 6 DIN-A4-Seiten, wie sie sich ein Aufnahmeleiter übersichtlicher nicht wünschen kann. Die Kollegen gucken dann manchmal irritiert, die Redakteure zuweilen sogar richtig sauer (wozu haben sie denn ein so schönes Buch verfaßt), aber der Aufnahmeleiter kann in gewohnter Weise seine Symbole verwenden, Änderungen verarbeiten, und mit einem kurzen Blick übersehen, was in der Dekoration abläuft – und das ist alleiniger Sinn der Sache.

lfd. Zeit	lfd. Programmpunkt	Vorbereitung folgender Programmpunkt	Zeit
	(Blanko - Ablauf)		
		(Hiervon sollte der Aufnahmeleiter vorsorglich einige Exemplare in petto halten)	

14. Die Außenübertragung

Allgemeines über die Außenübertragung

Die Bild- und Tonübertragungstechnik hat in Deutschland eine lange Tradition. Schon im Jahr 1936 gab es Fernsehübertragungen von den olympischen Spielen aus dem Olympiastadion in Berlin. Und heute arbeiten viele Aufnahmeleiter häufiger am Übertragungswagen als im Studio. Bei einigen ist das Betreuen von Außenübertragungen zum Hauptbroterwerb geworden.

Ein Unterschied zwischen einer Studioproduktion und der Außenübertragung (abgekürzt *AÜ*) ist in der inhaltlichen Ablaufstruktur eines Programms kaum auszumachen. Er besteht naturgemäß vielmehr darin, daß die gesamte Fernsehtechnik zum Ort des Geschehens verbracht werden muß, ebenso die Ausstattungstechnik, die Lichttechnik, die Mitwirkenden und der Produktionsstab.

Am Beginn steht, wie immer, das redaktionelle Konzept. Hier ist zu unterscheiden, ob ein szenisches Programm, eine aktuelle, aber gestaltete Sendung oder ein an sich stattfindendes Ereignis übertragen werden soll.

In der ersten Planungsphase stellt die zuständige Produktionsleitung einen vorläufigen Terminplan auf, der sich logischerweise am Zeitpunkt des zu übertragenden Ereignisses orientiert. Von diesem Datum an, rückwärts rechnend, legt der Produktionsleiter dann die anzunehmenden Aufbau-Zeiten fest für Bild- und Ton-Technik, Licht, Bühne, Einrichten der Produktionsräume sowie die anderen Zeit-Positionen.

Die Umsetzung aller Terminvorstellungen richtet sich nach den Erkenntnissen aus der technischen Vorbesichtigung.

Die technische Vorbesichtigung

Für eine technische Vorbesichtigung fordert der Produktionsleiter den hierfür notwendigen Mitarbeiterstab bei der Zentralen Dispositionsstelle seiner Fernsehanstalt an:

1. Den Ü-Wagen-Leiter (der zumeist auch der 1. Bildingenieur ist)
2. den Toningenieur
3. den 1. (lichtsetzenden) Kameramann
4. den Bühnen- (Studio-)Meister
5. den Oberbeleuchter
6. den Elektro- (Schalt-)Meister und
7. den Aufnahmeleiter

Darüberhinaus nehmen seitens der Rundfunkanstalt an der Vorbesichtigung teil:

8. der Regisseur und
9. der zuständige Redakteur

Zum Übertragungsort bittet die Produktionsleitung dann noch:

10. den oder die verantwortlichen Vertreter des dortigen Schauplatzes und
11. Mitarbeiter der TELEKOM zur Festlegung der technischen Übertragungswege, sofern das Programm nicht am Ort aufgezeichnet, sondern über Leitung in Bild und Ton übertragen werden soll. Das ist zumeist der Fall.
    Die Einladung an die TELEKOM wird auf Veranlassung der Produktionsleitung vom Leitungsbüro der jeweiligen Anstalt vorgenommen.

Je nach zusätzlichem Aufwand zieht die Produktion weitere Vertreter entsprechender Fachbereiche hinzu.
Die Vorbesichtigung beginnt mit einer Begehung des Schauplatzes, verbunden mit Erläuterungen des Regisseurs und der Redaktion. Regisseur und Kameramann legen Standpunkte für die Kameras fest und bestimmen den Einsatz zusätzlicher technischer Ausrüstung. Ebenso wird der Bedarf an Praktikabeln, Lichttürmen; das Einziehen von Traversen, das Verlegen von Schienen usw. angemeldet. Es empfiehlt sich seitens der Produktionsleitung oder der Aufnahmeleitung, unmittelbar nach der Besichtigung des Schauplatzes vor Ort eine kleine Kaffeerunde einzuberufen, um allen Teilnehmern Gelegenheit zu geben, die wichtigsten Einzelheiten untereinander zu besprechen.

Hilfreich für die Produktion ist bei dieser Besprechung ein vorbereiteter Terminvordruck, wie er sich in der Anlage als Muster findet. Eine derartiger Blanko-Vordruck existiert nirgendwo als fertiges Formular, er läßt sich aber problemlos selbst herstellen, und zwar ausgerichtet auf die Gegebenheiten der Rundfunkanstalt oder Firma, für die man arbeitet.

Die Zeitdisposition

Gewissermaßen vom Termin der Live-Sendung an kann man die für die Zeitdisposition notwendigen Schritte nach vorn und nach hinten spezifiziert mit den Beteiligten abstimmen. Gleichzeitig erhält die Produktion einen Überblick über das an jedem Tag benötigte Personal. Die ermittelten Daten sind Grundlage für die Produktionsmittelanforderung bei der Zentralen Dispositionsstelle im Betrieb, sowie Ausgangspunkt für die Generaldisposition der Produktions- oder Aufnahmeleitung.

Die übrigen Daten, die die beteiligten Fachbereiche festgelegt haben, müssen vom Aufnahmeleiter für das Vorbesichtigungsprotokoll abgefragt und zusammengetragen werden.

HERSTELLUNGSPLAN FÜR AUSSENÜBERTRAGUNGEN					
Aufnahmeleiter					
1. Kameramann					
Kameramänner					
Beleuchter					
Baubühne					
Drehbühne					
Bildmischer					
MAZ-Techniker					
SG-Bedienung					
Bilding./Bildtechniker					
Toning./Tontechniker					
Betriebstechniker					
Elektro-Techniker					
Requisite					
Garderobe					
Maske					
Hilfskräfte					
TAG & DATUM>>>					
Produktionszeit					
Abf./Ank. Ü-Wagen					
Bau Bühne					
Bau Bildtechnik					
Bau Tontechnik					
Bau Licht/Einleuchten					
Techn. Funktionsprobe					
Tonprobe/Soundcheck					
Schminken					
Heiße Probe I					
Heiße Probe II					
Einlaß Publikum					
Pause Team					
MAZ-Vorschnitt					
Einmessen/Justage					
sende-/MAZ-fertig					
SENDUNG/MAZ					
Abbau Licht					
Abbau Bühne					
Abbau Bildtechnik					
Abbau Tontechnik					
Rückfahrt Ü-Wagen					
Leitungen					
Leitungen					

Bei Vorbesichtigungen: Termine und Personalbedarf   in diesem Vordruck einfügen

Das Vorbesichtigungsprotokoll

Auch für Vorbesichtigungsprotokolle gibt es von Rundfunkanstalt zu Rundfunkanstalt unterschiedliche Formen, wesentlich sind aber Angaben hinsichtlich folgender Einzelheiten:

1. Sendungsdatum mit Uhrzeit
2. Gesamtdauer des Produktionsvorhabens
3. Produktionsart
4. Namen der Vorbesichtigungs-Teilnehmer
5. Datum der Vorbesichtigung
6. Anzahl der an der Außenübertragung beteiligten Mitarbeiter, gestaffelt nach Sparten
7. Aufwand an *Bildtechnik*, einschließlich Ü-Wagen. Hier wird der Geräteaufwand spezifiziert, soweit er über die Standardausrüstung des Ü-Wagens hinausgeht.
8. Aufwand an *Tontechnik*, einschließlich Beschallung, sowie Zusatzaufwand wie oben
9. Präzise Beschreibung der Kamerastandorte, einschließlich der Objektiv-Sonderbestückungen, Spezialstative, Praktikabel, Türme, Kräne oder dergleichen (Die Anfertigung einer oberflächlichen Skizze, beispielsweise mit eingezeichneten Kabelwegen, ist immer von Vorteil.)
10. Aufwand an Beleuchtungs- und Effektlichttechnik, einschließlich der Installation von Lichtsteueranlagen sowie Trägereinrichtungen wie Türme, Traversen, Lichtgitter
11. Aufwand an Elektrotechnik, einschließlich spezifizierter Anschlußwerte für die unterschiedlichen Sparten (Die genaue Zeit, zu der der Anschluß vorgenommen wird, ist in der Disposition zu nennen.)
12. Aufwand an Ausstattungs- und Bühnenmaterial, einschließlich der für Licht und Kameras vorgesehenen Podeste
13. Aufwand an Übertragungs- und Produktionsfahrzeugen, nach Einsatztagen spezifiziert und mit genauer Angabe der vorgesehenen Standorte am Übertragungsort (eventuell mit Skizze oder Anmerkung bezüglich einer Fahrzeugeinweisung durch die Aufnahmeleitung)
14. Im Übertragungsfalle Aufwand an Bild- und Tonübertragungsleitungen, Meldeleitungen und Telefonleitungen, jeweils mit genauer Zeitangabe.

Ganz allgemein muß man über Vorbesichtigungsprotokolle (Beispiele in der Anlage) sagen, daß die knappste und kompakteste Darstellungsform immer die beste ist, auch wenn einige Fernsehanstalten in einem solchen Protokoll eine Art Reiseroman sehen wollen. In vielen kommerziellen Fernsehanstalten und bei freien Produzenten verfällt man hingegen nicht selten ins gegenteilige Extrem, indem auf ein Vorbesichtigungsprotokoll gänzlich verzichtet wird, wohl mehr aus Mangel an Professionalität als aus Abneigung gegen überflüssige Bürokratie. Denn selbstverständlich ist es notwendig, den organisatorischen und technischen Aufwand einer Außenübertragung vor Produktionsbeginn in Einzelheiten festzuhalten. Schließlich dokumentiert man mit einem Protokoll auch wichtige Details für analoge Produktionsvorhaben.

In den meisten Fällen ist es möglich, dem Vorbesichtigungsprotokoll eine Gesamtdisposition anzufügen. Je nach Art der Produktion erfolgt dort noch ein Hinweis auf die Tagesdisposition der Aufnahmeleitung. Die organisatorische Abwicklung von Außenübertragungen durch den Aufnahmeleiter ergibt sich aus der Terminabfolge der Gesamtdisposition.

Termin-Kontrolle

Es versteht sich, daß der Aufnahmeleiter alle privaten und behördlichen Genehmigungen im Zusammenhang mit der Produktion eingeholt hat, sofern dies nicht schon vorher durch den Produktionsleiter geschehen ist. In diesem Punkt ist Kontrolle übrigens allemal besser als Vertrauen.

Zu Beginn des technischen Aufbaus hat sich der Aufnahmeleiter mit den Veranstaltern vor Ort kurzgeschaltet und sichergestellt, daß der Ü-Ort und die Parkplätze für die Produktionsfahrzeuge zugänglich sind. Das heißt, daß sich der Aufnahmeleiter vom ersten Termin an am Übertragungsort aufhält. Über ihn läuft jegliche Verbindung zu den Veranstaltern bzw. Verantwortlichen vor Ort, und gelegentlich kann es sogar sehr nützlich sein, einen solchen Kontakt buchstäblich zu pflegen, um diese Gesprächspartner bei Laune zu halten. Es kann niemals im Interesse einer Produktionsleitung liegen, daß beliebige Stabmitglieder auf eigene Faust nach außen hin gut gemeinte aber unkontrollierte Absprachen treffen.
Der Aufnahmeleiter ist – genauso wie bei einer Studioproduktion – zuständig für die zeitliche Überwachung aller Aufbauphasen, also

- Bau Bühne
- Bau Licht
- Bau Bild- und Tontechnik
- Einleuchten
- Technische Funktionsprobe

Je nach Umfang einer Produktion erstrecken sich diese Arbeitsphasen über Stunden oder über Tage. Mit der technischen Funktionsprobe endet die Aufbauzeit. Im Anschluß ergeben sich die produktions- und programmbedingten Arbeitsabläufe wie

- Schminken
- Kaltproben
- Heißproben
- Aufzeichnungen oder Live-Sendung

Die Aufnahmeleitung registriert und steuert alle Zeitabläufe genau, trachtet, Verzögerungen und Friktionen zu vermeiden und informiert Programm-Mitarbeiter wie Produktionsleitung unverzüglich, wenn anvisierte Termine nicht eingehalten werden können.

Tagesdisposition und Ablaufüberwachung ähneln weitgehend der Arbeit im Studio. Abweichungen ergeben sich hinsichtlich der umfangreicheren Bauzeiten und manchmal auch aufgrund längerer Verbindungswege zwischen Schauplatz und den vorübergehend eingerichteten Produktionsräumen. Überhaupt gehört es zu den Standard-Erfahrungen eines jeden Aufnahmeleiters, daß man bei Außenübertragungen gut zu Fuß sein muß. Das Laufpensum, das ein Aufnahmeleiter bei Außenübertragungen ableistet, ist meistens ein Vielfaches von dem, das er im Studio absolviert.

Für die Dispositionsarbeit kommt hinzu, daß Außenübertragungen sehr häufig in anderen Städten stattfinden als in der, in der die jeweilige Fernsehanstalt ihren Sitz hat, so daß die Mitwirkenden und der Stab anreisen müssen und in Hotels wohnen, was zusätzliche logistische Überlegungen erfordert.

Heiße Proben, MAZ oder Sendung

Bei der Proben- und Aufzeichnungsarbeit, ebenso bei der Sendung kommt der Kommunikation zwischen Aufnahmeleiter und Ü-Wagen eine besondere Bedeutung zu. Unter allen Umständen ist bereits bei der Vorbesichtigung seitens der Produktionsleitung darauf hinzuwirken, daß der Aufnahmeleiter einwandfreie Kommandoverbindungen zur Regie vorfindet, hier darf es im Interesse einer reibungslosen Arbeit keine Kompromisse geben.

Während der Proben und vor der Sendung oder MAZ gelten die selben Regeln für die Aufnahmeleiter-Ansagen und die Ablaufsteuerung, die auch im Studio gelten.

Wegen der teilweise recht unpraktischen, ja manchmal sogar widrigen äußeren Umstände am Set, ist der Aufnahmeleiter besonders gefordert, auch sich selbst gegenüber Disziplin zu üben. Denn gerade bei Außenübertragungen ist die Versuchung groß, bestimmte Aufnahmeleiteraufgaben der eigenen Bequemlichkeit zu opfern und sie zu vernachlässigen. Das gilt für das Zeichengeben, das Zeitnehmen, das ‚Auswinken', aber auch für das Klarmelden der Szene, wobei der Regisseur mehr denn sonst Wert darauf legt, den Aufnahmeleiter vor und während seiner Klarmeldung vor der Kamera auch zu sehen. Bei diesen Gelegenheiten registrieren nicht nur Regisseure und Produktionsleiter sondern auch das gesamte Team, mit welcher Art von Aufnahmeleitern sie es zu tun haben.

Eine weitere Besonderheit bei Außenübertragungen liegt in der zentral zu organisierenden Verpflegung sowie in dem Problem, Teammitglieder und Mitwirkende bei Unterbrechungen und Pausen an einen bestimmten Aufenthaltsort zu gewöhnen, an dem sie sich wohlfühlen, den sie auch gern aufsuchen, und wo der Aufnahmeleiter sie wiederfindet, wenn er sie sucht. Das Verpflegungsproblem, das auch bei Film-Außenaufnahmen eine sehr große Rolle spielt, soll deshalb in einem Extra-Kapitel ausführlich behandelt werden.

Ein Thema, das sich für den Aufnahmeleiter nicht automatisch durch seine Arbeit vor Ort von selbst erhellt, ist das Feststellen von notwendigen Übertragungsleitungen. Man muß als Aufnahmeleiter, ja selbst als Produktionsleiter, kein Leitungsexperte sein, um eine Außenübertragung zu organisieren. Aber selbstverständlich sind Grundkenntnisse auf dem Gebiet der postalischen Übertragungstechnik nötig.

Übertragungsleitungen

Jedes größere Fernsehsystem, also ARD, ZDF, aber auch die bedeutenderen kommerziellen Stationen, verfügen jeweils über ein über die ganze Bundesrepublik verzweigtes Leitungsnetz. Diese Leitungsnetze werden von der TELEKOM für die Anstalten eingerichtet, betrieben und als Dauereinrichtung vermietet.

Die Anstalten benutzen ihre Dauerleitungen für die Ausstrahlung des aktuellen Programms, die Einspielungen in das laufende Programm, Eurovisionsprogramme, systeminterne Überspielungen von eigenen, aktuellen Sendungsbeiträgen (z.B. „heute"-Beiträgen zur Sendezentrale) sowie Tests, Messungen und dergleichen.

Für die Übertragung von Programmen in Bild und Ton benötigt man mindestens

– eine Fernsehleitung (abgekürzt: TVL)
– eine Tonleitung (TnL)
– eine Meldeleitung (4-DrM)

TVL: Eine Fernsehleitung ist eine Leitung zur Übertragung eines Bildsignals zwischen zwei festgelegten Endpunkten.

TnL: Eine Tonleitung ist eine Leitung zur Übertragung eines Tonsignals zwischen zwei festgelegten Endpunkten.

Fernsehleitungen und Tonleitungen sind ‚Einbahnstraßen', das heißt, die Signale sind nur in eine einzige Richtung zu übertragen. Will man zur gleichen Zeit weitere Bild- und Tonsignale an den entgegengesetzten Endpunkt übertragen (etwa zur gegenseitigen Orientierung, weil vielleicht ein Programm in das andere einzuspeisen wäre), benötigt man zusätzlich eine Bild- und eine Ton-*Rückleitung* oder zumindest eine von beiden.

4-DrM: Eine Meldeleitung ist eine Ton-Leitung zur Übertragung von arbeitsinternen Kommandos und Gesprächen der an den Endpunkten einer TV-Übertragung beteiligten Mitarbeiter. Anders als bei der Bild- und Tonübertragung lassen sich Meldeleitungen in zwei Richtungen benutzen, also im Sinne einer *Gegensprechanlage*. Voraussetzung ist, daß es sich dabei um eine sogenannte 4-Draht-Meldeleitung handelt, als solche ist sie bei einer eventuellen Bestellung auch zu kennzeichnen. 2-Draht-Meldeleitungen (2-DrM) funktionieren nur in eine einzige Richtung.

N-1: Dieses Kürzel (für **N minus eins**) bezeichnet eine spezielle Relais-schaltung zwischen mehreren Tonleitungen, welche die frühere Deutsche Bundespost für Konferenzschaltungen der Industrie entwickelt hatte. Das besagte Relais verhindert, daß der jeweils Sprechende sich selbst mithört und vermeidet auf diese Weise eine Tonrückkopplung. Im Zusammenhang mit AÜs verwendet man die N-1-Technik für *Tonrückleitungen* sowie für *Meldeleitungen*, wenn es von letzteren mehrere Endpunkte gibt.

Meldeleitungen werden in der Übertragungspraxis zu sehr unterschiedlichen Zwecken verwendet, sie haben dann jeweils erklärende Zusatzbezeichnungen, wie etwa ‚Kommando-Meldeleitung', ‚Programm-Meldeleitung' usw. Bewährt hat sich die N-1 Technik besonders bei Ton-Rückleitungen zwischen diversen TV-Schauplätzen. Diese Leitungen werden heutzutage automatisch mit N-1 versehen, weshalb man Ton-Rückleitungen häufig – wenn auch nicht ganz präzise – als *N-1 Leitungen* bezeichnet.

VBN-Verbindungen

VBN heißt ‚Vermittelbares Breitband Netz' und ist ein von der Telekom betriebenes Glasfasernetz, das ähnlich wie das Telefonnetz benutzt werden kann, aber zur Übermittlung von sendefähigen Bild- und Tonsignalen geeignet ist. Das VBN kann auch gut für Konferenzschaltungen, für die es einmal konzipiert wurde, eingesetzt werden, und zwar unter Verzicht auf die N-minus-1-Technik.

In naher Zukunft wird dieses System der Telekom wahrscheinlich durch ein anderes, *das ATM-Netz*, abgelöst. Das neue System (*Asynchronous Transfer Mode*) verspricht größere Wirtschaftlichkeit für den Betreiber – und für den Abnehmer eine noch bessere Übertragungsqualität. Gegenwärtig gelten die VBN-Nutzungsgebühren für Rundfunk- und Fernsehanstalten im Vergleich zu Richtfunkstrecken aber schon als als relativ günstig.

Leitungsbüros

Für alle Fragen hinsichtlich der Übertragungsleitungen verfügen die Fernsehanstalten jeweils über ein eigenes Leitungsbüro. Dessen Mitarbeiter sind die
eigentlichen hauseigenen Experten auf allen Gebieten der Übertragungstechnik. Sie kennen sich aus mit den systemeigenen Dauerleitungsnetzen wie
Richtfunk, Kabel oder Satellit, sie pflegen den Kontakt zur TELEKOM – und
in zunehmendem Maße auch zu anderen kommerziellen Anbietern. Sie verstehen sich auf die formale Auftragsabwicklung (bei der ARD) auch unter
Einbeziehung der zentralen ARD-TV-Leitungsbüros) und beherrschen die
notwendige Fachterminologie. Aber die Nutzung von Übertragungsleitungen
aller Art sind ein erheblicher Kostenfaktor, und ein Produktionsleiter tut gut
daran, sich nicht aus allen Entscheidungen in Leitungsfragen herauszuhalten.

Steht eine kompliziertere Außenübertragung, etwa mit mehreren Übertra-
gungsorten, drahtlosen Kameras und ‚*window units*‘, ins Haus, plant die Produktionsleitung noch vor der Vorbesichtigung eine *Leitungsbesprechung*. An
einer Leitungsbesprechung nehmen der Redakteur, der Produktionsleiter und
ein Mitarbeiter des sendereigenen Leitungsbüros teil. Hilfreich kann es sein,
wenn die Produktion eine provisorische Skizze der unterschiedlichen Ü-
Wagen-Standorte mit den gewünschten Leitungsverbindungen einbringt.

Das Leitungsbüro berät hinsichtlich des Leitungsbedarfs, weist auf Nut-
zungsmöglichkeiten eigener oder fremder Übertragungskapazitäten hin und
unterstützt die Produktion bei der Festlegung möglichst kostengünstiger
Maßnahmen. Hier stellt sich sehr schnell die Frage, nach welchen Kriterien
man sich für terrestrische Übertragungswege oder für Satellitenübertragungen
zu entscheiden hat. Terrestrische – und somit konventionelle Wege – sind das
Kabelnetz und vor allem der *Richtfunk*. Man bevorzugt sie, wenn sich nach
einer Vorbesichtigung oder aufgrund häufiger Erfahrungen eine schnelle und
störungsfreie Übertragung gewährleisten läßt. Das ist in Deutschland weitgehend der Fall. Es ist aber schon geschehen, daß bei brandaktuellen Einsätzen
eines Übertragungswagens, Einsätzen also, bei denen aus Zeitgründen eine
Vorbesichtigung nicht stattfinden konnte, geographische Hindernisse eine
Richtfunkverbindung sehr erschwert, manchmal sogar unmöglich gemacht
haben. Das gilt in erhöhtem Maße auch für die Übertragung aus Krisenge-
bieten. Hier ist die Möglichkeit, Satellitenverbindungen zu nutzen, seit den
siebziger Jahren eine entscheidende Hilfe. Die deutsche Telekom schafft

hierfür die Voraussetzungen, aber es gibt längst auch andere kommerzielle Satellitendienste.

Leitungskosten

Während Dauerleitungen vom Fernsehen pauschal mit der Telekom abgerechnet werden, handelt es sich beim Leitungsbedarf für die meisten Außenübertragungen um sogenannte ‚vorübergehend überlassene' Leitungen. Sie werden der Fernsehanstalt gesondert berechnet.

Maßgeblich für die Berechnung von Richtfunkverbindungen ist die Kilometerentfernung zwischen den beiden Übertragungsendpunkten plus der Nutzungszeit. (Auf die frühere Berechnungsgrundlage der Deutschen Bundespost, die sogenannten *Funkfelder*, hat die Telekom inzwischen verzichtet.) Je weiter die Übertragungsendpunkte voneinander entfernt sind, desto höher werden die Kosten. Satellitenleitungen werden nach Minuten (in 5-Minutenstückelung) berechnet. Alle Leistungsanbieter haben feste Preislisten, die sie ihren Kunden auf Anfrage zustellen. Bei umfangreichen Übertragungsaufwand machen die Satellitenbetreiber auch gern günstigere Pauschalpreise.

Richtfunk und Satellit

Bis zum Ende der sechziger Jahre kannte man im drahtlosen Übertragungsdienst von Rundfunk und Fernsehen ausschließlich *Richtfunkanlagen*. Sie dienen noch heute der herkömmlichen terrestrischen Übertragungsweise. Drahtlose Kameras und *Window Units* zählen dabei zu den *Kleinst-Richtfunkanlagen*.

Seit Beginn der siebziger Jahre nimmt die Satellitentechnik, abgekürzt *SNG*, in der Welt einen immer größeren Raum ein. Über SNG lassen sich gegebenenfalls alle bereits beschriebenen Bild-, Ton- und Kommunikationsanlagen einschließlich möglicher 4-Draht-Verbindungen und Rückleitungen einbinden. Anstelle des mit dem üblichen ausfahrbaren Turm bewehrten Richtfunkwagens wird der Übertragunswagen an eine *Satelliten-Erdefunkstelle* angekabelt.

Durch den Bau des deutschen Satelliten-Systems *DFS Kopernikus* entstand Mitte der achtziger Jahre eine Fernmeldesatelliten-Kapazität, die in das nationale Richtfunk- und Kabelnetzwerk der damaligen Deutschen Bundespost integriert werden konnte. Für die Betriebsabwicklung aus Produktionssicht macht das kaum einen Unterschied. Erdefunkstellen werden von den Betreibern der Satellitensysteme zur Verfügung gestellt, in Deutschland vorwiegend durch die Telekom. Fast immer sind es Mobilstationen, also *Fahrzeuge* mit einer Parabol-Sendeantenne. Sie übertragen ein Fernsehsignal mit Mono- oder Stereoton vom Sendeort zum Empfangsort. Je nach Bedarf und Einsatzverhältnissen gibt es verschiedene Typen von bewegbaren Erdefunkstellen, sie unterscheiden sich durch Antennengröße und Sendeleistung. Mit der ‚Midi-Anlage', dem am häufigsten verwendeten Typ, können TV-Übertragungen eine halbe Stunde nach Ankunft am Ort beginnen. Neben der eigentlichen Übertragungsleistung vermitteln die Telekom und ihre Mitbewerber auf Nachfrage auch komplette Übertragungszüge. Die kleinste mobile Satelliten-Sendestation ist die ‚Fly-away-Anlage'. Sie paßt in standardisierte Flugkoffer und ist am Bestimmungsort in weniger als zwei Stunden aufgebaut.

Satellitenkommunikation

Kommunikationssatelliten sind künstliche Raumkörper, die zum Zweck der Nachrichtenübermittlung in eine vorbestimmte Umlaufbahn ins All geschossen und dort zu einer festgelegten Position manövriert werden. Von da aus können sie ein von der Erde im Giga-Hertz-Bereich (GHz) gesendetes Signal *empfangen, umwandeln, verstärken* und wieder *zurücksenden*. Man unterscheidet *Fernmeldesatelliten* (Verteilersatelliten) und *Rundfunksatelliten*. *Fernmeldesatelliten* werden von ihren Betreibern bestimmte Empfangsstellen zugedacht. Sie haben eine relativ geringe Leistung, und für den Empfang müssen großflächige Parabolspiegel zur Verfügung stehen. Die Empfangsstelle leitet das Signal auf der Erde üblicherweise über Kabel weiter, weshalb die Empfangseinrichtung auch als *Kabelkopfstation* (international TVRO) bezeichnet wird. Im Fernseh-Übertragungsdienst benutzt man fast ausschließlich Fernmeldesatelliten.

Rundfunksatelliten besitzen eine erheblich größere Sendestärke. Sie strahlen Programme für *Endverbraucher* ab. Ihre Signale sind jedermann über kleine Parabolspiegel von maximal 90 cm im *Direktempfang* zugänglich. Mit der technischen Weiterentwicklung verwischen sich langsam die Unterschiede zwischen Fernmelde- und Rundfunksatelliten. In diesem Kapitel sind die Rundfunksatelliten jedoch nicht von Bedeutung.

Das von der Erdefunkstelle ‚aufsteigende' Signal bezeichnen die Ingenieure mit *Uplink*. Der Umwandler, der im Satelliten die Signalumwandlung und Rücksendung vornimmt, heißt *Transponder*, und das ‚absteigende' Signal nennt man *Downlink*. Man muß mit diesen Ausdrücken nicht ständig um sich werfen, aber es lohnt, Bescheid zu wissen, wenn Übertragungstechniker davon reden. Überhaupt sollte im Zusammenhang mit dieser faszinierenden Technik ein wenig Allgemeinwissen auch unter Nichttechnikern verbreitet sein:

Die ersten künstlichen Himmelskörper, in den sechziger Jahren ins All geschossen, beschrieben noch eine elliptische Bahn um die Erde. Heute verlaufen die Orbits der meisten kommerziellen Satelliten zirkular – also kreisförmig – und parallel zum Äquator. Günstig positioniert können die Downlinks eines Satelliten gut 40 % der Erdoberfläche bestreichen. Eine solche Fläche bezeichnet man als *Ausleuchtzone* oder *Footprint* eines Satelliten. Drei Satelliten, regelmäßig in Folge angeordnet, könnten demnach fast die ganze Erdoberfläche mit ihren Downlinks erreichen – Polarregionen ausgenommen. Allerdings hatten die allerersten Satelliten noch Umlaufbahnen, durch die sie früher oder später entweder im Universum entschwinden oder in der Erdatmosphäre verglühen mußten. Die Empfangsstationen am Boden waren außerdem infolge der Erdrotationen gezwungen, die Downlinks durch regelmäßiges Nachführen der Parabolantennen ständig neu anzupeilen.

Die Ingenieure kamen ins Grübeln und entsannen sich sehr schnell eines Science-Fiction-Autors namens A.C. Clarke, der eine Generation zuvor in Amerika sehr populär war. Dessen Phantasien hatten schon 1945 (als es noch gar keine künstlichen Satelliten gab) bei ihren Weltraumabenteuern eine ganz bestimmte Erkenntnis für sich genutzt. Sie pflegten künstliche Trabanten so im All zu plazieren, daß sie aus Erdesicht unverrückbar am Himmel standen. Hierfür waren zwei Voraussetzungen zu erfüllen: Erstens mußten sich die Satelliten auf einer Umlaufbahn parallel zum Äquator befinden und zweitens exakt auf einer Höhe von 35.803 Kilometern. So nämlich würden die Satelliten 24 Stunden benötigen, um die Erde ein Mal zu umkreisen, und das entspricht bekanntlich auch dem Zyklus einer Erdumdrehung. Keine Empfangsantenne müßte jetzt mehr wegen der Erdrotation bewegt werden, die Satelliten bewegten sich ja geosynchron mit. Derartige Satelliten-Positionierungen nennt man *geostationär*.

Vermutlich haben die Wissenschaftler heimlich noch mal nachgerechnet, aber Clarkes Helden behielten recht mit ihren Werten. Die meisten aller Betreiber von Satellitensystemen nutzen diese Erkenntnis heutzutage. Im übrigen mußten sich die Staaten und Satellitenbetreiber schnell auf eine Aufteilung möglicher Satellitenstandorte einigen. Und da die Orbits ohnehin schon mit dem Äquator zu tun hatten, legte man bei der Positionseinteilung auch einen Längengrad, nämlich jenen sattsam bekannten von *Greenwich* zugrunde. Für die Techniker heißt er der *Prime Meridian*. Von diesem und seiner Überschneidung mit dem Äquator ausgehend, gibt es eine Aufteilung von 360 Grad rund um den Globus, und zwar 180° Ost und 180° West. (Der erste deutsche Satellit DFS 1 *Kopernikus* hat zum Beispiel die Orbitposition 23,5° Ost, seine beiden Systembrüder DFS 2 und DFS 3 umkreisen den Äquator auf 28,5°Ost und 33,5° Ost.)

Die Ausleuchtzone eines Satelliten, gleich ob Fernmelde- oder Rundfunksatellit, erlaubt immer einen unbegrenzten Empfang innerhalb dieses Areals, sofern die Frequenzen der Downlinks bekannt sind. Längst gibt es in Europa eine internationale Vereinbarung, derzufolge sich die Länder, die von einem oder mehreren Satelliten ,beleuchtet' werden, verpflichten, nationale Programme auch staatsterritorial zu begrenzen. Ausleuchtzonen wurden also weitgehend unter Berücksichtigung vorhandener Ländergrenzen aufgeteilt in nationale Segmente. Das war und ist problematisch, weil technisch nicht sauber zu bewerkstelligen. Eine solche nationale Abgrenzung ist unter der Bezeichnung *Keule* bekannt, und wenn Downlinks einmal aus einer Keule ,ausreißen', also in ein anderes Territorium einstreuen, spricht man von einem *Overspill*.

Es versteht sich, daß in diesem Kapitel nur von Kommunikationssatelliten die Rede ist. Wettersatelliten, Satelliten für die Navigationssysteme und militärische Zwecke spielen hier keine Rolle.
Aber bei aller Sachlichkeit ist noch etwas Freundliches anzumerken. Die Satelliten-Ingenieure vergaßen den phantasiebegabten Schriftsteller A.C. Clarke nicht, der (er selbst war übrigens Mathematiker) in den vierziger Jahren eine große Fan-Gemeinde unter den amerikanischen Physikstudenten hatte: Die äquatoriale Umlaufebene in 35.803 Kilometern Höhe, in der sich gegenwärtig fast alle kommerziellen Satelliten bewegen, heißt ihm zu Ehren noch heute *Clarke Belt*, Clarke-Gürtel.

SEMINAR TV
Aufnahmeleitung Holly Kähler
Tel.: 0421/246 2695
Tel. privat 0421 55 66 17

PROTOKOLL DER TECHNISCHEN VORBESICHTIGUNG am 28. Oktober

Titel:	"WM Formationstanz"
Prod. Nr.:	663/349
Produktionsart:	MAZ (Über Leitung Ü-Ort - Radio Bremen)
Produktionsleitung:	Hans P. Gumprecht
Redaktion:	Jörg Wantana
Regie:	Peter Grau
Aufzeichnung:	Samstag, 15.11.
Sendung:	Sonntag, 16.11., .35 - 01.35 Uhr
Produktionsort:	Stadthalle Bremen
Produktionsdauer:	Do. 13.11. - So. 16.11.

Vorbesichtigungsteilnehmer:

Produktionsleitung, Herr Gumprecht; Redaktion, Herr Wantana; Kamera, Herr Frank; Technische Leitung, Herr Hein (ZDF); Tontechnik, Herr Guberl (ZDF); Betriebstechnik RB, Herr Bussmann; Beleuchtung, Herr Wolostein; Bühne, Herr Bahrens; E-Technik, Herr Kloon; Aufnahmeleitung, Herr Kähler.

Von der Stadthalle: Herr Mühlenfeldt, Tel.: 0421 33 43 12
Vom Veranstalter: Herr Saphir

Personalbedarf am Ü-Ort:

Ü-Wagentechnik	(Produktionshilfe ZDF) 13.11. - 16.11.			
Regie	1x	15.11.		
Bildmischer	1x	15.11.		
Kamera	1x	14.11.,	1/4x	15.11.
Ton (zusätzlich RB)	2 x	14.11. - 16.11.		
Betriebstechnik (zus. RB)	2x	14.11.,	1x	15.11. - 16.11.
E-Technik	1x	13.11. - 16.11.		
Beleuchtung	1/3x	13.11. - 16.11.		
Bühne	1/3x	13.11. u. 17.11.,1x	14.11. - 15.11.	
Hilfskräfte	7x	14.11. - 16.11.		

Material- und Geräteeinsatz

Bild:
Standardausrüstung Ü-Wagen
5 Kameras, davon 1 unbemannt montiert
2 Vinten-Pumpstative
2 Rohrstative
3 Optiken TV 11
1 Optik TV 30 x 16
1 Monitor am Sprecherplatz
1 Monitor für Aufnahmeleiter unter Turm von K 4

Ton:
Standardausrüstung Ü-Wagen
2 MCE 5
2 Kopfsprechgarnituren
1 Ansteckmikro
Geräuschmikros

Beleuchtung:
Lichtbus DL 340 mit Standardausrüstung

E-Technik:
4 Übergänge 63,32 Amp

Bühne:
Turm für Kamera 4, Maße 2 x 2 x 8 m
Sicherungsmaterial

Kamerapositionen, erforderliche Kabellängen:

K 1   TV-11   an der Tanzfläche vor Blöcken 3 bis 5, auf Vinten-Pumpstativ,
                       Kabellänge 150 m

K 2   TV 30x16   vor Block F, obere Ebene auf Rohrstativ, Kabellänge 200 m

K 3   TV-11   an der Tanzfläche vor der Osttribüne auf Vinten-Pumpstativ
                       Kabellänge 200 m

K 4   TV-11   8-Meter-Meroturm hinter der Osttribüne auf Rohrstativ, Kabellänge 200 m

K 5   auf der Brücke mittig oberhalb der Tanzfläche, senkrecht montiert
                       an Spezialhalterung (fest eingerichtete Totale), Video-Kabel,
                       Länge 150 m

Fahrzeuge

Ü-Wagen ZDF
Rüstwagen ZDF
Lichtbus DL 340
VW-Bus Aufnahmeleitung RB 401
VW-Bus Betriebs- und E-Technik RB 410
LKW Bühne RB 321

Fahrzeug-Standplätze

befinden sich auf dem Parkplatz Südseite neben der Polizeiwache. Die Standplätze
sind entsprechend der obigen Reihenfolge (v.l.n.r.) vorgesehen.

Fahrzeug-Bewachung:

Do. 13.11.   ab 17.00 Uhr bis Dienstbeginn Folgetag

Fr. 14.11.   ab 17.30 Uhr bis Dienstbeginn Folgetag

Sa. 15.11.   s.o.

So. 16.11.   ab 01.00 Uhr bis Dienstbeginn Sonntag

Türwache am Arbeitseingang E 5 (bitte alle Mitarbeiter Arbeitsausweise tragen):
Sa. 15.11.   17.30 - . Uhr

Leitungen:

1x	TVL	Dauerleitung Ü-Ort - Seminar Tv	15.11., 19.45 Uhr
1x	Tn L	Dauerleitung Ü-Ort - Seminar Tv	15.11., 19.45 Uhr
1x	4-DrM		15.11., 17.30 Uhr
1x	Tn L	Rückleitung n-1	15.11., 17.30 Uhr
1x	2-DrM		13.11., 15.00 Uhr

Sonstiges:

Playback Zuspiele und Beschallung erfolgen durch den Veranstalter. Zuständig: Herr Melling
(Tel. 347890) oder Herr Streimig (Tel. 347999).

SEMINAR TV Produktion: WM Formationstanz

Aufnahmeleitung Prod. Nr. 663/349
Tel. 0421 246 2695 Prod. Ltg. Gumprecht
 Redaktion Wantana
 Regie Grau

Termine

Do. 13.11. 08.30 - 13.30 am Ü-Ort Aufbau Bühne: Mero Turm
 15.00 Eintreffen der ZDF-Ü-Fahrzeuge
 15.30 Erstellen der E-Anschlüsse

Fr. 14.11. 09.00 - 16.00 technischer Aufbau
 16. 00- 16.30 technische Funktionsprobe Bild und Ton
 16.30 Gerätesicherung

 17.00 Arbeitsschluß

Sa. 15.11. 17.30 Allgemeiner Arbeitsbeginn
 18.30 Arbeitsbeginn Kamera, Bildmisch
 19.00 - 19.15 Regiebesprechung
 19.15 - 19.45 Pause für Stab
 19.45 Letzte VB für Aufzeichnung
 20.00 MAZ-Bereitschaft, alle Kameras heiß, MAZ für Teilmitschnitte der
 Zwischenrunde nach Ansage der Redaktion
 22.20 - 23.45 MAZ der Endrunde
So. 16.11. 00.35 - 01.35 Sendung MAZ aus Senderegie RB, Kommentar live aus
 Sprecherkabine am Ü-Ort
 01.40 - 02.00 technischer Teilabbau, Gerätesicherung, anschl. Arbeitsschluß

Fortsetzung
So. 16.11. 13.00 - 17.00 Restabbau Technik, Rückfahrt der ZDF Ü-Fahrzeuge
 17.00 Arbeitsschluß

Mo. 17.11. 12.30 - 16.30 Abbau Bühne (Mero-Turm)

Bemerkungen:

 Arbeitsausweise werden von der Aufnahmeleitung ausgegeben.

Pause: Abendbrot im Personalkasino der Stadthalle möglich. Es sind für uns 2 Tische reserviert und
 gekennzeichnet.

Aufnahmeleitung
Holly Kähler, Tel. privat 23 45 67

15. Problem Motivverpflegung

Das Catering

Es gibt eine ganze Reihe klassischer Organisationsprobleme für Aufnahmeleiter, und alle kann dieses Buch nicht wiedergeben. Aber ein Problem darf
nicht unerwähnt bleiben, nämlich das der Verpflegung von Mitarbeitern am
Produktionsort. Viele Kollegen geben es nicht zu, aber so manchen hat hier
schon die Verzweiflung gepackt.

Catering-Firmen

Natürlich existieren professionelle Catering-Unternehmen, die darauf spezia-
lisiert sind, vor Ort mit mobilen Verpflegungseinrichtungen zu erscheinen,
um ein ganzes Produktionsteam rund um die Uhr mit Essen und Trinken zu
versorgen. Man findet diese Firmen in den Nachschlagewerken der Film- und
Fernsehbranche. Allerdings so ein Catering-Unternehmen kostet Geld, und es
ist, zumindest in der freien Filmindustrie, üblich, daß die Produktion den
ganzen Catering-Betrieb einschließlich aller Speisen und Getränke bezahlt.

Sofern ausreichend Geld zur Verfügung steht, hat die Aufnahmeleitung mit
dem Problem Motivverpflegung keine Last mehr, und wenn das Team mal
etwas zu meckern hat, meckert der Aufnahmeleiter ungerührt und ganz soli-
darisch mit.

Amerikanische Produzenten, und nicht nur die, arbeiten immer mit Catering-
Firmen. Der Grund erklärt sich schnell. Mittags- und Abendbrotpausen sind
zeitaufwendig, und je länger sie dauern, desto kostenträchtiger werden sie.
Das Verpflegungsproblem ist also keineswegs nur eine organisatorische und
schon gar keine philanthropische sondern eine rein wirtschaftliche Angelegenheit. Außerdem ist es ja nicht nebensächlich, ob das Produktionsteam bei
der Arbeit zufrieden ist oder ständig herumnörgelt.

Der öffentlich-rechtliche Revisor

Bei öffentlich-rechtlichen Anstalten hat man allerdings so seine Schwierigkeiten. Eine bezahlte Motivverpflegung ist für den Fiskus eine steuerpflichti-
ge Zuwendung, und für den Haus-Revisor ist es ‚Selbstbewirtung'. Eine
anrüchige Sünde, die er nicht durchgehen läßt.

Dann hat der Aufnahmeleiter (und sonst komischerweise keiner) die dankbare Aufgabe, seinem Stab klarzumachen, daß jeder gefälligst selbst in die Tasche zu greifen habe, wenn er am Drehort satt werden will. Die Stimmung ist dann meistens schnell hin, und das Essen schmeckt plötzlich auch niemandem mehr. Nicht alle Sender sind in dieser Frage gleichermaßen kleinlich, aber großzügig sind sie nirgendwo, und eine Vollverpflegung auf Produktionskosten, selbst wenn die Arbeit unter erschwerten Bedingungen stattfindet, läßt sich kaum durchsetzen.

Ist es der Produktion aus diesen oder anderen Gründen nicht möglich, ein professionelles Catering in Anspruch zu nehmen, müssen andere Lösungen her, und für die hat, wie könnte es anders sein, die Aufnahmeleitung zu sorgen.

Der 1. Versuch mit Gaststätten

Die erstbeste Maßnahme ist folgende: Der Aufnahmeleiter stellt fest, welche Gaststätten in der Nähe sind, nennt sie in der Disposition, sagt zu gegebener Zeit die Mittagspause an und wünscht seinem 60-Mann-Team einen guten Appetit.

Leider dürfte der Außendrehtag dann nahezu vorüber sein, wenn das Team anschließend wieder vollzählig am Set versammelt ist.

Der 2. Versuch mit Gaststätten

Der nächste Versuch läuft dann so: Der Aufnahmeleiter sucht eine Gaststätte aus, die ihm geeignet erscheint, läßt einen entsprechend großen Raum reservieren und erklärt, daß man um 13.00 Uhr mit 60 Leuten zum Essen erscheinen werde.

Natürlich erscheint niemand um 13.00 Uhr, weil sich die Mittagspausen bei Außendrehs nie exakt einhalten lassen. Entweder stehen also 60 Leute bereits um 12.15 Uhr auf der Matte oder aber um 14.00 Uhr oder noch später. Der Restaurantbesitzer ist dann schon einmal sauer. Und dann hat er nichts Besseres zu tun, als sich den Aufnahmeleiter zu greifen, um sich nervtötend auszuheulen.

Dann geht es los. Jeder bestellt. Die Serviererin, natürlich eine Aushilfe und gerade seit drei Tagen im Job, sagt: "Erst mal die Getränke."

Dann Essenbestellung, aber etwas umständlich. Es sind nur 5 Speisekarten da.

Dann Warten.

Dann die Suppe (auch für die, die vorher extra noch gesagt hatten, sie wollten keine Suppe).

Dann Warten.

Dann Hauptgericht. Aber nicht auf einmal, sondern hübsch nacheinander. So daß der Regisseur gerade anfängt, wenn der Kameramann schon aufgehört hat.

Dann wieder Warten.

Dann stellt das schöne Kind die vom Aufnahmeleiter lang ersehnte Frage: "Darf ich bitte abkassieren?"

Jetzt bestellt jemand noch einen Kaffee. Dann bestellen alle noch einen Kaffee. (Nur einer nicht, der will Hagebuttentee.)

Schließlich haben alle Kaffee, nur der Regisseur nicht. Der ist immer noch beim Essen, weil sein Schnitzel ja als letztes kam.

Dann: "Bitte zahlen!"

Niemand kommt.

Endlich doch.

Aber alles dauert und dauert und dauert. Erst nach 1 Stunde und 15 Minuten sind alle durch. Nur der Regisseur nicht. Der mosert. Er hätte so gern auch seinen Kaffee gehabt, aber nun sei es zu spät. Naja, bei dieser Produktion klappt ja sowieso nichts.

Ratschläge aus dem Stab

Der Kameramann erklärt am Set, jetzt sei sein Licht weg. Hatte er dem Aufnahmeleiter nicht von Anfang an gesagt, die Pause dürfe allerhöchstens eine halbe Stunde dauern? Jetzt mischt sich der Kameraassistent ein: Bei der letzten Produktion habe es immer Lunchpakete für den Stab gegeben. Ja, sagt der Oberbeleuchter, die seien ganz, ganz lecker gewesen. Und an keinem Tag mußte man das Fleisch seinerzeit auch nur annähernd so lange kauen wie das Schnitzel gerade eben. Ein anderer schwärmt von den kalten Hähnchen, die es bei der vorletzten Produktion gegeben habe. So etwas Zartes! Seit jener Produktion könnte er sich tagtäglich nur noch von solchen Hähnchen ernähren. Und jede Mahlzeit war immer gratis!

Alle verdrehen verzückt die Augen, wenn sie an die alten Zeiten denken. Himmlisch muß es damals zugegangen sein. Und jetzt das. Der arme Aufnahmeleiter wird immer kleiner und immer häßlicher. Nie hätte er gedacht, daß er einmal zum Menschenschinder werden würde, der Freunde und Kollegen mit harten Schnitzeln quält. Er ist auch kein Menschenschinder. Er ist lediglich ein Opfer mangelnder Erfahrung, und durch diese Situation muß er irgendwann einfach durch. Seinen älteren Kollegen ist es auch nicht besser ergangen.

Ein Aufnahmeleiter sollte sich über Curry-Bratwürste oder Koteletts die allerwenigsten Gedanken machen. Wenn 60 Leute Schnitzel essen, sind durchschnittlich 15 Schnitzel hart. Ob das am Koch liegt, an den Zähnen der Mitarbeiter oder an deren Tageslaune, darf dem Aufnahmeleiter getrost schnuppe sein. Ihn hat in erster Linie der vermeidbare Zeitverlust zu interessieren.

Warten, bestellen, warten, nachbestellen, warten, bezahlen, das alles kostet wertvolle Zeit und damit auch Geld. Jede Produktion ist daher gut beraten, wenn sie bei der Pausenabwicklung einen zeitsparenden Weg beschreitet. Es darf sogar mal etwas mehr kosten. (Für die Damen und Herren aus der Revisionsabteilung wird sich schon eine befriedigende Begründung finden lassen).

Brauchbare Ratschläge: Fünf mögliche Lösungen

Erste Lösung: Vertrags-Gaststätte.

Man sucht eine geeignete Gaststätte und reserviert einen *separaten Raum*. Dann bestellt man ein Buffet mit *ausschließlich kalten Speisen*. Die Auswahl in den Gaststätten besteht in der Regel aus belegten Broten (nur zum Abendbrot ideal), angemachten Salaten, kaltem Fleisch, Geflügel und ähnlichem. Hat man mehrere Tage am gleichen Außenmotiv zu tun, stellt der Aufnahmeleiter sicher, daß der Wirt von Tag zu Tag Abwechslung in das Fleisch- und Salatangebot bringt.

Da es in jeder Produktion chronische Vielfraße gibt, bestellt der Aufnahmeleiter zu allen Buffets außerdem lose Brotscheiben sowie fertig konfektionierte Butter in 10 oder 20GrammPäckchen, um den zusätzlichen Appetit auszugleichen. Der Grundsatz, keine warmen Speisen anzubieten, läßt sich durch eine ‚Alibi-Maßnahme‘ entschärfen: Aus einem Thermosbehälter mit Auslaßhahn kredenzt eine Hilfskraft klare Brühe in Tassen. (Diese Thermosbehälter sind nicht in allen Gaststätten vorhanden, aber die Produktion kann sie sich längerfristig bei Fernküchen anmieten.)

Wenn die kalten Speisen bereits fertig portioniert auf Tellern bereitgestellt werden, muß jeder Teller mit transparenter Folie abgedeckt sein, damit das Essen auch längere Wartezeiten ohne optische Schäden übersteht. Desserts werden, wenn überhaupt, in geschlossenen Kunststoffbechern angeboten.

Die Tische im Lokal müssen nur mit Tischtüchern versehen werden, sonst sind sie nicht weiter eingedeckt. Alle Speisen werden von den Mitarbeitern am Buffet selbst abgeholt, ebenso Getränke (und zwar ausschließlich in Flaschen) sowie Geschirr, Gläser und Bestecke. Kaffee und Tee stehen gleichfalls zur Selbstbedienung in Thermoskannen bereit.

Wartezeiten entfallen, Geld – ein Einheitspreis – wird, wenn die Produktion die Kosten nicht oder nur teilweise übernehmen kann, durch die Aufnahmeleitung vorher oder nachher einkassiert. Gegebenenfalls liegt für die Getränke eine Strichliste aus.

Auf die beschriebene Weise schafft man es locker, allen Behauptungen zum Trotz, eine 30-Minuten-Pause durchzuziehen, natürlich immer vorausgesetzt, daß eine Gaststätte in der Nähe ist.

Bei der Bestellung für etwa 60 Personen (davon sollten wir hier der Einfachheit halber ausgehen) ist Folgendes zu berücksichtigen:

– 60 Portionen Suppe (ohne Einlage) im Thermosbehälter mit Zapfhahn
– 60 Teller kaltes Fleisch mit Reis-, Kartoffel- oder Nudelsalat, fertig portioniert, unter Zellophanfolie
– 60 Schalen mit Blatt- oder Gemüsesalat, inkl. Dressing, unter Zellophanfolie
– Ggf. 60 Schälchen Dessert, unter Zellophanfolie oder im verschlossenen Becher
– Säfte, Mineralwasser, ggf. Bier in Flaschen (Abrechnung nach Verbrauch)
– Brotkörbe und fertig verpackte 10- oder 20-Gramm-Butterpäckchen
– Kaffee und Tee in Thermoskannen, Milch, Zucker
– Bestecke, Geschirr (für die Suppe bitte Tassen und keine Teller) sowie Papierservietten

Sofern möglich und angebracht, kann man den Wirt um Tischschmuck und Kerzen bitten, das beeindruckt die Kollegen an einem anstrengenden Arbeitstag ungemein.

Zur Sicherheit empfiehlt es sich, 1-2 Portionen Essen mehr zu bestellen, denn nicht selten tauchen Personen im Stab auf, die man zusätzlich herbeigeholt hat, ohne in der Eile an die Essenbestellung zu denken. Die Kosten für diese Portionen werden unter den bekannten Positionen Raummieten oder Garagenbenutzung abgerechnet, um die Nerven der Damen und Herren in der Revisionsabteilung zu schonen.

Zweite Lösung: Fernverpflegung
Diese Lösung bietet sich an, wenn keine Gaststätte in der Nähe ist. Sie setzt allerdings voraus, daß man eine passende Räumlichkeit findet, in der das Team essen kann und essen mag. Leere Garagen oder Fabrikhallen scheinen auf Anhieb denkbar ungeeignet, gelegentlich ist man aber gezwungen, mit wenig einladenden Lokalitäten vorlieb zu nehmen.
Beginnen wir mit dem Raum. Er muß so ansprechend sein, daß niemandem der Appetit vergeht. Bei längerer Verweildauer am Drehort lohnt es sich, die Kollegen von der Ausstattung um Hilfe zu bitten. Ist wenig Licht vorhanden, helfen auch die Beleuchter mit Scheinwerfern und Farbfolie aus. Tische und Bänke besitzt die Bühne, sonst mietet man sie rechtzeitig. Findet sich kein geeigneter Raum, weil das Motiv (wie keineswegs selten) inmitten einer Walachei liegt, mietet die Produktion für die Dauer der Dreharbeiten ein Zelt, das auch als Aufenthaltsraum genutzt werden kann. Je nach Jahreszeit ist an leistungsfähige Großraum-Heizgeräte zu denken.
Zelte, Mobiliar, Warmluftgeräte sowie Geschirr und Bestecke lassen sich gegen Gebühr ausleihen. Die einschlägigen Vermieter findet man unter den Stichwörtern "Partyzelte" (zumeist mit Möbeln), "Zeltbeheizung", "Geschirr- und Besteckverleih" usw. in den ‚Gelben Seiten' der Telefonbücher.
Viele Partyzelt-Vermieter bieten übrigens auch Verpflegung an. Ansonsten findet man die Lieferanten für das Essen unter den Stichwörtern "Partyservice", "Catering" und "Fernverpflegung".
Aber während die produktionsseitigen Aufwendungen für Verzehr, wie gesagt, den Unmut der Revision aufkommen lassen, kann man gegen die Anmietung von Zubehör für Motivverpflegung nichts Formales einwenden, außer eben, daß die Sachen Geld kosten. Dann dürfte es freilich ein leichtes sein zu belegen, wie teuer es kommen kann, wenn die Logistik einer Produktion nur mangelhaft funktioniert.

Nur am Rande sei noch darauf hingewiesen, daß eine flexible Motivverpflegung nicht durchzuführen ist, ohne daß es dabei eine ganze Menge Abfall zu entsorgen gäbe. Auf alle Fälle müssen geräumige Müllsäcke in den dazugehörigen Metallständern aufgestellt werden, deren Abtransport nach jedem Produktionstag erfolgen kann.

Nun zur Verpflegung an sich.

Wenn man die Dienste einer Fernküche in Anspruch nehmen will, sollte die Produktion anstreben, fertig portioniertes warmes Essen, also sogenanntes Folienessen, nicht länger als etwa 4 bis 5 Tage lang auszugeben. Diese Essensportionen haben zwar den Vorteil, daß sie sich lange heiß halten, so daß man in diesem Fall auf warmes Essen nicht verzichten muß, aber der Stab erträgt Folienessen nur wenige Tage lang ohne zu murren. Vom 5. Tag an fangen die ersten an zu meutern, und die gute Stimmung im Team nimmt ab. Dazu kommt, daß aus praktischen Gründen Plastikbestecke mitgeliefert werden, was neben Diskussionen über feine Lebensart immer auch noch ideologische Auseinandersetzungen nach sich zieht.

Die bessere Lösung bleibt auf Dauer die regelmäßige Anlieferung von kalten Speisen auf Platten und in Schüsseln für ein Buffet nach dem Muster der schon beschriebenen Gaststättenlösung und unter Verwendung von anzumietendem Metallbesteck und Geschirr.

Die tägliche Auswahl an kaltem Fleisch, Wurst und Geflügel sowie das Angebot an passenden Salaten ist seitens der Lieferanten inzwischen so reichhaltig, daß auch über längere Zeiträume ein abwechslungsreicher Speiseplan möglich ist.

Brot und Butter läßt man mitliefern. Getränke sollte die Produktion von sich aus bereitstellen, auf Produktionskosten oder gegen Selbstkostenpreis.

Muß eine Produktion eine sehr große Anzahl von Personal und Mitwirkenden verpflegen, und tut sie das in eigener Regie, ist die Anlieferung von Fertigportionen aus Fernküchen die einzige wirklich praktikable Lösung. 400 Komparsen und ein kompletter Produktionsstab können nur noch einigermaßen zeitsparend verköstigt werden, wenn man jeder Person ein Paket in die Hand drückt, mit dem sie sich dann an einem Tisch niederläßt um zu essen.

Die dampfende Gulaschkanone von Bundeswehr oder THW angeheuert, stellt gelegentlich ein preiswertes Provisorium dar, läßt sich aber über mehrere Tage kaum einsetzen. Die Leute machen beim 3. Tag Eintopf nicht mehr mit.

In derartigen Fällen ist übrigens auch die Ausgabe von Metallbestecken und Porzellantellern nicht mehr ratsam. Der Schwund ist zu erheblich und das Abwaschproblem fast unlösbar. Das Problem des Bezahlens natürlich auch. Komparsen beköstigt man gewissermaßen bargeldlos, indem die Produktion sich bei der Auszahlung des Honorars einen zusätzlichen Betrag für das Essen mit quittieren läßt. Hier hat auch die Revisionsabteilung keinen Grund zur Klage. Je nach Lage der Dinge begründet sich der Zusatzbetrag damit, daß er zum Honoraranteil oder aber zum Verpflegungssatz deklariert wird, was ja auch den Tatsachen entspricht.

Dritte Lösung: Lunchpakete
Die Ausgabe von Lunchpaketen macht Sinn, wenn das Produktionsteam an einem oder mehreren Tagen motivbedingt sehr mobil sein muß, das heißt, wenn man für ein Tagespensum mehrere Drehorte aufzusuchen hat, und es sich nicht absehen läßt, zu welchem Zeitpunkt und an welchem Ort die Aufnahmeleitung eine Pause einschieben kann. Dann könnte die Anmietung einer Räumlichkeit oder einer Gaststätte zu einem Risiko werden.
Lunchpakete rufen an schönen Sommertagen eine geradezu heimelige Picknickstimmung beim Stab hervor, an nassen Wintertagen bewirken sie das krasse Gegenteil. Da werden diese Pakete in der Regel in den Produktionsfahrzeugen verzehrt, wenn keine freundlichere Behausung in Sicht ist, und da hilft nur eins, um das Team bei Laune zu halten: Das Lunchpaket muß besonders reichhaltig und großzügig ausgestattet sein. Sofern es nicht möglich sein sollte, das Paket auf Produktionskosten zu kredenzen, obwohl gerade Lunchpakete eine günstige Wirkung auf die Pausenlänge haben, gibt man es zu ‚Dumpingpreisen‘ ab. Das heißt, der Stab erwirbt es, aber zu einem Spottpreis. Die Differenz zahlt die Produktion an die Fernküche, die die Pakete liefert.
Das läßt sich angesichts einer möglichst kurzen Pause an einem teuren Drehtag auch begründen. Und sofern eine solche Begründung in einer öffentlich-rechtlichen Rundfunkanstalt nicht verfängt, muß sich der Produktionsleiter etwas einfallen lassen. (Man kann sehr darauf vertrauen, daß ihm auch etwas einfällt, sonst wäre er ja Verwaltungsangestellter geworden und nicht Produktionsleiter.)

Vierte Lösung: Der Marketenderwagen oder ‚der rollende Kiosk'

Dieser Weg stellt im Prinzip keine Alternative zu den schon genannten Lösungen dar, er ist vielmehr eine Ergänzung.

Die Produktion mietet einen gewöhnlichen Campingwagen und läßt ihn durch die Austattungsabteilung mit einigen zusätzlichen Einbauten ausrüsten. Für das rückwärtige Fenster wird eine Tresenplatte gebaut, die bei Inbetriebnahme aus dem Wagen einen Verkaufskiosk macht. Dank guten Zuredens durch den Produktionsleiter und dank ihrer guten Beziehungen stattet die Requisite das Fahrzeug außerdem mit einer Kaffeemaschine, einem Kühlschrank, einer Kochplatte und – im Idealfall – auch noch mit einer Mikrowelle aus.

Der Marketenderwagen wird von jemandem betrieben, der aus bestimmten Gründen ein von der Produktion verpflichtetes Stabmitglied sein muß. Nur wenn dieser Mitarbeiter einen Vertrag hat, gilt seine Arbeit innerhalb der Produktion und damit auch nach außen als *Selbstverpflegung*. Darauf legen das Gaststättengewerbe und die Gewerbeaufsicht Wert. Selbstverpflegung bedeutet, daß die ausgegebenen Speisen zu keinem höheren als dem Selbstkostenpreis veräußert werden. Unter Selbstkostenpreis versteht man in einem solchen Fall den Erstehungspreis der Ware plus maximal 10 Prozent.

Wenn sich aus formalen Gründen ein Mitarbeiter unter der Bezeichnung ‚Catering-Betreuer' nicht verpflichten läßt, lautet der Vertrag auf ‚Requisitenhilfe'. Jedermann weiß, daß die Requisiteure gelegentlich auch warm zubereitete Speisen, also Verzehrrequisiten für die Szene liefern müssen. Da leuchtet diese Funktion jederzeit ein.

Der Marketenderwagen wird zu jedem Außenmotiv mitgeführt und – oh Wunder – in der Regel auch immer als erstes durch die Beleuchter mit einem Elektroanschluß versehen. Je nach Cleverness und Begabung des Catering-Betreuers werden dort neben Kaffee auch Milch, Brause, belegte Brote, Kartoffelsalat, selbstgemachter Kuchen, heiße Würstchen, kalte Frikadellen, Kekse und Schokolade verkauft.

Meistens findet sich eine Hausfrau oder eine Pensionärin, gelegentlich auch eine Studentin oder ein Student für diese Tätigkeit. Das Honorar für ‚Requisitenhilfe' versteht sich als der Grundverdienst des Marketenders. Ein restliches Einkommen muß sich durch den Verkauf ergeben. Die Produktion steht gegebenenfalls für den Verlust durch nicht verkaufte Ware am Ende der Dreharbeiten ein.

Der Catering-Betreuer wird bei diesem Geschäft nicht unbedingt steinreich, aber er wird mit Sicherheit auch nicht bettelarm. Die Erfahrung zeigt, daß das Geschäft trotz moderater Preise lohnend sein kann. Dreht man für längere Zeit in einem Gebäude mit ausreichend vielen Räumlichkeiten, installiert sich der ‚Kiosk' natürlich dort an einem geeigneten Platz. Kaffee sollte den ganzen Tag über zur Verfügung sein, aber es lohnt sich, den Kaffee *nicht zu verschenken*, sondern ihn gegen einen Minimalpreis zu veräußern. Alles was umsonst zu haben ist, verliert für die Konsumenten subjektiv an Wert, am Ende trinkt niemand mehr seinen Kaffee ganz aus, weil man ja sofort einen neuen bekommt. Den Ärger haben dann der Regieassistent und der Requisiteur, weil in der ganzen Dekoration halbleere Kaffeebecher herumstehen.

Der ‚Kiosk' besitzt noch einen weiteren Vorteil. Wann immer Verpflegung über eine Fernküche geliefert wird, können Bestellungen der Teamkollegen dort abgegeben werden. Der Aufnahmeleiter muß nicht mehr mit der berühmten Liste herumgehen und die Leute zum Bestellen auffordern. Wer Essen geliefert bekommen möchte, zahlt am Kiosk und trägt sich in eine Liste ein. Auf diese Weise werden die Bestellungen rechtzeitig an die Fernküche weitergegeben und zur Essenszeit angeliefert oder abgeholt.

Stehen mehr als ein Gericht auf dem Fernküchen-Speisenplan, bewährt sich die Chip-Methode: Die Produktion besorgt sich zum Beispiel 60 schwarze und 60 rote Plastik-Chips, wie man sie auch zum Tisch-Roulettespiel verwendet. Wer Gericht Nr. 1 haben will, zahlt und nimmt sich einen schwarzen Chip. Bei Gericht Nr. 2 nimmt man einen roten. Zählt man jetzt die verbleibenden Chips durch, ergeben sich anhand der fehlenden Chips die zu bestellenden Mengen. Verwechslungen oder vermeintliche Fehlbestellungen können nicht mehr irgendwem in die Schuhe geschoben werden. Zum Zeitpunkt der Essensausgabe sieht man anhand der Chips, wer welches Gericht essen wollte und bezahlt hat.

Ich sagte es schon: Sicherheitshalber sollte die Produktion auf eigenes Risiko 1 oder 2 Portionen hinzubestellen. Ein Esser findet sich normalerweise immer noch, und eventuell erspart sich der Aufnahmeleiter Ärger, wenn aus irgendend einem Grund jemand später am Drehort eintrifft, den man bei der täglichen Essenbestellung übersehen hat.

Im übrigen gibt es immer noch eine letzte Rettung durch den Marketender, der natürlich das eine oder andere Gericht in petto hat, um Nachzügler zu befriedigen. Früher war die berüchtigte Dose mit Ravioli die *ultima ratio*. Jetzt kann man schon recht vernünftige Fertiggerichte im Kaufhaus bekommen, die der Kiosk dann für alle Fälle parat hat.

Letzte Lösung: Die Notlösung
Was passiert, wenn die Aufnahmeleitung feststellen muß, daß das Team fernab aller Zivilisation in die Überstunden gerät, und plötzlich noch eine Pause mit Hauptmahlzeit fällig wird?
Sicher, binnen 15 Minuten ist da kaum noch etwas zu machen, aber binnen 45 Minuten schon. Und die Produktion, die in eine solche Lage kommt, muß auch wissen, daß es jetzt nur noch eine Notlösung geben kann.
Deshalb die folgende Faustregel. Für eine Person benötigt man in dieser Situation: 3 Scheiben Brot, ca. 50 g. Butter (in 10 Gramm-Stücken konfektioniert) 120-140 g kalter Aufschnitt im Stück (Sülze, Bierwurst usw.), 1 Apfel (oder Banane usw.)
Diese Portionen werden auf Tellern oder Pappunterlagen fertiggemacht, in Klarsichtfolie verpackt und zum geeigneten Zeitpunkt verteilt.

Jetzt die Frage, woher bekommt man die Ware?
Als erstes gilt es, die nahen gastronomischen Betriebe, sprich Dorfkneipen, anzutelefonieren. Die haben möglicherweise auch noch andere Vorschläge, aber eines muß klar sein: es kommt auf die Zeit an, nicht auf die Phantasie des Gastwirts. Dankbar sollte die Aufnahmeleitung akzeptieren, wenn auch die Brotauflage in fertig konfektionierten 10- oder 20-Gramm-Portionen geliefert werden kann.
Können die Kneipen nicht helfen, ruft man die ländlichen Tante-Emma-Läden an. Auf dem Lande nimmt man es mit den Ladenschlußzeiten nicht so genau, besonders dann nicht, wenn Umsatz winkt.
Sollte es da auch nicht klappen, wird es eng. Bei Krankenhausküchen und Altersheimen lohnt die Nachfrage auch, sofern solche in der Nähe sind, aber die sind nicht unbedingt zu jeder Zeit ansprechbar.
Daher ein endgültiger Rat: Wenn es motivmäßig in die Wildnis geht, sollte der nächstliegende Lebensmittelladen vorsorglich schon ausgeguckt sein, bevor es in der Produktion zu einer Hungersnot kommt. Und 60 Plastikteller nebst Kunststoffbestecken, Papierservietten und Folie muß der Aufnahmeleiter (oder in seinem Auftrage der Requisiteur) ohnehin vor Ort bereit halten.

Den unvermeidlichen Ökologiedebatten kann er gelassen entgegensehen, wenn immer er es fertigbringt, ein ganzes Team unvorbereitet und binnen kürzester Zeit satt zu bekommen.

Aufstellung der für selbst organisiertes Catering infrage kommenden Speisen und Circa-Preise

Non Food:

50 Thermo-Menü-Teller mit Deckel, geteilt	43.00
3 Alu-Aufschnittplatten, groß	18.50
10 alubeschichtete Tabletts	19.00
100 Kunststoff-Speiseteller, geteilt	29.00

Plastik-Besteck
Frischhaltefolie

Kühlschrankware bzw. Kühltasche:

2 Cheese Burgers, belegt (Backofen)	4.50
2 Pizza-Baguettes, belegt (Backofen)	4.00
(jeweils 180 Grad vorheizen, dann 8 min	

10 Kg Kartoffelsalat mit Ei und Gurke	28.00
5 Kg 'POPP'-Kartoffelsalat "masurisch"	18.50
2,5 Kg Party-Salat	15.00

100 St. Port. Butter á 15 gr	16.50
100 St. Port. Butter á 20 gr	18.00

20 St. "Rügenwalder" Streichwurst (gesamt 250 gr)	10.50
60 St. Käse-Ecken, Port. á 20 gr	15.50
5 St. Käse "Baby-Bel" á 20 gr	2.50

Ohne Kühlung haltbar für einige Zeit:

alle Brotsorten (ungeschnitten)	
2 Kg-Packung 'Party-Schmalz'	11.50
875 gr Mayonnaise/Remoulade (Streichbutter-Ersatz)	4.00
30 St. "Hamburger"-Weichbrötchen im Paket	11.50
500 gr Margarine "Homagold" leicht	1.70

Länger haltbar ohne Kühlung:

200 gr Schwedisches 'Skorpor' (Zwiebackbrot)	1.90
1 Pkt. mit 15 Päckchen á 2 Scheiben Brot (Hotelportion)	1.70
1 Pkt. á 30 Schoko-Riegel	15.00
1 Päckchen á 9 Kokos-Törtchen	4.00
1 Päckchen á 4 Kokos-Makronen	2.50

Mit kochendem Wasser zuzubereiten:

1 Dose Rindfleisch- oder Hühnersuppe für 6 Liter	11.00
Gekörnte Rinder- oder Geflügelsuppe ohne Einlage	

Faustregeln für kurzfristig zu organisierende Motivverpflegung

Mengen pro Person:

1. 1 Menü-Teller Kunststoff, geteilt, Frischhaltefolie
2. 1 Papierserviette
3. 1 Papierbecher
4. 200-250 gr Kartoffelsalat "masurisch"
5. 1-2 Pkt. á 2 Scheiben "Lieken"-Kastenbrot, Hotelportion
6. 2 Pkt. Butter á 20 gr
7. 2 St. Streichwurst "Rügenwalder" á 20 gr
8. 1 St. Käse-Ecke á 20 gr
9. 1 Schoko-Riegel
10. 1 Dose Getränk

Bestellumfang bei 50 Personen (nach Standard-Verpackungsmengen)

50 Menü-Teller, geteilt, aus Kunststoff	15.00
100 Papierservietten	
100 Papierbecher	
3 Rollen Klarsichtfolie	
10 Kg Kartoffelsalat "masurisch"	37.00
30 Pkt. Schwarzbrot 'Lieken'-Kastenbrot, Hotelpackung	15.00
2 Pkt. Butter, je 100 St. á 20 gr	36.00
4 Pkt. "Rügenwalder" Streichwurst á 20 St. á 20 gr	42.00
2 Pkt. Käse-Ecken á 60 St.	32.00
2 Pkt. Milka-Schokoladenriegel á 30 St.	30.00
2 Pkt. á 25 Dosen alkoholfreie Getränke	50.00
Kostenaufwand rd.	**270.00**

Bestellumfang bei 30 Personen (nach Standard-Verpackungsmengen)

50 Menü-Teller, geteilt, aus Kunststoff	15.00
100 Papierservietten	
100 Papierbecher	
2 Rollen Klarsichtfolie	
10 Kg Kartoffelsalat "masurisch"	37.00
20 Pkt. Schwarzbrot 'Lieken'-Kastenbrot, Hotelpackung	10.00
1 Pkt. Butter, je 100 St. á 20 gr	18.00
2 Pkt. "Rügenwalder" Streichwurst á 20 St. á 20 gr	21.00
1 Pkt. Käse-Ecken á 60 St.	16.00
1 Pkt. Milka-Schokoladenriegel á 30 St.	15.00
2 Pkt. á 25 Dosen alkoholfreie Getränke	50.00
Kostenaufwand rd.	**200.00**

Bei Nichtvorhandensein von Tellern und Besteck ist die entsprechende Menge an Kunststoff-Tellern sowie Plastik- Messern und Gabeln einzuplanen.

"Schmalzparty" für 30 Personen

10 Alu-Tabletts (34x45)	19.00
100 Papierservietten	
10 Pkt. von insgesamt 2 Sorten Brot	30.00
1 Pkt. á 2 Kilo "Party-Schmalz", pikant gewürzt	12.00
4 Pkt. Kokos-Törtchen á 9 St.	36.00
alkoholfreie Getränke	30.00
Kostenaufwand rd.	**130.00**

Non Food:

5 alubeschichtete Papp-Aufschnittplatten
2 Rollen Klarsicht-Frischhaltefolie
50 (Papp-) Teller
100 Papierservietten
2 Flaschenöffner

Speisen

200 Scheiben Toast (Weiß-) Brot
4000 gr Mayonnaise
2000 gr Käse (ohne Rinde) in Scheiben
2000 gr Wurst in Scheiben
1 Dose Streupaprika
3 Glas Mixed Pickles

2 Paletten Coca Cola / Fanta

16. Die Schwierigkeiten von Mensch zu Mensch

Etwas Alltagspsychologie für Aufnahmeleiter

Alltagspsychologie als Wissenschaft?

Alltagspsychlogie im Berufsleben zählt zu den unverzichtbaren Notwendigkeiten des arbeitenden Menschen. Sie beschränkt sich nicht nur auf das Aufnahmeleiterdasein. Und natürlich ist mit Alltagspsychologie nicht die ‚Seelenlehre' des Aristoteles gemeint, der diese Wissenschaft einmal als Zweig der Philosophie begründet und gewissermaßen erfunden hat.

Alltagspsychologie ist überhaupt keine Wissenschaft. Sie entspringt immer der eigenen Lebenserfahrung und einer (leider nicht vermittelbaren) Begabung im Umgang mit Menschen.

Dennoch ist es von Nutzen zu wissen, in welcher spezifischen Lage sich der Aufnahmeleiter bei seiner Arbeit befindet, in welche Situationen er geraten kann, wenn Widrigkeiten auf ihn zukommen. Kurz, es geht darum, mit Konflikten umzugehen und sie zu bewältigen.

Aufnahmeleiter sind in einer wenig beneidenswerten Lage. Wann immer sie in ein neues Team kommen, eine neue Stelle antreten oder auch nach Jahren der Filmtätigkeit eine große MAZ-Produktion betreuen müssen, jedes Mal sind sie gezwungen, ihre Position im Stab neu zu bestimmen, sich mit anderen Leuten vertraut zu machen und die Leute an sich und an die eigene Arbeitsweise zu gewöhnen. Theoretisch trifft das auf alle Menschen in der Branche zu, aber die Stellung des Kameramanns, des Cutters, des Kostümbildners und des Requisiteurs – nur um Beispiele zu nennen – sind klar definiert. Die Zuständigkeiten und Grenzen bleiben immer deutlich umrissen, und die Konfliktmöglichkeiten sind zu Beginn einer neuen Tätigkeit ungleich geringer. Wenn ein Kameramann an seiner Kamera steht, wenn ein Cutter an seinem Schneidetisch sitzt, können sie anfangen zu arbeiten, und zwar im Prinzip so, wie sie es immer tun und getan haben. Sie müßten schon fachlich versagen, um ihr berufliches Ansehen auf Anhieb einzubüßen.

Aufnahmeleiter müssen sich hingegen durch souveränes, methodisches und zuverlässiges Arbeiten am Set ständig aufs neue bewähren, um anerkannt zu werden. Das ist alles andere als einfach, wenn man gelegentlich irgendwo so neu ist, daß man vom Regisseur bis zum Feuerwehrmann niemandem so richtig vertraut ist. Wer zudem weiß, wie gern der Aufnahmeleiter von einigen Zeitgenossen zum Betriebssündenbock gestempelt wird, sollte sich ein paar Techniken aneignen, um für böse Überraschungen gewappnet zu sein.

Konflikt-Bewältigungs-Seminare

Es gibt eine Reihe von Seminaren und Veranstaltungen, in denen Berufstätigen der Umgang mit Konflikten nahegebracht wird. Das beweist, welches Gewicht diese Thematik hat. Auch macht die Vokabel "Mobbing" seit einiger Zeit die Runde, und wer sich mit diesem Phänomen (das keineswegs neu ist, neu wäre nur das Wort) beschäftigt hat, kennt auch die karrierebestimmenden Folgen.

Bedauerlicherweise haben die meisten Konfliktseminare den Nachteil, lediglich von einer bestimmten Konstellation auszugehen, nämlich der, daß Konflikte ungewollt, das heißt durch Mißverständnisse oder durch falsches Verhalten entstehen. Die Rezepte zur Vermeidung oder Beendigung eines Konflikts laufen daher in die Richtung, durch rationales und analytisches Vorgehen, eventuell unter Einschaltung eines neutralen Vermittlers, die Ursachen und damit ein Fehlverhalten aufzuspüren, es in Gesprächen zu relativieren und Harmonie herzustellen. Wer derart oberflächlich belehrt einmal so richtig Zoff mit Kollegen oder Mitarbeitern bekommt, könnte indes mit diesen Weisheiten ganz schön im Regen stehen bleiben.

Die eigene, auf Harmonie ausgerichtete Erziehung des Elternhauses und das Wissen um vermeintlich schuldhaftes Verhalten bei der Entstehung von Konflikten führen unweigerlich auch zu Schuldgefühlen bei dem, der unvermittelt eine Auseinandersetzung verursacht. Plötzlich ist Krach da, und man fragt sich: "Was habe ich jetzt falsch gemacht?"

Vielleicht ist ja wirklich etwas falsch gemacht worden, vielleicht aber auch nicht. Vielleicht will der andere nur, daß man denkt, man habe etwas falsch gemacht, um sich dann besser behaupten zu können.

Schlichte Gemüter mögen denken, das sei an den Haaren herbeigezogen. Nein, keineswegs. Es ist mehrheitlich die Regel.

Konflikte im Team

Sehen wir uns noch einmal die Rolle des Aufnahmeleiters an. Er arbeitet für den Produktionsleiter und für den Regisseur, hat aber nicht zwischen beiden zu stehen, sondern immer auf der Seite der Produktionsleitung. Ein gewisser Interessenkonflikt zwischen diesen Parteien ist – zumindest latent – durchgehend vorhanden, denn der eine will Kunst machen und der andere ein wirtschaftlich vernünftiges Produkt.

Nicht, daß es den Regisseur stören müßte, wenn sein Werk auch wirtschaftlich vernünftig wäre, nicht daß sich der Produktionsleiter über Kunst ärgern würde, wenn es denn schon einmal Kunst wird. Aber für den einen ist die Wirtschaftlichkeit ziemlich zweitrangig und für den anderen die Kunst. Man redet nicht darüber, aber so ist es halt nun mal.

Regisseure, Redakteure, ihre beflissenen Assistenten sowie Bühnenbildner, Kostümbildner usw. beäugen die Produktion immer voller Mißtrauen. Das bekommt auch der Aufnahmeleiter zu spüren.

Die anderen Vertragspartner der Produktionsleitung, also die Schauspieler und die Stabmitglieder, glauben ebenfalls, Grund für Argwohn zu haben. Versucht die Produktion doch ständig, ihnen viel zu niedrige Gagen, Spesen und Zuschläge unterzujubeln, wird doch jede Mark gespart, die für die Kunst oder zumindest für das eigene Wohlbefinden so dringend nötig wäre.

Hier ist das Einfühlungsvermögen des Aufnahmeleiters gefordert, der seine Arbeit immer hautnah am Stab und an den Mitwirkenden verrichtet, und der naturgemäß nicht mit der Autorität seines Produktionsleiters ausgestattet ist. An den trauen sich viele der streitbaren Helden nämlich nicht heran. Sie meinen, es reiche, wenn der Aufnahmeleiter ihren Frust abbekommt.

Die erste und fundamentale Regel lautet: Der Aufnahmeleiter macht jederzeit klar, daß er loyal zur Produktionsleitung steht. Bei allem Sinn für Kollegialität, niemals solidarisiert er sich mit dem Team gegen seinen Produktionsleiter. Es ist ganz egal, ob sich ein Stab objektiv zu Recht oder zu Unrecht über die Produktionsleitung beklagt, ein Aufnahmeleiter, der seine Rolle nicht kennt, erntet langfristig Mißtrauen, ja sogar Verachtung bei seinen Kollegen, wenn er Stellung gegen seinen Boss bezieht.

Der Aufnahmeleiter hat jedoch eine große Chance, Vertrauen gegenüber dem Team zu entwickeln, wenn er mit seiner Situation richtig umgeht. So wird er mit seinem Produktionsleiter unter vier Augen über die allgemeine Stimmung im Team reden. Gemeinsam läßt sich feststellen, wann und wo Mißmut berechtigt ist und wo nicht, ob ein Störenfried am Werk ist, den man gemeinsam ausbremsen muß, ob man eine härtere Gangart einzuschalten habe, oder ob die Produktion hier oder da ungeschickt vorgegangen ist. Der Aufnahmeleiter kann persönliche Gesprächswünsche von Teammitgliedern zum Produktionsleiter vermitteln oder am nächsten Tag sagen, er habe das Problem in Ruhe besprochen, die Sache komme nun in Ordnung. Letzteres ist kein Zeichen von Schwäche, sondern vielmehr aktives Führungsverhalten im Produktionsmanagement. Hier kann der Aufnahmeleiter zu einer wichtigen und effektiven Figur werden, wenn er glaubwürdig und loyal vorgeht.

Soviel erst einmal zur Situation des Aufnahmeleiters, der wissen muß, daß er zuweilen in einem Spannungsfeld agiert, das er nicht verursacht hat, geschweige denn verschuldet, und für das er dennoch geradestehen muß. Der Aberglaube, daß er mit übertriebener Freundlichkeit beim Umgang mit Stab und Darstellern sowie zur Schau gestelltem Harmonieverhalten aus der Sache herauskommt, ist falsch. Jedermann weiß ja, daß der Aufnahmeleiter parteiisch ist und es zu sein hat. Alles andere wäre Heuchelei und sogar ein deutliches Zeichen von mangelnder Aufrichtigkeit.

Umgang mit Konflikten

Kommen wir zu den Ursachen von Auseinandersetzungen. Die meist kommentierten aber auch die in unserer Branche seltensten Konflikte sind die, in denen alle Parteien das Positive wollen, jedoch durch Mangel an Kommunikation oder durch mißverständliches Verhalten einzelner aneinander vorbei arbeiten.

Hier hilft das moderierende Eingreifen einer Person, die fähig ist, die Problematik zu überblicken. Natürlich muß auch hier die Ursache für den Konflikt erkannt werden, aber das läßt sich durch objektive Analyse herausfinden.

Wenn der Konflikt – und das ist in künstlerischen Bereichen leicht der Fall – bereits ein gewisses Maß an Emotionen hervorgerufen hat, empfiehlt es sich, eine Person als Vermittler anzurufen, die über ein gewisses Maß an natürlicher Autorität verfügt. Eine solche ‚Autorität' muß nicht unbedingt fachlich oder hierarchisch von Bedeutung sein. Sie muß aber glaubhaft und objektiv wirken. Sie muß in der Lage sein, alle Seiten davon zu überzeugen, daß eine

Fortführung des Konflikts der von allen angestrebten Sache nicht dienlich ist. Dieser Vermittler wird die Ursachen für Mißverständnisse diplomatisch auf alle betroffenen Parteien verteilen, so daß eine weitgehende Verständigung ohne Gesichtsverlust für die Streitenden möglich ist. Nicht immer bedarf es eines Schlichters von außen, häufig ist auch einer der Beteiligten in der Lage, vermittelnd zu wirken. Aber der neutrale Friedensstifter stellt mit ziemlicher Sicherheit eine für alle akzeptable Lösung dar. Dieses Vorgehen nennt man *"kooperatives Taktieren"*.

Leider hat die ganze Sache einen Haken. Sie taugt nur für Fälle, in denen die Beteiligten einen Konflikt im Grunde niemals beabsichtigt hatten. Das heißt: Im Prinzip gab es keine kontroverse Interessenlage, sondern nur Mißverständnisse auf dem Weg zu einem gemeinsam anvisierten Ziel.

Der in unseren Berufen sehr viel häufigere Fall ist der, daß die eine Partei versucht, die andere einzuschüchtern, indem sie einen Konflikt androht oder sogar vom Zaun bricht. Hier baut die ‚angreifende' Seite darauf, daß ein auf Eintracht und Verträglichkeit gerichtetes Sozialverhalten die Norm ist (so hat man die meisten von uns seit Kindergartentagen erzogen) und die andere Seite alles daransetzen wird, um den Konflikt zu vermeiden. Der ‚Aggressor' verläßt sich darauf, daß der ‚Angegriffene' Schuldgefühle entwickelt, wenn er nicht imstande ist, die Auseinandersetzung zu verhindern. Bewußt gibt der Angreifer dem anderen nicht die Gelegenheit, den Konflikt auszuräumen. Es geht ihm also nicht um die Sache, es geht ihm um Einschüchterung und Überlegenheit bei späteren Differenzen. Es geht darum, sich grundsätzlich durchzusetzen und zu zeigen, wer das Sagen hat. Dieses Verhalten nennt man *"unredliches Taktieren"*.

Wer in eine Situation gerät, bei der er feststellen muß, daß es um den Konflikt und nicht um ein gemeinsames Ziel geht, muß sich taktisch anders verhalten als etwa beim kooperativen Taktieren. Der ‚Angegriffene' darf unter keinen Umständen versuchen, den ‚Angreifer' mit Argumenten zu widerlegen, denn die Vorwürfe werden mit Absicht schwammig formuliert sein oder aber in einer so unendlichen Aufzählung gipfeln, daß sie sich nicht wirksam entkräften lassen. Es wird nicht ausbleiben, daß der Betroffene in die mißliche Lage jenes Verteidigers gerät, der sich durch ständiges Rechtfertigen selbst anklagt.

Der ‚Angegriffene' muß sich darüber klar sein, daß der ‚Angreifer' einen für sich günstigen Zeitpunkt gewählt hat, also in der besseren Position ist. Darüber hinaus ist der ‚Angreifer' dem ‚Angegriffenen' nicht selten intellektuell überlegen – zumindest baut er darauf.

Hier setzen aber auch die Möglichkeiten einer wirksamen Erwiderung ein. Als erstes versucht der ‚Angegriffene' herauszufinden, ob er Verbündete findet. Die ‚unredlichen Taktierer' sind meistens Typen, die ihre Spielchen nicht nur mit einem, sondern mit mehreren Menschen versuchen. Nicht alle sind gleichermaßen mutig, um Konflikte durchzustehen, aber einige können durchaus hilfreich sein.

Als zweites versucht der ‚Angegriffene' nach außen klar zu stellen, daß es dem Angreifer offenbar wieder mal um Unfrieden und absurde Unterstellungen geht und nicht um produktives Arbeiten. (Dabei spielt es angelegentlich keine Rolle, ob die Beschuldigung des anderen tatsächlich so absurd war – jetzt wird keine Rücksicht genommen.) Der inhaltliche Vorwurf rückt in den Hintergrund, die Bosheit des ‚Angreifers' wird zum Gegenstand der Auseinandersetzung.

Als drittes läßt man alle wissen, daß man jeden Vorwurf gelassen zurückweisen und widerlegen könnte. Das aber bitte zu seiner Zeit. Jetzt, da man produziere, gehe die Produktion allem anderen vor. Bedauerlich genug, daß der Gegner das anders sieht.

Folgendes Beispiel ist für dieses Kapitel konstruiert, aber es ist nicht abstrakt aus der Luft gegriffen.

Die Aktennotiz als ‚Waffe'

Herr Hurlefumski, ein streitbarer Zeitgenosse und intelligent dazu, hat einen Beschwerdebrief in Form einer Aktennotiz verfaßt. (Aktennotizen scheinen in Rundfunkanstalten die Wirkung von Bombenanschlägen zu haben. Die bloße Androhung läßt manche Leute schon klein werden.) Um der Wirkung einer Aktennotiz zusätzliches Gewicht zu verleihen, wird diese obendrein mit einem Riesenverteiler an Namen auf die Reise geschickt. Je mehr Menschen in den Genuß kommen, die betreffende Aktennotiz zu lesen, desto größer ist der Schaden, der sich damit anrichten läßt.

Herr Hurlefumski will seinen Gegner, wie man so sagt, in die Pfanne hauen. Gäbe es nur sachliche Beanstandungen, hätte er diese natürlich in einem persönlichen Gespräch vorbringen können, und die Differenzen wären weitgehend auszuräumen gewesen.

Die Aktennotizen des ‚Angreifers' werden in der Regel gern gelesen. Mit Vergnügen läßt man sich griffig und vielleicht auch voller Ironie mitteilen, mit welchen Fehlleistungen sich der eine oder andere Mitmensch wieder mal ins Fettnäpfchen gesetzt hat.

Umgekehrt finden Rechtfertigungsschreiben kaum Beachtung. Amüsant ist nur zu hören, daß sich jemand danebenbenommen hat. Niemand will lesen, daß das in Wirklichkeit gar nicht stimmt. Wer sich jetzt verteidigt, sollte sich unter keinen Umständen auf die Objektivität derer verlassen, die den Streit mehr oder weniger freiwillig verfolgen. Trotz aller Wut und Empörung muß der Angegriffene jetzt Disziplin üben.

Bei dem Beschwerdebrief des Herrn Hurlefumski ist erst einmal anzunehmen, daß er mit den meisten Argumenten recht hat. Wenigstens weitgehend. Der Angegriffene darf sich darum aber nicht kümmern, auch dann nicht, wenn Hurlefumski mit anderen Beschwerden eindeutig im Unrecht ist. Die Mischung von richtig und falsch ist ja von ihm beabsichtigt, wenn auch nicht nachzuweisen.

Jetzt also liegt die Beschwerdeschrift auf dem Schreibtisch des Chefs, Herrn Müller, und der will eine Stellungnahme.

Sie lautet:

Sehr geehrter Herr Müller,

ich hatte heute früh kurz Gelegenheit, die Kopie des Briefes von Herrn Hurlefumski zu überfliegen, und ich bitte Sie um Zustimmung, wenn ich vorläufig nicht zu Einzelheiten Stellung nehme.

Gegenwärtig nimmt mich die Arbeit an unserem gemeinsamen Projekt doch etwas in Anspruch, so daß ich mich erst später den deutlich weniger dringlichen Angelegenheiten widmen möchte.
Nach Beendigung der Dreharbeiten stehe ich Ihnen, sofern Sie das dann noch für nötig erachten, gern zu einem Gespräch zur Verfügung.

Vorerst nur so viel. Keines der vorgebrachten Argumente ist sachlich stichhaltig. Keiner der aufgeführten Punkte hat annähernd das Gewicht, das der Schreiber ihm beimißt.

(Hier wären nach Möglichkeit Beispiele zu nennen, und zwar die zwei schwächsten Behauptungen Hurlefumskis, aber nie mehr als zwei!)

Zur Nervosität besteht also sicher kein Anlaß. Ich glaube vielmehr, daß Herr Hurlefumski die ganze Sache anders beurteilt, wenn unser Projekt abgeschlossen ist.

Sofern Sie einverstanden sind, möchte ich in diesem Schreiben auch auf die Verteilerliste verzichten.

Ich hoffe auf Ihr Verständnis.

Mit freundlichen Grüßen...

Die Wirkung von Beschwerdebriefen an den Chef ist rein psychologischer Natur. Nicht mit den richtigen oder falschen Behauptungen soll dem Mitarbeiter Schaden zugefügt werden, sondern mit dem Brief an sich. Wer jetzt erst einmal einzelne Argumente widerlegt, weil sie erlogen und erstunken sind, muß auch Farbe bekennen, wo Herr Hurlefumski recht hat. Dann aber hat dieser ihn da, wo er ihn hin haben will.

Nehmen wir uns den Brief noch einmal vor:

Sehr geehrter Herr Müller,

ich hatte heute früh kurz Gelegenheit, die Kopie des Briefes von Herrn Hurlefumski zu überfliegen,

1. Siehe da! Sie haben den Brief *überflogen.* Mehr Mühe konnten Sie sich im Augenblick damit nicht machen.

```
und ich bitte Sie um Zustimmung, wenn ich vorläu-
fig nicht zu Einzelheiten Stellung nehme. Gegen-
wärtig nimmt mich die Arbeit an unserem gemeinsa-
men Projekt doch etwas in Anspruch, so daß ich
mich erst später den deutlich weniger dringlichen
```

2. Sie stellen für den Chef klar: *dringlich* ist diese Angelegenheit nun wirklich nicht.

```
Angelegenheiten widmen möchte. Nach Beendigung der
Dreharbeiten stehe ich Ihnen, sofern Sie das dann
noch für nötig erachten,
```

3. Sie deuten an: eigentlich können Sie sich gar nicht vorstellen, daß der Chef später hierüber überhaupt noch reden will.

```
gern zu einem Gespräch zur Verfügung. Vorerst nur
so viel. Keines der vorgebrachten Argumente ist
sachlich stichhaltig. Keiner der aufgeführten
Punkte hat annähernd das Gewicht, das der Schrei-
ber ihm beimißt.
```

4. Jetzt wird es etwas brenzlig, Sie stellen eine Behauptung auf, die hoffentlich nie jemand nachprüfen wird. Und wenn: Man kann sich ja mal irren.

5. Beispiele müssen nicht sein. Sollte es aber schwache Argumente bei Herrn Hurlefumski geben oder gar Irrtümer, kann man sich die Gelegenheit nicht entgehen lassen. Wichtig: Nie mehr als 2 Beispiele aufführen, auch wenn es mehrere gibt.

```
Zur Nervosität besteht also sicher kein Anlaß.
```

6. Jetzt werden Sie geradezu unverschämt. Aber die Bemerkung verfehlt ihre Wirkung nie. Sie unterstellen dem Gegner eine peinliche Schwäche: Er ist nervös.

```
Ich glaube vielmehr, daß Herr Hurlefumski die gan-
ze Sache anders beurteilt, wenn unser Projekt ab-
geschlossen ist. Sofern Sie einverstanden sind,
möchte ich in diesem Schreiben auch auf die Ver-
teilerliste verzichten.
```

7. Dieser Hinweis ist nicht zwingend, Sie können aber Punkte machen. Viele Gegner glauben, mit einem langen Verteiler wirke der Brief besonders furchterregend. Mit Ihrer Bemerkung machen Sie sie zu *Denunzianten*. Offiziell liegt Ihnen das natürlich fern. Sie bleiben ruhig und gelassen, denn die Leute, die sich für den Fall interessieren, fragen Sie sowieso. Denen zeigen Sie Ihr Antwortschreiben, und das war es dann.

```
Ich hoffe auf Ihr Verständnis. Mit freundlichen
Grüßen...
```

Das vorliegende Schreiben gibt Ihnen Gelegenheit zum Luftholen.

Während Hurlefumski natürlich erwartet, daß Sie 12 Vorwürfe, von denen er weiß, daß sie gern gelesen werden, mit 12 Rechtfertigungen beantworten, für die sich keiner wirklich interessiert, schreiben Sie einfach: Alles, was Hurlefumski sagt, ist Quatsch oder zumindest völlig unwichtig. Wenn Sie das dann auch noch anhand von 2 sorgfältig ausgewählten Beispielen belegen können, um so besser. Nun ist es nämlich wieder an Herrn Hurlefumski, seine Behauptungen zu untermauern, und das, sollte er es überhaupt versuchen, ermüdet das Publikum schnell. Bis er jetzt die Kurve kriegt, ist die Luft für ihn raus.

Es ist für den Erfolg der Erwiderung übrigens entscheidend, daß Sie nicht mehr als 2 Entkräftigungen auffahren, auch wenn es in den Fingern juckt, noch weitere Gegenbeispiele zu nennen. Das wäre sachlich vielleicht seriöser, taktisch aber kontraproduktiv. Und Herr Hurlefumski verdient es nicht, daß man ihm seriös entgegenkommt. Er wird zum böswilligen Störenfried und Nörgler, dem das Briefeschreiben offenbar wichtiger ist als die eigentliche Arbeit, von der er andere auch noch abhält. Kurz, er langweilt die Leute mit der Zeit. Was will man mehr.

Nun ist das ganze Beispiel zwar ein theoretisches, aber nicht ohne realen Bezug. Hurlefumski-Briefe gibt es im Berufsleben wie Sand am Meer, die Umstände, die Strukturen und die Strategien ähneln sich immer wieder verblüffend, und deshalb ist der genannte Fall durchaus anwendbar auf Situationen, in die man als Aufnahmeleiter geraten kann.

Das ‚Brüllende Genie‘

Ein weiteres Problem sind die beliebten und nicht auszurottenden Anschreiereien im Studio und am Set. Der Regisseur vom Typ ‚Brüllender Wüterich‘ scheint zwar langsam auszusterben, zumindest ist er in der Branche auf dem Rückzug, aber die Taktik, Leute unvorbereitet lautstark anzuschnauzen, um zu zeigen, wer wo das Sagen hat, wird uns in unserem wie in anderen Berufszweigen wahrscheinlich erhalten bleiben. Der Trick besteht natürlich darin, für derartige Szenen eine Gelegenheit abzuwarten, bei der möglichst viele Leute dabei sind. So hat ein Gegenüber kaum eine Chance, Autorität – sollte er über diese verfügen – zu wahren. Der Brüller muß dann nur noch sicher sein, daß der andere unvorbereitet ist, und daß seine Stimme weit genug trägt. Jeder, dem ein solcher Ausbruch zum ersten Mal gilt, reagiert unweigerlich schockiert und sprachlos. Das ist vom Brüller auch so beabsichtigt. Jeder Versuch, sich mit Argumenten zu rechtfertigen, scheitert, weil man in dieser Situation kaum in der Lage ist, seine Gedanken zu ordnen, geschweige denn, zu argumentieren. Sicherlich, irgendwann fallen einem die richtigen Antworten schon ein. Aber dann ist die Situation nicht mehr unter Kontrolle zu bringen, weil sie längst vorüber ist. Das ist dann der Triumph des Brüllers. Ein billiger Triumph zwar, aber ein wirksamer.

Der einzige Weg, einer solchen Situation zu entgehen ist der, auf eine entsprechende Szene vorbereitet zu sein. Wohlgemerkt nicht auf den Zeitpunkt, das ist nun mal unmöglich, aber auf die Szene an sich. Ähnlich wie im Briefverkehr des Herrn Hurlefumski spielen sich auch die Brüll-Vorgänge nach mehr oder weniger stereotypen Schemata ab. Ebenso, wie der Brüller auf bestimmte Reaktionen des Angebrüllten hoffen kann, lassen sich auch Gegenmaßnahmen ins Kalkül nehmen.

Das muß man vorher üben.

1. Reflex: Man richtet den eigenen Blick auf die Spitze der rechten oder linken Ohrmuschel des Brüllers. Das wirkt so, als sehe man ihm fest in die Augen. (Das allerdings hielte man in dieser Situation nicht durch.) Mit der Ohrmuschel ist das anders, sie ist ein neutraler und für das umstehende Publikum nicht erkennbarer Ersatzfixpunkt.

2. Reflex: Man tut einen Schritt auf den Brüller zu. Steht man bereits dicht vor ihm, neigt man seinen Oberkörper zu ihm vor.

3. Reflex: Man sagt: "Darüber sollten wir unbedingt bald reden." Dann dreht man sich um und geht. Es macht nichts, wenn zwischen der Brüllerei und dem Satz eine kleine Konzentrationspause liegt. Wichtig ist, daß man einigermaßen sicher ist, daß sich die eigene Stimme stabil hält. Da helfen ein oder zwei Durchatmer, ohne daß man das Gesicht verliert.
Die Wirkung dieser Maßnahmen ist verblüffend. Der Brüller kennt es nicht, daß man ihm bei seinen Ausbrüchen fest ins Auge blickt, und sei es nur vermeintlich. Außerdem irritiert ihn, daß der feste Blick zwar seinen Kopfbewegungen folgt, aber irgendwie doch an ihm vorbei geht.

Vollends verwirrend sind aber der Schritt oder wenigstens die Bewegung auf ihn zu. Er ist es gewohnt, daß man vor seiner Toberei zurückweicht.
Der Satz "Wir sollten bald darüber reden..." ist eine ausgesprochene Killerphrase. Redet er denn nicht gerade? - Natürlich nicht. Er *brüllt.* Deutlicher läßt es sich nicht sagen. Und das Wörtchen ,bald' bedeutet: Nicht *jetzt.* Das braucht man für den Abgang, der so nicht nach Flucht aussehen kann.

Der Erfolg eines solchen Auftritts ist umwerfend. Viele Choleriker verstummen oder ziehen sich leise maulend zurück. Aber selbst wenn sie weiterschreien sollten, der Sieger hat längst das Feld mit der Fahne des Besiegten verlassen.
So leicht, wie sich das liest, ist die Angelegenheit aber auch nicht. Es ist vielmehr wie beim ADAC-Schleuderkurs. Die beschriebenen Schritte müssen gut memoriert und sorgfältig trainiert sein. Am besten ist es, man ruft sie sich Tag für Tag wieder ins Gedächtnis, stellt sich vergleichbare Situationen im-

mer und immer wieder vor. Die Sache mit der Ohrspitze läßt sich überdies glänzend und unverbindlich proben, besonders, wenn man unsympathische oder auf Autorität erpichte Personen vor sich hat. Es ist zeitweilig eine rechte Freude, die leichte Irritation zu beobachten, die man bei seinem Gegenüber hervorruft, nur weil man ihn ansieht.

Die getretenen Underdogs

Nach Herrn Hurlefumski und dem chronischen Brüller gibt es noch eine dritte Kategorie von Stress-Machern, das sind die ständig Getretenen. Während man bei den erstgenannten Typen vorwiegend auf männliche Verursacher trifft, finden sich bei dieser Variante auch eine ganze Reihe von Frauen. Die Getretenen sind Leute, denen es Spaß macht, ungerecht behandelt zu werden. Man kann freundlich zu ihnen sein oder verständnisvoll, sie wissen genau, hinter jedem netten Wort lauert eine Falle. Das lassen sie auch alle Welt wissen. Müssen sie dann doch einmal feststellen, daß niemand ihnen ein Leid angetan hat, sind sie enttäuscht und verhehlen nicht, daß es das nächste Mal sicher wieder mit irgendeiner Ungerechtigkeit gegen sie klappen wird.

Die Ursache dieser Mischung aus freiwilligem Verfolgungswahn und seelischem Masochismus scheint ungeklärt zu sein. Tatsache ist aber, daß diese Zeitgenossen eine ernste Belastung innerhalb eines Produktionsteams darstellen, weil sie für schlechte Stimmung sorgen und obendrein dabei eine echte Genugtuung haben. Bedauerlicherweise müssen es auch nicht nur die ,kleinen Lichter‘ im Stab sein, die der Produktion Sorgen machen. Es gibt sogar Regisseure, die sich während einer Produktion in den Wahn verrennen, sie kämpften allein einen einsamen Kampf gegen den Rest der Welt.

Rezepte gegen diese Variante eines latent aggressiven Verhaltens gibt es offenbar nicht. Es wird für den Aufnahmeleiter aber allein schon von Nutzen sein zu wissen, daß es dieses Phänomen gibt, weil man sich dann darauf einstellen kann.

Vielleicht ergibt sich auch einmal die nützliche Gelegenheit zu einem Gespräch, in dem man sagen kann: "Pass auf, Kumpel. Wir alle wissen, daß du es so haben willst, und daß du dich in deiner Rolle als Underdog wohlfühlst. Aber uns fällst du damit langsam auf den Senkel. Und irgendwann bekommst du mit uns Ärger, *richtigen* Ärger. Doch dann weil *wir* es wollen und nicht mehr du!"

Es muß eingeräumt werden, daß sich eine solche Situation nicht herbeizwingen läßt. Mehr als andeuten, daß man den Störenfried durchschaut hat, kann man meistens nicht. Gelegentlich hilft das aber schon. Im übrigen sollte man zusehen, den Underdog bei der nächsten eleganten Gelegenheit loszuwerden.

Der Konflikt als Normalsituation?

Ein Kapitel über Alltagspsychologie kann in einem Buch wie dem vorliegenden sicherlich nicht erschöpfend sein. Im Verlauf eines Aufnahmeleiterlebens ist es daher bestimmt nützlich, sich einschlägige Literatur zu besorgen oder gelegentlich entsprechende Seminare zu besuchen. Es geht hier auch gar nicht um eine vollständige Behandlung dieses Themas. Es geht vielmehr um die Erkenntnis, daß berufsbedingte Konfliktsituationen normale und zu bewältigende Erscheinungen sind, die nicht etwa ein Indiz dafür sein müssen, daß ein Berufsanfänger für die Tätigkeit des Aufnahmeleiters nicht geeignet wäre.

Selbstzweifel kommen bei Aufnahmeleitern ja kaum im Zusammenhang mit mangelnden Fachkenntnissen auf. Sie kommen, wenn eine oder mehrere Personen versuchen, einen jungen Aufnahmeleiter unter Druck zu setzen.

Das klingt nicht gerade wie die Einleitung zu einer Schlußbemerkung. Trotzdem gehört das Kapitel ‚Konflikte‘ nicht nur zu diesem Buch sondern auch an dessen Schluß.

Die Schlußbemerkung

Es gibt kaum junge Kollegen, die die Schwierigkeiten ihres neuen Berufs so schlecht einschätzen können, wie eben Aufnahmeleiter.

Kameraassistenten oder Cutter erleben die ersten Wochen ihrer Ausbildung aus einer völlig anderen Situation. Bis ein Cutter zum ersten Mal einen Film einlegt, hat man ihn -zig Mal vorher zusehen lassen. Bis ein Kameraassistent zum ersten Mal beim Drehen die Schärfe ziehen darf, ist gleichfalls ein großer Ausbildungszeitraum verflossen.

Der junge Aufnahmeleiteraspirant dagegen wird vom ersten Tag an von seinem Meister in alle Himmelsrichtungen geschickt, um hier Komparsen zu

suchen, dort eine Genehmigung einzuholen und ständig diversen Stabmitgliedern und Darstellern hinterherzulaufen. Es sieht alles einfach aus. Keiner
kann sich vorstellen, daß hier irgendeine Aufgabe nicht zu bewältigen wäre
und doch: Wenn etwas nicht klappt, und meistens klappt etwas nicht, dann ist
der hoffnungsvolle Aufnahmeleiterdebütant sofort der Watschenmann, auch
dann, wenn er gar keine Schuld hat.

Wer erklärt einem Anfänger schon, daß es zum *Berufsbild* gehört, gelegentlich so zu tun, als habe man die Schuld, daß man das unerschütterlich und
gelassen ertragen kann, ja, daß sich aus diesen Situationen berufliche Qualitäten entwickeln lassen, die eines Tages den Unterschied zwischen guten und
schlechten Aufnahmeleitern ausmachen.
Wie kommt es sonst, daß es so viele Aufnahmeleiter gibt, aber gleichzeitig so
wenige gute? Nicht viele haben gelernt, mit Konflikten umzugehen. Zu wenige wissen, wann und wie man diese Konflikte abzuwehren oder zu ertragen
hat. Und wer das nicht beizeiten geschnallt hat, dürfte sehr schnell wieder
abmustern, um sich beruflich anderweitig zu orientieren. Wer es allerdings
kapiert, erfüllt die wichtigste aller psychologischen Voraussetzungen für
diesen Beruf.
Was die übrigen Voraussetzungen betrifft, so werden immer wieder Schlag-
worte ins Spiel gebracht, mit denen sich konkret wenig anfangen läßt. Sicher,
‚Organisationsvermögen‘, ‚Flexibilität‘, ‚Integrationsbereitschaft‘ und ‚Sinn
für Wirtschaftlichkeit‘, das sind alles positive Eigenschaften. Aber wo
braucht man diese Tugenden denn *nicht*?

Wovon leider viel zu wenig gesprochen wird, das sind die kaufmännischen
Vorkenntnisse, das Wissen um rationelle Büroorganisation und der ausge-
prägte Wille zu systematischer und methodischer Arbeit. Auch - oder gerade
- so lange man lernt. In einer Produktionswelt, in der das vermeintliche Cha-
os und ein scheinbares ‚Laisser-faire‘ herrschen, in der alle so herzerfri-
schend locker und unbürokratisch miteinander umgehen, verlieren viele Anfänger den Blick für eine unerläßliche Selbstdisziplin. Doch die ist für die
eigene berufliche Entwicklung hochgradig wichtig.

Ich möchte noch einmal auf die Kapitel 3 und 13 verweisen, die nicht etwa
zur einmaligen Lektüre gedacht sind, sondern fast so etwas wie ein Trai-

ningsprogramm darstellen, nach dem der Aufnahmeleiter sein Vorgehen von Fall zu Fall neu überprüfen kann.

Auch andere Kapitel sind zum mehrmaligen Nachschlagen bestimmt. Und auf die Gefahr, mich zu wiederholen: Jeder Berufsneuling sollte sich unbedingt davor hüten, seine Arbeitsmethoden *selbst zu entwickeln*. Das Naheliegende ist auf Dauer nicht immer das Gute, und wenn viele der hier beschriebenen Methoden ausgesprochen umständlich erscheinen, so führen sie doch durch beständiges Antrainieren zu der notwendigen Sicherheit gegenüber dem Team am Set.

Mit aufgesetztem Selbstbewußtsein ist wenig zu machen. In der Welt des Showbusiness ist die eigene Show natürlich rasch durchschaut. Und schnell ist man auf dem besten Weg zum schlichten Durchschnittsaufnahmeleiter. Der aber wird in der neuen Welt der Medien bald nicht mehr gefragt sein.

Inhaltsaufstellung für den Aktenkoffer des Aufnahmeleiters

Produktionsbezogen:
- 1 Drehplan im Kleinformat
- 1 Stabliste
- 1 Besetzungsliste

Allgemein:
- 1 Stadtplan der Stadt, in der man arbeitet
- 1 aktueller Fahrplan der DB-"Städteverbindungen"
- 1 aktueller Flugplan

- 1 individuelles Telefon/FAX-Verzeichnis
- 1 Blanko-Schreibblock, DIN A5
- 1 Kugelschreiber*
- 1 Bleistift mit Radiergummi*
- 2 schwarze Filzstifte (1 x dick, 1 x dünn)*
- 1 Rolle Tesa-Film

- 1 Taschenkalender
- 1 Taschenrechner*
- 1 Quittungsblock*

- Visitenkarten*
- 1 Feuerzeug*
- 1 Schere

- 1 kl. Schraubenzieher mit Spannungsprüfer*
- 1 Mini-Taschenlampe*
- 1 kleine Rolle Lassoband*
- 1 kleiner Kompaß
- 1 einrollbares Metermaß*
- Aspirin o.ä.*
- 1 kl. Heftpflaster-Set

Zu guter Letzt eine Empfehlung unter Profis

Die *Safari-Weste* für die Arbeit am Set.

Es gibt nichts Praktischeres. Wenn die Weste richtig ausgestattet ist, und der Set-Aufnahmeleiter trägt auch noch sein Klemmbrett unter dem Arm, ist seine Arbeitsausrüstung so gut wie komplett, ganz gleich, ob er neu im Team ist oder der alte Hase vom Dienst.

Beim Kauf darauf achten:

- daß man kein gefüttertes Exemplar nimmt, da man sonst an heißen Tagen in Schweiß gebadet ist
- daß innen und außen ausreichend Taschen vorhanden sind
- daß eine der oberen Taschen für das Handsprechgerät geeignet und reserviert ist
- daß man die Gegenstände, die auf der vorangegangenen Seite mit Sternchen versehen sind, in der Safari-Weste bei sich führt.

Antworten zum Voraustest

Frage 1: Die richtige Antwort ist A.

Der Aufnahmeleiter untersteht dem Produktionsleiter unmittelbar und vertritt ihn in seiner Abwesenheit. Das gilt auch für den Fall, daß ein Produktions-Assistent zum Stab gehört, sofern keine anderslautende Weisung erfolgt ist.

Frage 2: Die richtige Antwort ist C.

Der Zweite Aufnahmeleiter ist zwar nicht für die Requisiten, sehr wohl aber für die Richtigkeit seiner Klarmeldung verantwortlich. Da er für den Regisseur eine Kontrollfunktion wahrnimmt, hat er sich mit Hilfe seiner Checkliste und durch Augenschein bzw. durch Abfragen davon zu überzeugen, daß das Studio aufzeichnungsbereit ist, bevor er der Regie sein „Studio klar" meldet. Auch wenn der Requisiteur anschließend für seinen Fehler geradezustehen hat, entbindet das den Aufnahmeleiter, ähnlich wie einen Theaterinspizienten, nicht von seiner Aufgabe.

Frage 3: Die richtige Antwort ist C.

Ein Mitwirkender in Kostüm und Maske hat grundsätzlich Anspruch auf volles Honorar. Es wäre allenfalls eine Sache des Verhandlungsgeschicks, wenn der Aufnahmeleiter nachträglich eine günstigere Gage vereinbaren kann.

Frage 4:Die richtige Antwort ist A.

In allen Fragen der Bildgestaltung fällt der Kameramann die endgültige Entscheidung. Er weiß besser als jeder andere im Stab, welche nachträglichen Korrekturmöglichkeiten für seine Bilder akzeptabel sind, dafür hat man ihn verpflichtet. Im übrigen versteht es sich, daß der Aufnahmeleiter sich mit der Regie verständigt hat, bevor er Drehschluß verkündet.

Frage 5: Die richtige Antwort ist B.

Sie sind zwar einem Erpresser in die Hände gefallen, haben aber keine Wahl. Auch wenn es eine schriftliche Vereinbarung gibt (was grundsätzlich sein sollte), könnte hier nur ein Gericht entscheiden, am Hausrecht des Partners ändert das jetzt nichts. Sie können nur gute Miene zum bösen Spiel machen und zahlen. Jede Stunde die verrinnt, ohne daß Sie drehen, kostet Geld. Und zwar mehr als 1000,- DM.

Frage 6: Die richtige Antwort ist C.

Der Produktions- und in dessen Abwesenheit der Aufnahmeleiter repräsentieren die Produktion nach außen.

Reihe Praktischer

Journalismus

Fernsehen

Ruth Blaes
Gregor Alexander Heussen (Hg.)
ABC des Fernsehens
1997, 488 Seiten, br., 25 SW-Abb.
ISBN 3-89669-029-9

Robert Sturm
Jürgen Zirbik
Die Fernseh-Station
Ein Leitfaden für das Lokal- und
Regionalfernsehen
1998, 490 Seiten, br., 20 SW-Abb.
ISBN 3-89669-210-0

Michael Steinbrecher
Martin Weiske
Die Talkshow
20 Jahre zwischen Klatsch und News.
Tips und Hintergründe
1992, 256 Seiten, br.
ISBN 3-89669-020-5

Hans Dieter Erlinger u.a. (Hg.)
Handbuch des Kinderfernsehens
2., überarbeitete und erweiterte Auflage
1998, 680 Seiten, br., 35 SW-Abb.
ISBN 3-89669-246-1

Internet

Klaus Meier (Hg.)
Internet-Journalismus
Ein Leitfaden für ein neues Medium
2. überarbeitete und erweiterte Auflage
1999, 360 Seiten, br.
ISBN 3-89669-263-1

Ralf Blittkowsky
Online-Recherche für Journalisten
inklusive Diskette mit 1400 Online-Adressen
1997, 336 Seiten, br.
ISBN 3-89669-209-7

*Bitte fordern Sie unser
Gesamtverzeichnis an!*

◢ UVK Medien
Verlagsgesellschaft mbH
Schützenstr. 24
D-78462 Konstanz
Tel: (07531) 9053-0
Fax: (07531) 9053-98

UVK Medien im Internet: www.uvk.de

kommunikation

Beiträge aus der Hochschule für Fernsehen und Film München

Band 1
Otto B. Roegele
Monika Lerch-Stumpf (Hg.)
Neue Medien - Neues Recht
1. Auflage 1981
118 Seiten, br.
ISBN 3-88295-063-3

Band 2
Karl Friedrich Reimers
Christiane Hackl
Brigitte Scherer (Hg.)
**Unser Jahrhundert in
Film und Fernsehen**
Beiträge zu zeitgeschichtlichen
Film- und Fernsehdokumenten
1. Auflage 1995
304 Seiten, br., 19 SW-Abb.
ISBN 3-88295-064-1

Band 3
Karl Friedrich Reimers
Monika Lerch-Stumpf
Rüdiger Steinmetz (Hg.)
**Von der Kino-Wochenschau
zum Aktuellen Fernsehen**
Zweimal Deutschland seit 1945
im Film und Fernsehen.
Teil 1
1. Auflage 1983
362 Seiten, br., 11 SW-Abb.
ISBN 3-88295-065-X

Band 4
Karl Friedrich Reimers
Monika Lerch-Stumpf
Rüdiger Steinmetz (Hg.)
**Audiovisuelle Medien in der
Politischen Bildung**
Zweimal Deutschland seit 1945
im Film und Fernsehen.
Teil 2
1. Auflage 1985
354 Seiten, br.
ISBN 3-88295-066-8

Band 5
Karl Friedrich Reimers (Hg.)
**Zeichenentwicklung,
Bedeutungswandel,
Handlungsmuster**
1. Auflage 1983
150 Seiten, br., 30 Farb-Abb.
ISBN 3-88295-067-6

Band 6
Walter Goedde
Wolfgang R. Bischoff (Hg.)
**Leitsätze zur
Kommunikationspolitik**
Urteile höchster Gerichte zu Art.
5, Abs.1 und 2 GG
1. Auflage 1982
108 Seiten, br.
ISBN 3-88295-086-2

Band 7
Kurt Hentschel
Karl Friedrich Reimers (Hg.)
Filmförderung
Entwicklungen, Modelle,
Materialien
2. Auflage 1992
384 Seiten, br.
ISBN 3-88295-148-6

Band 8
Rüdiger Steinmetz
**Das Studienprogramm des
Bayerischen Rundfunks**
Entstehung und Entwicklung des
Dritten Fernsehprogramms in
Bayern 1961-1970.
Mit einem Geleitwort
von Otto B. Roegele
1. Auflage 1984
330 Seiten, br.
ISBN 3-88295-097-8

Band 9
Gottfried Kinsky-Weinfurter
**Filmmusik als Instrument
staatlicher Propaganda**
Der Kultur- und Industriefilm im
Dritten Reich und nach 1945
1. Auflage 1993
400 Seiten, br., 100 SW-Abb.
ISBN 3-88295-180-X

Band 10
Rüdiger Steinmetz
Karl-Otto Saur (Hg.)
Fernsehkritik
Kritiker und Kritisierte
1. Auflage 1988
212 Seiten, br.
ISBN 3-88295-099-4

Band 11
Reinhold Kreile
Otto B. Roegele
Albert Scharf (Hg.)
**Geistiges Eigentum und
die audiovisuellen Medien**
UNESCO-Symposium zu aktuel-
len Fragen des Medienrechts
1. Auflage 1985
242 Seiten, br.
ISBN 3-88295-114-1

Band 12
Karl Friedrich Reimers
Rüdiger Steinmetz (Hg.)
Rundfunk in Deutschland
Entwicklungen und Standpunkte
1. Auflage 1988
186 Seiten, br.
ISBN 3-88295-129-X

audiovisuell

Herausgegeben von
Karl Friedrich Reimers und Albert Scharf

UVK
Medien

Band 13
Norbert Jürgen Schneider
Handbuch Filmmusik I
Musikdramaturgie im Neuen
Deutschen Film
2., überarbeitete Auflage 1990
368 Seiten, br.
ISBN 3-88295-141-9

Band 14
Andrea Winkler-Mayerhöfer
Starkult als Propagandamittel
Studien zum Unterhaltungsfilm
im Dritten Reich
1. Auflage 1992
160 Seiten, br., 10 SW-Abb.
ISBN 3-88295-130-3

Band 15
Norbert Jürgen Schneider
Handbuch Filmmusik II
Musik im dokumentarischen Film
1. Auflage 1989
362 Seiten, br.
ISBN 3-88295-132-X

Band 16
Eberhard Opl
**Das filmische Zeichen als
kommunikationswissen-
schaftliches Phänomen**
1. Auflage 1990
292 Seiten, br.
ISBN 3-88295-133-8

Band 17
Rüdiger Steinmetz
Helfried Spitra (Hg.)
**Dokumentarfilm als »Zeichen
der Zeit«**
Vom Ansehen der Wirklichkeit
im Fernsehen
2. Auflage 1992
196 Seiten, br., 17 SW-Abb.
ISBN 3-88295-154-0

Band 18
Rüdiger Steinmetz
Freies Fernsehen
Das erste privat-kommerzielle
Fernsehprogramm in
Deutschland
1. Auflage 1996
496 Seiten, br.
ISBN 3-88295-181-8

Band 19
Brigitte Scherer
Ursula Ganz-Blättler
Monika Großkopf
Ute Wahl
Morde im Paradies
Amerikanische Detektiv- und
Abenteuerserien der 80er Jahre
2. Auflage 1995
304 Seiten, br., 17 SW-Abb.
ISBN 3-88295-206-7

Band 20
Patrick Hörl
Film als Fenster zur Welt
Eine Untersuchung des film
theoretischen Denkens von
John Grierson
1. Aulage 1996
480 Seiten, br., 23 SW-Abb.
ISBN 3-88295-234-2

Band 21
Christiane Hackl
Elizabeth Prommer
Brigitte Scherer (Hg.)
Models und Machos?
Frauen- und Männerbilder
in den Medien
1. Aulage 1996
336 Seiten, br., 11 SW-Abb.
ISBN 3-88295-235-0

Band 22
Michael Neubauer
**Kameraleute im aktuell-
dokumentarischen Bereich**
Qualifikationen – Tätigkeiten –
Perspektiven
1. Auflage 1996
304 Seiten, br.
ISBN 3-88295-245-8

Band 23
Karl Friedrich Reimers
Hermann Schmid (Hg.)
»Das wollen die Leute sehen«
Unterhaltung und Aktualität im
kommerziellen Fernsehen
1998, 388 Seiten, br.,
14 SW-Abb.
ISBN 3-89669-218-6

Band 24
Elizabeth Prommer
Kinobesuch im Lebenslauf
Eine historische und medien-
biographische Studie
1999, 400 Seiten, br.,
ISBN 3-89669-240-2

Band 26
Elizabeth Prommer
Gerhard Vowe (Hg.)
**Computervermittelte
Kommunikation**
Öffentlichkeit im Wandel
1998, 238 Seiten, br.,
ISBN 3-89669-254-2

CLOSE UP

Schriften aus dem Haus des Dokumentarfilms

Herausgegeben von
Dieter Ertel, Kurt Stenzel, Rainer C.M. Wagner und Peter Zimmermann

▲ **UVK**
Medien

Band 1
Peter Zimmermann (Hg.)
Fernseh-Dokumentarismus
Bilanz und Perspektiven
2. Auflage 1994
384 Seiten, br., 16 SW-Abb.

Band 2
Peter Zimmermann (Hg.)
Deutschlandbilder Ost
Dokumentarfilme der DEFA
von der Nachkriegszeit
bis zur Wiedervereinigung
(vergriffen)

Band 3
Heinz-B. Heller
Peter Zimmermann (Hg.)
Blicke in die Welt
Reportagen und Magazine des
nordwestdeutschen Fernsehens
in den 50er und 60er Jahren
1995, 304 Seiten, br., 30 SW-Abb.

Band 4
Manfred Hattendorf
Dokumentarfilm und Authentizität
Ästhetik und Pragmatik
einer Gattung
2. Auflage 1999
360 Seiten, br., 30 SW-Abb.

Band 5
Dieter Ertel
Peter Zimmermann (Hg.)
Strategie der Blicke
Zur Modellierung von Wirklichkeit in
Dokumentarfilm und Reportage
1996, 384 Seiten, br., 25 SW-Abb.

Band 6
Hans-Joachim Schlegel (Hg.)
Die subversive Kamera
Zur anderen Realität in mittel- und
osteuropäischen Dokumentarfilmen
erscheint Sommer 1999
ca. 250 Seiten, br., ca. 30 SW-Abb.

Band 7
Erwin Leiser
**Auf der Suche
nach Wirklichkeit**
Meine Filme 1960-1996
1996, 256 Seiten, br., 24 SW-Abb.

Band 8
Robert Schändlinger
Erfahrungsbilder
Visuelle Soziologie und dokumentarischer Film
1998, 524 Seiten, br., 35 SW-Abb.

Band 9
Kay Hoffmann (Hg.)
Trau-Schau-Wem
Digitalisierung und dokumentarische Form
1997, 282 Seiten, br., 33 SW-Abb.

Band 10
Rolf Aurich
Ulrich Kriest (Hg.)
Der Ärger mit den Bildern
Die Filme von Harun Farocki
1998, 428 Seiten, br., 40 SW-Abb.

Band 11
Eva Orbanz (Hg.)
**Helen van Dongen:
Robert Flahertys »Louisiana Story«**
1998, 152 Seiten, br., 100 SW-Fotos

Band 12
Wilma Kiener
Die Kunst des Erzählens
Narrativität in dokumentarischen
und ethnographischen Filmen
1999, 346 Seiten, br., 28 SW-Abb.

Reihe

Praktischer Journalismus

Grundwissen

Claudia Mast (Hg.)
ABC des Journalismus
Ein Leitfaden für die
Redaktionsarbeit
8., überarbeitete Auflage 1998
600 Seiten, br.
DM 39,80/ÖS 291/SFr 37,-

Hans-Joachim Schlüter
ABC für Volontärsausbilder
Lehrbeispiele und
praktische Übungen.
Mit einem Geleitwort
von Herbert Riehl-Heyse
2. Auflage 1991
256 Seiten, br.
DM 38,-/ÖS 278/SFr 38,-

Karl Roithmeier
Der Polizeireporter
Ein Leitfaden für die
journalistische
Berichterstattung
1994, 224 Seiten, br.
DM 38,-/ÖS 278/SFr 38,-

Gunter Reus
Ressort: Feuilleton
Kulturjournalismus
für Massenmedien
2., überarbeitete Auflage
1999, 366 Seiten, br.
DM 45,-/ÖS 329/SFr 41,50

Gottfried Aigner
Ressort: Reise
Neue Verantwortung
im Reisejournalismus
1992 , 272 Seiten, br.
DM 39,-/ÖS 285/SFr 39,-

Presse

Michael Haller
Die Reportage
Ein Handbuch für Journalisten
4. Auflage 1997
332 Seiten, br.
DM 38,-/ÖS 277/SFr 35,-

Werner Nowag
Edmund Schalkowski
Kommentar und Glosse
1998, 364 Seiten, br.
DM 45,-/ÖS 329/SFr 41,50

Karola Ahlke
Jutta Hinkel
Sprache und Stil
Ein Handbuch für Journalisten
1999, 172 Seiten, br.
DM 38,-/ÖS 277/SFr 35,-

Peter Brielmaier
Eberhard Wolf
**Zeitungs- und
Zeitschriftenlayout**
1997, 268 Seiten, br.
DM 38,-/ÖS 277/SFr 35,-

Hörfunk

Bernd-Peter Arnold
ABC des Hörfunks
1991, 288 Seiten, br.
DM 38,-/ÖS 278/SFr 38,-

Sturm/Zirbik
Die Radio-Station
Ein Leitfaden für den
privaten Hörfunk
1996, 384 Seiten, br.
DM 60,-/ÖS 438/SFr 60,-

Heinz Pürer (Hg.)
**Praktischer Journalismus in
Zeitung, Radio und
Fernsehen**
Mit einer Berufs- und
Medienkunde für Journalisten
in Österreich, Deutschland und
der Schweiz
2., überarbeitete und erweiterte
Auflage 1996
682 Seiten, br.
DM 54,-/SFr 49,-

Peter Zschunke
Agenturjournalismus
Nachrichtenschreiben
im Sekundentakt
1994, 272 Seiten, br.
DM 39,80/ÖS 291/SFr 39,80

Michael Haller
Recherchieren
Ein Handbuch für Journalisten
5., überarbeitete Auflage 1999
300 Seiten, br.
DM 36,-/ÖS 263/SFr 33,-

Michael Haller
Das Interview
Ein Handbuch für Journalisten
2., überarbeitete Auflage 1997
458 Seiten, br.
DM 46,-/ÖS 336

Ernst Fricke
Recht für Journalisten
Grundbegriffe und Fallbeispiele
1997, 402 Seiten, br.
DM 48,-/ÖS 350/SFr 44,50,-

Hermann Sonderhüsken
Kleines Journalisten-Lexikon
Fachbegriffe und Berufsjargon
1991, 160 Seiten, br.
DM 30,-/ÖS 219/SFr 30,-

Ressorts

Josef Hackforth
Christoph Fischer (Hg.)
ABC des Sportjournalismus
1994, 360 Seiten, br.
DM 39,80/ÖS 291/SFr 39,80

Antwort

UVK Medien
Verlagsgesellschaft mbH
Postfach 102051
D-78420 Konstanz

Bitte liefern Sie umseitige Bestellung mit Rechnung an:

Ort, Datum

Unterschrift

Zindel/Rein (Hg.)
Das Radio-Feature
Ein Werkstattbuch
1997, 380 Seiten, br.
DM 45,-/ÖS 329/SFr 41,50,-

Clobes/Paukens/Wachtel (Hg.)
Bürgerradio und Lokalfunk
Ein Handbuch
1992, 240 Seiten, br.
DM 19,80/ÖS 145/SFr 19,80

Claudia Fischer (Hg.)
Hochschul-Radios
Initiativen - Praxis - Perspektiven
1996, 400 Seiten, br.
DM 58,-/ÖS 424/SFr 52,50

Wolfgang Zehrt
Hörfunk-Nachrichten
1996, 240 Seiten, br.
DM 34,-/ÖS 248/SFr 34,-

Stefan Wachtel
**Sprechen und Moderieren
in Hörfunk und Fernsehen**
3., überarbeitete
Auflage 1998
192 Seiten, br.
DM 36,-/ÖS 263/SFr 33,-

Stefan Wachtel
Schreiben fürs Hören
Trainingstexte, Regeln und
Methoden
1997, 336 Seiten, br.
DM 42,-/ÖS 307/SFr 39,-

Fernsehen

Blaes/Heussen (Hg.)
ABC des Fernsehens
1997, 488 Seiten, br.,
25 SW-Abb.
DM 42,-/ÖS 307/SFr 39,-

Sturm/Zirbik
Die Fernseh-Station
Ein Leitfaden für das Lokal-
und Regionalfernsehen
1998, 490 Seiten, br.
DM 54,-/ÖS 394/SFr 49,-

Steinbrecher/Weiske
Die Talkshow
20 Jahre zwischen Klatsch
und News.
1992, 256 Seiten, br.
DM 36,-/ÖS 263/SFr 36,-

Hans Dieter Erlinger u.a. (Hg.)
**Handbuch des
Kinderfernsehens**
2., überarbeitete und
erweiterte Auflage 1998
680 Seiten, br.,
35 SW-Abb.
DM 58,-/ÖS 423/SFr 52,50

Internet

Klaus Meier (Hg.)
Internet-Journalismus
Ein Leitfaden für ein
neues Medium
2., überarbeitete und erweiterte
Auflage 1999,
360 Seiten, br.
DM 42,-/ÖS 307/SFr 39,-

UNI-PAPERS

Heinz Pürer
**Einführung in die
Publizistikwissenschaft**
Systematik, Fragestellungen,
Theorieansätze,
Forschungstechniken
6. Auflage 1998
208 Seiten, br.
DM 32,-/ÖS 234/SFr 29,-

Erhard Schreiber
**Repetitorium
Kommunikationswissenschaft**
3., überarbeitete Auflage 1990
368 Seiten, br.
DM 39,-/ÖS 285/SFr 39,-

Werner Früh
Inhaltsanalyse
Theorie und Praxis
4., überarbeitete Auflage 1998
260 Seiten, br.
DM 32,-/ÖS 234/SFr 29,-

Thomas Knieper (Hg.)
Statistik
Eine Einführung für
Kommunikationsberufe
1993, 448 Seiten, br.
DM 39,-/ÖS 285/SFr 39,-

Jan Tonnemacher
**Kommunikationspolitik in
Deutschland**
Eine Einführung
1996, 296 Seiten, br.
DM 36,-/ÖS 263/SFr 36,-

Konrad Dussel
Deutsche Rundfunkgeschichte
Eine Einführung
1999, 314 Seiten, br.
DM 38,-/ÖS 277/SFr 35,-

Heinz Bonfadelli
Medienwirkungsforschung I
Grundlagen und
theoretische Perspektiven
1999, 276 Seiten, br.
DM 39,80/ÖS 291/SFr 37,-

BESTELLKARTE

Bitte liefern Sie mir zzgl. Versandkosten:
(ab DM 50,- ohne Versandkosten)

Anzahl   Autor/Titel

———— ————————————————————————————

———— ————————————————————————————

———— ————————————————————————————

———— ————————————————————————————

———— ————————————————————————————

———— ————————————————————————————

———— ————————————————————————————

———— ————————————————————————————

———— ————————————————————————————

———— ————————————————————————————

———— ————————————————————————————

———— ————————————————————————————

———— ————————————————————————————

———— ————————————————————————————

❑ Bitte informieren Sie mich über Ihre Neuerscheinungen.

Adresse und Unterschrift bitte auf der Vorderseite eintragen.